『チャールズ・E・メリアムの教育』と私

和田宗春
翻訳・著

はる書房

まえがき

『チャールズ・E・メリアムの教育』は、シカゴ大学教授、地方議員、大統領の政策助言者であり、政治学界におけるシカゴ学派の創設者であったチャールズ・E・メリアムの知的回顧録である。メリアムは、政治学の理論の構築と政治家の実践という現実を闘った世界でも稀有な学者政治家である。原著は、彼の人生を自分なりに区分して、その時々の事情、感慨を記したものである。「私の履歴書」といえる。

メリアムは、コロンビア大学で博士号を取得し、国家学、哲学、法学、歴史学、行政学など幅広い知識欲を満足させるために、ドイツ、フランスなど場所を問わず、人を求めて積極的に自ら出向き勉強している。この知識量が、それまでの政治学を発展させ隣接諸科学との連携に繋がる着想の刺激要因となっている。

二一世紀の現代では日常の取り組みであるが、約一世紀も前に友人や教え子の協力で、学際関係を紡ぎだし、実現した事実は尊い。それまでの学問分野での追求は、個人研究が主流であったが、それを学派、集団として育成した功績は大書すべきである。

原書は一九四二年に、一一名の学者、研究者の論考とともに、メリアム自身のシカゴ大学退職記念論文集に編まれている。その論文集、レオーナード・D・ホワイト編 *The Future of Government in the United States*（『アメリカ政治の将来』）に "The Education of Charles E. Merriam"（「チャールズ・E・メリアムの教育」）として寄稿されている。メリアムの著書 *Political Power: Its Composition & Incidence* の邦訳である『政治権力』（斎藤眞・有賀弘訳、東京大学出版会）では小伝として紹介されているが、メリアムの業績からすると自伝というには短すぎる。
　メリアム自身は *The Making of Citizens: A Comparative Study of Methods of Civic Training*（1931）（『公民となる――市民教育の比較研究』）において公民の教育化を強調していて、人生は教育の連続である、として教育を重視している。すなわち政治にあたっては政治教育を鋭く説いている。したがって結果ではなく、過程こそ政治教育といい、常に未来を志向している。

　メリアムは原著で自らの人生を五期に分割しているが、最後の第五期は一九四四年で終わっている。ところが原書がシカゴ大学出版会から世に出たのは、一九四二年である。つまり自分の将来を二年先まで予定して書いていることになる。
　これを彼の厳正に自己規律する性格のあらわれと見るか、普段は隠されていた洒脱な一面と見るか興味のあるところである。また第三期が第四期と三年間重複している。メリアムが原著で弁解していることを了承しながらも彼の態度が興味深い。
　それらを含めて原著は含蓄のある記録となる。メリアムの学究生活の基盤となる個人生活についても、これからの解明が期待される。なお、蛇足ではあるが、第二章として「メリアムの時代」、第三章として『チャールズ・E・メリアムの教育』の周辺」、また第二部として「実験室の政治で終わらせない」、という拙文も載せた。特に「実験室の政治で終わらせない」は、約五〇年間、メリアムを目標にして政治活動をしてきた筆者の実録である。

二〇二三年一月

和田宗春

『チャールズ・E・メリアムの教育』と私◉目次

第二部

巻末資料

第一部

ウガンダ共和国のキリン木像

Charles E. Merriam, "The Education of Charles E. Merriam,"
in *The Future of Government in the United States,*
ed. by Leonard D. White,
University of Chicago Press, 1942.

第一章

チャールズ・E・メリアムの教育

ニュージーランド共和国原住民
マオリ族の木像

はじめに、いまから記す内容は、あらかじめ編集者から丁重に依頼されていて、大層な企画の一部となるに相違ないと申し上げておきたい。

チャールズ・E・メリアムの教育は、たしかに「私には金や銀はない。しかし、私にあるものを与えよう」[*1]が言い当てているが、もう少しの経過をたどって、一九四四年ぐらいになればここに書かれた教育に追加資料も加わり、完成され充実した調査になるに違いない。それというのも現在伸びつつある聖書でいう人間の寿命であるが、つまり二年後の四四年には七〇歳になる私の七〇年間を記録することにもなるからである。

以下の自由な聞き取り調査は、チャールズ・E・メリアムの知識の履歴やパーソナリティの解剖というよりも、間違いなく彼の色眼鏡を通して見た最近世代の生活や時代に焦点をしぼることになるであろう。

第一期　一八七四年―一九〇五年（誕生〜三一歳）

当初の計画でも記す範囲を制限していたにもかかわらず、さらに多くを割愛しなければならなかった。チャールズ・E・メリアムの教育は次のように腑分けできるであろう。すなわち、

教育的教育すなわち就学前―卒業後―学界を去って。

教育機関に関係しない教育すなわち家庭、友人、スポーツ、旅行。

政治的教育すなわち行動することと反省すること、その逆の反行動と反反省。

いかんともしがたい不案内な分野――だれも彼に教え得なかったことなど。

だがその前にチャールズ・E・メリアムの潜在意識の営みである『カルロの教典』が存在した。たしかにこのくすんだ過去帳に書かれた内容は、どこか捉えどころがないものかもしれず、今では考えられないかもしれないが、かつてあった実例である。筆者は次のようなメリアムの古く黄ばんだ思い出の巻物を発見したのだった。

私は少年のころ、カルロという名の犬を飼っていたが、いつも学校についてきていた。何度も脅かしたり叩いても、まとわりつき、外出するといつまでも待ちつづけていたものだ。長く時間が過ぎた今日でさえも、私の心に存在するカルロは大学についていきて、他の学生より図々しく振舞い、実際に一緒に教室に入って、――落ち着かず、こらえ性がなく、怒りっぽく、彼のやり方で私につきまとい、根拠のない不愛想な冷笑で当惑させまとわりつくイヌ――それがわたしにとってのいわばカルロ精神なのだ。

たとえば私が学生たちとヘーゲル（Georg Wilhelm Friedrich Hegel、一七七〇―一八三〇）について議論をしていると、気取った役人のような振りをして黙殺する。またマルクス（Karl Heinrich Marx、一八一八―一八八三）について講義をしていると首を上げて遠吠えをし始める。さらにパレート（Vilfredo Pareto、一八四八―一九二三）の学説を説明しようとすると無関心を装う。革命をおこす権利を語っていると、悲しそうに首をすくめる。

＊1　〔訳者注（以下、＊の付いた傍注につき同じ）〕　新約聖書の使徒言行録第三章第六節。ペテロとヨハネの前で足の不自由な男が施しを求めた。そこでペテロが指摘した言葉である。

チュート氏（Mr. Chute）が手品で何を取り出すか、両手のように頭が使える学習をつんでいれば理解できる現象を、不思議がる。ヘリッチャー（ベイルートの）がどうして西洋と東洋をしばしば往復しているのかと、疑問視する。

カルロは清教徒としてのケネディ女史の礼儀正しさと、彼女の出身地が米国で最高に物騒な町であることとの対比に関心をもっている。あるときはレヴィ（Levi）は彼の父と同様に立派な人間になったのか、もしそうだとしたらいつからかと尋ねる。(1)

さらにカルロはフィッツジェラルド女史がスミス大学出身*2かヴァッサー大学出身*3か思い出そうとしているが――実はリヴァー・フォレスト地方の出身というだけなのだが――、どうでもよいことだといって黙らせることはできない。

ときには私の厳しい授業に反対して、吠えて中止させることもある。私はカルロが吠えさえしなければ、たとえキャン、キャン言っても大あくびをしても差しつかえない、と言うかもしれない。ところが学生たちが授業中おしゃべりしたり、居眠りしていると毅然として吠える。そうかと思うと「学生たち」が疲れている、部屋が閉まっていて暑い、と忠告しに来たりする。

要するにカルロは古くから彼、メリアムの友人であって、教授が折り紙つきの鈍感な人間であると分かっている、と言いたいのであろう。そうかと思うと、時には愛嬌たっぷりにウインクしたりする。

まったく悲しむべきことに一〇年もののブドウ酒ができるくらいにわたって、私の冗談に笑顔を見せたことがないのだ。カルロは理論の構築に乗り気でないばかりか、真剣な議論や最も困難のともなう重要な活動にも関心を示さない。

それはあたかもスフィンクスが超然と砂漠を見下ろしているようなもので、その根の生えた存在を動かすことはできない。

かつて、それぞれの主人や女主人が迎えに来るのを待つ混みあった部屋の周りを、厚かましいことにカルロがほかのイヌと飛び回って、酷く叱責されたことがあった。

このようなカルロが私から離れようと学習するだろうか。保証の限りではない。

私たちが使ったことのある教科書のマガフィー読本の第四課程[*4]には、忠実な犬が、死んだ御主人様の墓に横たわり、動かずにそこで果てるという話が載っていた。

だが現在では、複雑な社会事情が次々と生じてきている。

たとえば私が死んだとして、私の遺体は五〇ドルかそこらで売られ、大学医学部に送られ、カールソン博士か博士の後継者に研究のために割り当てられるが、哀れなカルロはビリングス病院の外で待たされる。

事実、病院にはおびただしい高度医療の施設などがあり、入口や出口もあちらこちらにあることなど、カルロにはまったく理解できない。彼は頑固にひたすら献身している様子を最高に振舞うの

＊2　一八七五年マサチューセッツ州ノーザンプトンの慈善家であるソフィア・スミスの遺贈により設立。女子短大。

＊3　一八六一年ニューヨーク州ポオキプシーに女子大学として設立。一八六八年に共学化。醸醸家のマッテュー・ヴァッサー（一七九二―一八六八）が基金を提供して設立。

＊4　ウィリアム・ホームズ・マガフィー編著の教科書。アメリカの初等学校で一九世紀から最近まで使用されていた。第一課程から第六課程まである内容は物語、詩、随筆、演説などである。

にふさわしい場所を取り違えているに違いない。

結局のところ、私たちは教育とは何か、チャールズ・Ｅ・メリアムとはどんな人間なのか、さらに双方の関係を理解し確認できるのであろうか。たしかにこの問いは著者を戸惑わせる。

だが、まさしくこの当時、彼の机上のカレンダーには「何が困難なものか？　努力に気付けばいいだけだ」と書かれてあった。

以上のような考え方で、メリアムは政治学にとっての社会的、経済的な背景の重要性について記そうとしているが、彼自身の出自についてはある程度省くことになり、期待外れになるかもしれない。

メリアムが生まれたのは、アイオワ州東部の農業を中心とする人口六〇〇人ほどの田舎町だったようだ。生家はこの町のキリスト教長老派の大学、レノックス・カレッジのキャンパスの真向いにあり、決して〝成功した〟とはいえない工場経営者であったようだ。

メリアムの母親はスコットランド出身で、結婚した当時新米の学校教師であったマーガレット・キャンベル・カークウッドといい、父親は北東部ニューイングランドのマサチューセッツ州出身で彼と同名のチャールズ・Ｅ・メリアムといい、軍の伍長、郵便局長、商人、銀行家を経験し、長老派教会の重鎮も務めたようだ。

兄のジョン・キャンベル・メリアムは自然科学者、地質学者、古生物学者でのちにカーネギー協会の会長となり、弟の側近として一緒に闘い応援した。

妹のスーは物静かな面持ちで、政治よりも詩歌を好んでいたようだ。

話はそれるが、メリアムはカリフォルニア大学バークレイ・キャンパスにも一年（一八八八―八九）ほど住んでいたことがあるのだが、丘の上から金門橋を眺望でき、ときとして夕方には湾を越えてサンフランシスコの灯りが見え、霧が地域を巻き込むように湧き立って、その景色が印象深かったということだった。

メリアムの正式な教育は、父親が「正統な基礎」にこだわりをもっていて長期間にわたった。父親はマサチューセッツ州プリンストンからアイオワ州に移住し、召集年齢の一六歳から四年半ほど陸軍入りして、大学生活は経験しなかった。したがって親子二代が大学卒となる機会は持ち得なかった。

息子のメリアムは古典的な普通教育を受けて、ラテン語やギリシャ語の習得にかかりきりになって一年半ほど余分にかかったが文学士の称号を得た。

メリアムは法学を勉強する前に、三年間にわたったレノックス・カレッジを卒業するだけでなく、「正規大学」のアイオワ州立大学の学位をとらなければならなかった。

レノックス・カレッジの卒業後さらにアイオワ州の田舎町の学校で、月に二二ドル五〇セントの手当で学識を積んだ。

その後、アイオワ州立大学を卒業してからレノックス・カレッジで古典学と数学を教えた。古典学者に言わせると、「よくもまあ」とあきれるかもしれない。

もともと両親の計画はメリアムを法律家にすることであった。何ら影響力をもたない父親ではなく、有力な立場にあるアイオワ州選出アリソン上院議員、ヘンダーソン下院議長など多くの人々の緻密な指導のもとで、親身な助言を生かして政治を扱う能力を身につけることが、メリアムの教育であると計画されていた。

しかし一八九五年当時のアイオワ州立大学では法律や、政治の課程が廃止されていた。したがって父親と息子が長年にわたって大切にしてきた絵が、搔き消されてしまったようなものだった。

後年になってアイオワ州立大学は優秀な教師陣のもとで、経済学や政治学に力を入れるようになった。それでも法学部は、当時、まだどちらかというと程度が低かった。

それまでチャールズ・E・メリアムは、順調な道を歩んでいたと思っていたのだが、すぐに険しい道にぶつかったと自覚した。

そのような時期に、メリアムは一八九六年から一九〇〇年まで、コロンビア大学に在籍した。ダニング教授（Professor W. A. Dunning、一八五七―一九二二）が有給休暇を取っている一年間、政治理論の講師をし、さらに一年間はベルリンとパリの大学に留学した。

この第一期の初めのころ、メリアムの思索の対象は主として経済学であって、全力を傾注していた。それまでに政治理論には満足しつつあったのだが、まだ経済学や社会学、歴史学には十分な自信がなかったからである。そんななかでメリアムの前に展開する学者世界の知的冒険の連続に、彼は圧倒され興奮させられていった。

すなわちダニングの知識や、シェークスピア風の才覚。セリグマン（E. R. A. Seligman、一八六一―一九三九）の公共財政への驚くべき博識。マンロー・スミス（E. Munroe Smith、一八五四―一九二六）やコーラー（J. Kohler、一八四九―一九一九）の広範な比較法律学への理解。ギェレク（O. F. von Gierke、一八四一―一九二一）のドイツ帝国憲法制定委員会議長としての威厳ある人格。のちにワイマール憲法の起草者となるプロイス（H. Preuss、一八六〇―一九二五）の不可思議な魅力。ギディングズ（F. H. Giddings、一八五五―一九三一）の社会学者としての新進気鋭で颯爽とした挑戦。ロビンソン（J. H. Robinson、一八六三―一九三六）やオズグッド（R. E. Osgood、一九二一―一九八六）が描く生活史。これらは若い学徒であったメリアムに強烈な印象を与えた。

パリに留学していたときには、彼の周辺にいた建築家や芸術家に刺激を受けたのだが、さらに荘厳なフランス国立図書館やソルボンヌに通って学んだ。メリアムは、芸術家を除いた各分野の学者たちが語る方法論の発展に接することでこのようなコミュニティが、「歴史的、比較的」な研究手法として将来、開花してくるだろうと観察していた。

多岐にわたる経験の結果として、大部な学位請求論文である「ルソー以来の主権理論の歴史」で博士号が授与された。数年後、夢想だにしなかったことだが、驚いたことに「主権理論」を発表したことと政治学部長に就任したことから、大学の式服を身にまとった姿を時事漫画に描かれるほど話題となった。

メリアムは四半世紀の教育を通して何を学んだのか、また何を学べなかったのか？

新約聖書で「このようなことに触れるのであれば、答えに心配することはない、兄弟よ。王よ」[*5]といわれているように、いわゆる聖ガマリエルの膝下でパウロが受けたと同様に、メリアムも哲学博士の称号を得るまで学界の極めて厳しい訓練を受けて、妥協にいたる有効な策略や、当時の学問追求の常識的な巧妙さと技術を身につけていったのだ。

ところが、彼の無知、それも自覚できない無知の領域は、依然として広大な大草原のように荒涼としたまま残されていたのだった。

＊5　新約聖書の使徒行伝第二二章第三節。パウロの弁明についての記述。これに続いて「私はキリキヤのタルソで生まれたユダヤ人であるが、この町で育てられガマリエルの膝下で先祖伝来の律法について厳しい薫陶を受け、今日の皆さんと同じく神に対して熱心な者でした」と語った。

たまたまメリアムの教育はコロンビア大学からシカゴ大学へ移ったのだが、講師の肩書きのままであった。比較的に自由な講師という立場が、教室をはなれた仲間との集団で身に付けていく教育のきっかけとなった。

ここシカゴ大学にあって、チャールズ・E・メリアムの研究姿勢は、経済学を克服するために柔和なヴェブレン（T. B. Veblen、一八五七―一九二九）、温情家のジョン・デューイ（John Dewey、一八五九―一九五二）、頼りになるタフツ（J. H. Tufts、一八六二―一九四二）やウェズリー・C・ミッチェル（Wesley C. Mitchell、一八七四―一九四八）、H・J・ダヴンポート（H. J. Davenport、一八六一―一九三一）などと交流することで修正されていった。

さらにメリアム自身に近接する分野では法学と政治学のアーネスト・フロイント（Ernest Freund、一八六四―一九三二）や、その後間もなくイリノイ州立大学の学長になった政治学のエドマンド・J・ジェイムズ（Edmund J. James、一八五五―一九二五）などから、広範な影響を受けたのだった。

第一期が終わるまでに、メリアムは一般的な学問教育を受けるとともに、シカゴ大学内で政治学者の地位を構築していった。

このころ『ルソー以来の主権理論の歴史』（一九〇〇）と『アメリカ政治理論の歴史』（一九〇三）を著している。

以上のような経過を経て、メリアムは「歴史的、相対的」に政治学を探究するために「五フィートの本棚」[*6]に向かって順調に歩み始めるのであった。

第二期　一九〇五年―一九一九年（三一歳〜四五歳）

一九〇五年、秋のある夕方、メリアムはニューヨーク市のセンチュリー・クラブ[*7]で政治学研究の指導者であり、さらに彼の理解者でもあるウィリアム・A・ダニング教授と食事をしていた。二人の前には、一枚の、それも苦心の跡のある原稿が置かれていた。

原稿には体系的政治学の主題となる大要と、多くの粗い覚書が書き込まれていた。ここには『政治学の諸原理』の概略が提起されていた。一九〇〇年の『主権理論』から一九〇五年の『政治学の諸原理』構想への近道に繋がったものだ。

すなわち三〇年も先の一九三二年にドイツのウンター・デン・リンデン大通り[*8]で書くことになった『政治権力』に向けた、はるかに長くて険しい道の出発点である。最後の著作となった一九四四年の『体系的政治学』の出版までにはさらに遠く荒寥とした道が続くに相違なかったのだ。

「あなたの原稿は、メリアム博士」と学者然として貫禄に溢れたダニング博士が口火を切った。「たしか

＊6　ハーヴァード大学学長チャールズ・ウィリアム・エリオット（一八三四―一九二六）が選定した五〇巻からなるアンソロジー。ちなみに第一巻はフランクリン自伝から始まっている。高等教育を受けられなかった人々が教養を積むために編集された。内容は一般的な逸話、事例を取り上げて紹介していて、倫理、道徳など新しい国家建設に意気込むアメリカ国民を督励している。社会教育に期待している側面がある。のちにハーヴァード・クラシクスといわれる。

＊7　センチュリー・クラブは一八四七年開業、マンハッタンにあり、アメリカの芸術家、文化人の拠点。

＊8　「菩提樹の下」という名の大通り。ベルリンのブランデンベルグ門からプロイセン王宮まで通じている。

に非常に注目すべき見解を示している。だが……（そこでメリアムは明敏なダニング教授の青い瞳に見入って、次に続くであろう衝撃に直感的に緊張していた）」「……だが、この原稿を出版すると一〇年間は後悔することになると思う。

これからの人生をこの学説を守るために使わなければならない、と覚悟しなければならないからだ。

あなたの政治学原理を確立する前に、人生や学問をもっと熟知し、さらに徹底して生かしていくべきだ」

ことによると彼、ダニング教授の指摘は正しかったかもしれない。また誤っていたかもしれない。

どちらにしても、ともかくメリアムは、ダニング教授の助言を受け入れて、目標を転換した。

というのも、かつてブライス卿[*9]はメリアムに、少なくとも一〇年間、政治の世界を実際に経験することは行政の学徒として有益である、と指導したことがあったからである。

メリアムは、プラトンが一五年間、「法の番人」として自ら私塾[*10]に打ち込んだ結果の忠告として受けとめていた。

その一方で、メリアムが経験もないのに、強引に偏狭な主張を打ち出してばかりいると印象づけることで、大学から追われるだけでなく、『体系的政治学』の新しい形態を確立する構想も潰されると言っていた人もいたようである。

たしかにこの流れにひとたび襲われていれば、彼は木っ端微塵にさらわれていたであろう。

メリアムはシカゴ市議会議員選挙に当選し、何年か後まで議員を続けようと計画していたが、市民の代表者たちの強引な主張で狂わされてしまい、一九一一年、三六歳でシカゴ市長候補に推された。[*11]

メリアムはブライスやプラトンが指摘した期間を、六年間は市議会議員として、また別に多種多様な都市の自治活動に多年にわたり参加して「穴蔵」ですごしたのだが、この穴蔵生活は一年半ほど第一次世界大戦と重なって終わった。

当時、シカゴ市は「うさんくさいディンク（Hinky Dink）」「風呂屋のジョン（Bathhouse John）」や「ビルこそ建設者（Bill the Builder）」（トンプソン市長[*12]）や彼の配下で公益事業の手配師の「サム」・インスル（"Sam" Insull）が跋扈する時代であった。

だが同時にローゼンヴァルド（Julius Rosenwald、一八六二―一九三二）、クレイン（Charles R. Crane、一八五八―一九三九）、ローソン（V. F. Lawson、一八五〇―一九二五）、ジェーン・アダムズ（Jane Addams、一八六〇―一九三五）、そしてバーナム計画やシカゴ都市計画の時代でもあった。

さらに同じころ、メリアムはイタリアのローマから遠く離れた町にあって、オルランド（V. E. Orlando、一八六〇―一九五二）、ニッティ（F. S. Nitti、一八六八―一九五三）、ソンニーノ（S. Sonnino、一八四七―一九二二）、ダヌンツィオ（G. D'Annunzio、一八六三―一九三八）、ベニト・ムッソリーニ（Benito A. A.

＊9　ジェームズ・ブライス（一八三八―一九二二）。イギリスの政治学者・歴史学者・政治家、アメリカ大使。

＊10　プラトンが、紀元前三八七年ごろにギリシャのアテネの郊外に開いた塾。「アカデメイア」といい紀元五二九年まで続いた。哲学、数学、倫理学、天文学などを教え、アリストテレスもここの弟子たちの一人。現在、使われている「アカデミー」の語源である。

＊11　市長選挙の結果は、メリアム一六〇、六二七票、C・ハリソン・ジュニア一七七、九七七票。

＊12　ウィリアム・H・トンプソン（一八六九―一九四四）、シカゴ市長（在職一九一五―一九二三、一九二七―一九三一）。

Mussolini、一八八三―一九四五)、フランクリン・D・ローズヴェルト(Franklin D. Roosevelt、一八八二―一九四五)らと、またチャールズ・E・メリアムの側近のフィオレロ・ラ・ガーディア(F. La Guardia、一八八二―一九四七)、ウォルター・ワンガー(Walter Wanger、一八九四―一九六八)らとも親交を深めていった(2)。

友人たちの多くは、メリアムが彼の純粋さから政治に不案内だと思い込んでいたようだが、実際はそうではなかった。

彼は一〇歳から二〇歳まで、アイオワ州の政治と身近に関係をもち、政治とは「ある種の状況」にあったといえる。

さらに加えてコロンビア大学時代にはタマニー・ホール*13を調査し、陰ながら市長選挙*14にも関わっていた。ベルリンでは、当時のドイツ政治を研究する市民集団を組織し、ベルリン市議会議員であったプロイス博士の弟子でもあった。そのような経験がある彼をもってしても、シカゴのような巨大な都市コミュニティは、文明の一断面そのものといえた。

要するにメリアムはシカゴに存在する各種闘争に参加することによって、政治行動につきまとう多くの課題を、より鮮明に理解する道が開けるようになったのである。

こうした経験はメリアムが一九二九年に出版した『シカゴ　大都市政治の臨床的観察』に総括されている。

参加者すなわち観察者としての彼の結論は、自身の意見として同書の第7章に「現実の行政組織」という表現で詳述されている。

さらにより総括的な観察は、『シカゴ』の最終の第9章「シカゴの登場」に反映され、ここで一連の資料を生かし、経験してきたことを集約して、都市精神を描写したのである。

最後に、次の疑問がおこる。シカゴは都市を構成する予測のつかない複雑で、目まぐるしく変化し混沌としている状態から、どのようにして今日のようになったのか。

一体、新興都市に対する新しい関心と忠誠心とは、どのようなものだろうか。

歴史的にみても、都市は独自の生活様式、性格、精神を持つべく必死に努力するものである。ロンドンやパリのように長い歴史がある都市は、長く歳月をかけた独特の雰囲気があり、その紆余曲折ある足跡を数世紀にわたって遡ることも可能である。

女性や子供をはじめ市民は、これがわれわれの都市だ、と主張する。

名声そのものが市民ということなのだ。大見出しでスクリーンに写しだされて、注目されているのはわれわれ自身だ。その優れた点も劣った点も、偉大な点も卑劣な点もわれわれなのだ。さらに自分の都市の行政に対してもたしなみのよさと責任ある関心を持ちはじめている。以前にはこの関心といえば大部分は地主の利害のことであったが、世の中がしだいに土地よりも商業を重視するように変化していく過程で、都市でも同様のことが言えるようになってきた。

＊13　一七八九年にニューヨーク市に設立された民主党の政治団体。タマニー協会ともいう。市政の汚職の代名詞となった。

＊14　一八九七年に実施されたニューヨーク市長選挙。コロンビア大学総長であったセス・ロウが立候補した選挙である。

すなわち今日、地主が毎年減っていくにつれて、都市を熱狂的に愛するのは土地を持たない、ほとんどの人が将来も持つ意志のない市民に取って代わられてくるようになったのである。また土地に殉死しない市民も、熱烈な運動の担い手となっていった。

この地域社会の精神は、さまざまな形をとって具現化する。たとえば歌や詩や他の芸術に、壮観な建築物に、ゆったりと広々した街路に、ごみごみして少しみすぼらしいが伝統の豊かさが混ざり合っている町に、市民生活を反映する都市の輝かしい性格に、地域社会の共通体験となっている壮大な試練と勝利に、以上のように都市と市民が協力しあった歴史の成果なのである。

こうした出来事や体験は、政治とは関わりのない性質のものかもしれない。ある偉大な成功、壮観な出来事、示威行為、発見とかは単独で、または複雑に錯綜して市民全体の関心や都市への忠誠心を高揚する。市民全員に同じ感情を抱かせることによって、都市の性格や気質に強い理解と、賛同を寄せざるを得ない感情の成熟をもたらすのである。

都市は自己の存続のために、必死に奮闘する。

さらに経済的な階級、宗教団体、地域集団などが引きおこす内外からの激しい闘争、また、連邦、州、一般住民から出される要求から、強烈な圧力を受ける。

今日の現代社会では都市のみが唯一最高の尊重する対象になるということはあり得ず、都市に対する情熱は数ある情熱の一つにすぎない。

そして徐々に市民全般に共通する行政について、市民の認識を同一の基準にまで高めねばならない。さらに都市に生活する個人や団体の利益意識を追求し、行動の基本原理、共通する利害や魂をゆさぶる大いなる理想を掲げていかねばならない。

都市に存在する集団の主たる目的は、この現実の利益を満足のいくまで得ることにある。都市が過去の伝統や文化の残骸でないとするならば、市民生活に何らかの現実的影響を与えているはずである。

これらの集団の諸利害が均衡したところに都市全体の利害が位置し、そこが市民の団結の根本基盤となるのである。全市民が共通する体験を重ねていくにつれて、利害意識は時には金や鉄よりも力強い市全体の方針や行為を決定する、市民感情の燃え上がりへと発展していくのである。［二九九―三〇〇頁］

この第二期の当時、ブラックストーン[*15]の陰が復活してきており、メリアムは有力な法曹界の組織から重要な法的地位を打診された。

「一緒に活動しましょう」と彼らは言った。「法律家になったらどうですか。あなたが大学教授だったことはすぐに忘れられますし、政治家であった経験が人生の幅の広さになります」。ところがメリアムにとってはまったく意に反する誘いであったので、「私は『体系的政治学』の著作に没頭していますので」と断った。そして「サタンよ、退け」[*16]と明言した。

＊15　シカゴやニューヨークなどを地盤とする暴力団。一九〇〇年代の禁酒法時代を中心に賭博、売春、汚職で勢力を拡大した。

＊16　新約聖書マタイによる福音書第四章第一〇節。するとイエスは彼に言われた、「サタンよ、退け。『主なるあなたの神を拝し、ただ神にのみ仕えよ』と書いてある」。悪魔の誘惑を、人はパンだけで生きるものではなく、主なるあなたの神を試みてはならない、と拒絶した後に、自分にひれ伏せばこの世のすべてを与える、という誘いに対する答えである。

いずれにしても、この数年間にくり広げられた努力が、チャールズ・E・メリアムの教育に何らかの貢献をもたらしたのであろうか？

もし無味乾燥な表題を編集する人がいるとすればメリアムの『予備選挙』（一九〇八）、『シカゴ港湾委員会報告書』、『市財政支出シカゴ委員会報告書』、『シカゴ市議会犯罪対策委員会報告書』、『建築地域（地区）報告書』、『公益事業報告書』(3)に着目するであろう。

また好意的な評論家は、上記の業績はメリアムにではなくて、シカゴ市民とシカゴの政治教育に貢献したと評価するかもしれない。

反発もあった。「ビルこそ建設者」（トンプソン市長）は、『シカゴ市議会犯罪対策委員会報告書』はたしかに悪意に満ちている、と決めつけた。同市長の下での市教育委員会（チャールズ・H・ジャッド教授*17が委員長）は「シカゴの児童たちの自由を愛する心を破壊する」という理由をつけて陰謀を企て、メリアムを攻撃してきたことがあった。

だがこの種の田舎芝居は、よくあるようにすぐさま雲散霧消した。

いまここでメリアムが、いつシカゴの都市問題を解決して、当時何を考えていたかを要約している場合ではない。

メリアムは一九一一年からアメリカ合衆国の首都ワシントンで第二七代（在任一九〇九―一九一三）タフト（W. H. Taft、一八五七―一九三〇）、第二八代（在任一九一三―一九二一）ウィルソン（T. W. Wilson、一八五六―一九二四）両大統領のもとで、数多くの重要なポストを要請され続けてきていた。

たとえばタフト大統領経済効率委員会では委員として、一二年間の任期を果たした。さらにウィルソン大統領委員会の委員を務めて、「議論する場所では、あなたがいつも中心にいる」と関係者から認められるほどであった。

政治学の泰斗であるプラトンも述べていたことであるが、ダニングやブライスから説得された通り、メリアムには連邦政府での経験を通して獲得した教育への計り知れない関心が、望ましい形であらわれてきていた。

おそらく、整備されて形式的な養成課程よりも、現場の奥深い教育からこそ得るものがあったのだろう。メリアムはシカゴに対しては、たとえそこを離れていても、また自分が権威や権力の内外にいるいないを問わず、どのような小さな課題であっても責務を感じていた。

が、しかしこの表現は誤りであろう。

正しくはシカゴが、メリアムの教育の一部になっていたと言うべきだろうが、何ともいえない。メリアムにとってはシカゴからローマに行くよりも、シカゴからワシントンに行く方が容易な道筋だった——まわり道ではあったが最終的にはワシントン・米国政府にたどり着いたのである。

第三期　一九一九年―一九三二年（四五歳〜五八歳）

第一次世界大戦の末期になると、私はメリアムの教育の新しい段階に注目していた。当時、彼はすでに一〇年以上前から地道に資料収集に着手していた。

それが結実したのが一九二二年に公にした『アメリカ政党制度』であり、政党政治における政界観察を

＊17　チャールズ・H・ジャッド（一八七三―一九四六）、シカゴ大学教育学部長、専攻は教育心理学。

要約したものであった。

メリアムの政治についての結論は、のちの一九二九年に出版された『シカゴ』（上に言及した）に要約されている。さらに一九〇三年に刊行した『アメリカ政治理論の歴史』を増補して、一九二〇年に『アメリカの政治理論　一八六五―一九一七』として完結させた。

一九二四年刊の『政治理論の歴史――現代』は他の記述も整理し、同じ領域をまとめ一冊の本にしたものである。彼はふたたび、政治探究のために「五フィートの本棚」運動に先陣をきっていたのだが、おそらくこのような実績としての果実がもととなり、のちに満足する学者生活を送れたのであろう。

しかし、ああ、残念なことに、彼はこのころになると、政治学の観察と分析の基本的な方法に、深刻な不満を抱くようになってきていた。

すなわち体系的政治学の強固な基礎を追求しようとしていたのだが、ふたたび作業の遅れを余儀なくされたのだった。

メリアムが当初に努力したことの一つに、機械化によって研究方法を改善するための指揮をとることがあった。

たまたま彼はシカゴ大学の幹部教員となっていたので、調査活動のための速記者や助手の増員を大学当局に要求していた。ところが返ってきた答えは、メリアムに対し「一週間以内に大学に戻ってくること」という回答の体をなしていないものであった。

さらに週末になると、「大学には、教授たちが自分たちの本を書くのを援助する力を割く余裕などない」という返事が返ってきたのである。

旧態依然とした、昔ながらの研究方法では息が詰まる！　これらの解答として、メリアムは社会科学研究棟すなわち一一二六館と、一三一三館といわれている公共行政センター[*18]を新設したのである。

加えてメリアムは、アメリカ政治学会特別委員会の議長として、研究設備や研究方法の課題にも着手した。

一九二一年一月以前の同学会の研究を分析した論文である「政治学研究の現状」と、さらにそれを発展させた一九二三年の政治研究委員会の報告は、適切な研究方法を示し進化した道筋を切り開いたものであった。

その他、評価されるべき成果のなかでは、社会科学研究評議会を創設して各種の学問分野をより相互に密接させ、それぞれの機関を改善したことがあげられる。

社会科学研究評議会は一九二三年に設置され、当初は三つの協会で構成されていたが、のちになって七つの協会で構成する組織となった。ここは社会科学関係の研究者たちが、いろいろな工作機械などを研究、開発、導入するのを援助する組織であったので、一般向きではなかった[4]。

そうこうしているうちにも、メリアムはさらに信頼できる研究方法を創造しようとする観点から、同僚や学生たちやL・C・R（ローラ・スペルマン・ロックフェラー財団の支援で創設された地方自治体研究所）の助力で、特別に重要視したかずかずの系統の研究を開始した。

その研究とはゴスネル博士（Dr. H. F. Gossnell、一八九六—一九九七）などと共同で行われた、有権者の投票行動における棄権と定量分析法についてのものであった。さらにゴスネル博士が、心理分析の分野での卓越した研究で先導することで、ラスウェル博士（Dr. H. D. Lasswell、一九〇二—一九七八）とメリアム

＊18　一九三八年創設。第二章「メリアムの時代」第四期参照。

は政治宣伝とくに政治心理学を研究するようになった。

加えて政治指導者の領域の研究ではゴスネル、ジョンソン（H. G. Johnson、一九二三―一九七七）、ピール（R. Peel、一八九六―一九七八）、ロバートソン（J. D. Robertson、一八七一―一九三一）、コーエン（H. E. Cohen、一九〇七―一九六五）が専門的な論文を発表してきたが、ルイス・オロン（L. T. Olon、一九一七―二〇一九）のもとでこの研究は今日まで継続中である。

メリアムの教育にとっての画期的出来事は『政治学の新局面』（一九二五年）の出版[5]である。同書では新しい政治学の基礎、政治学と心理学の関係、政治と数学、遺伝と環境と政治、政治的な賢慮すなわち思慮深さ、さらに政治学の傾向などについて強調したのである。[6]メリアムは指摘している。

他方で何よりも最も恐れるべき、また厄介な政治的不均衡があらゆる分野で現代文明を脅かしている。政治体制が受け継がざるを得ないすべての病理に、迅速かつ確実な手当てが施されるに違いない、と期待を持たせたならば軽率な予言ということになるだろう。

経済、政治、道徳の秩序においても、人類がかつて経験したことのない地殻のさらなる大変動が予兆されている。［三二頁］

さらに重ねて、

ジャングルの政治と実験室の政治（科学）は併存し得ないのであって、世界を同じくできない。この前の第一次世界大戦のようにいたずらに国民を煽動する政治家が物理学者を徴用すれば、ジャングルが実験室を強奪して利用するようなことになる。
逆に実験室が人間性のジャングルを支配すれば、広々とした実り豊かな肥沃な土地を人類の高度利用に供することになるのだ。［二四七頁］

メリアムは一九二四年からは殊に視察の時期を迎えた。休むことなく外国の諸都市を移動して、政治や社会科学の諸問題の新しい知識や着想を模索して、研究することが多くなった。ロンドン、ウィーン、ジュネーヴ、モスクワ、ベルリンで学者たちとの協議を重ね、さらに存分に取材、執筆し、混迷する世界の隠された意図を捉えようと精力的に奮闘した。

とりわけ公民の形成を取り上げる特別研究の組織を設立し、成果を編集するように委任された。「ドゥクードゥクス」[*19]に始まってモスクワ、ローマまで調査してまわり、政治行動の秘密を研究し、その任務を遂行するために遠方まで広範囲に奔走した。

これらの調査の結果として、一九三一年に『公民となる——市民教育の比較研究』を出版した。[(7)]

メリアムは、同書のなかで市民を養成する技術や国ごとの技術を比較することによって、市民が連帯する社会構造を論じ、体系的政治学へ接近するための方法を構成する、数々の要点と結論に到達した。

メリアムが学び得た多岐にわたる基本的な局面は、市民としての構造的（身体的—精神的）な基盤であって、関心はもてたのだが少しも集約はされなかった。

他の例としては、異なる社会のそれぞれの忠誠心や教訓、掟などを協調させようとしたのだが、社会集

＊19 南太平洋のビスマルク諸島およびニュー・ブリテン島の原住民に伝わる男性の秘密結社。

団がもっている勢力範囲への警戒心を調整する困難さがあった。

さらに付言すれば、いつの世でも市民組織には微妙な争点が存在し、それぞれの組織の伝統と活動を調整し均衡をとらなければならないのである。

メリアムが市民に接触し関係を醸成した結果明らかになった、数々の社会分野の象徴主義[20]について、彼の提起した議論はさらに政治学界で幅広く受け入れられていった。

現時点で、個人としての行動を科学的に研究して、身体的、精神的構造を有する市民を公的にすなわち国家や地方自治体が養成することで、いままで以上に個々人を緊密に関係づけられたという結論に達した。


医者、心理学者、精神科医、憲法学者たちの働きも加わり、諸行動にまつわる教訓、イデオロギー、金言を繰り返し教えることで、かつてなくそれぞれをより緊密に結びつけるであろう。

すなわち政治的、社会的養成の過程に大変革を起こすことになるであろう。［三五六頁］

ところが今や、チャールズ・E・メリアムは、予想もしなかった教育の面倒な舞台に向かっているのだった。すなわち彼はシカゴやその他の町の発展に協力、応援して、ある意味で研究対象である巨大な機構に翻弄されてしまっていた。そこでしばらくは避難を余儀なくされたのである。

当初は、一方が古いフリージア村で、他方が現代風の海水浴場である保養地ジルト島を目指そうとしていた。

彼の計画では、午前中は古い村で仕事をし、残った時間を砂の上で日光浴をして過ごそうというものであった。

ところが一九三二年六月、ジルト島への旅の途中でベルリンに着いたところ、ドイツ帝国の国会議員選挙が始まったことを知った。ゆくゆくは革命になるかもしれない選挙の激しい闘いがベルリンで行われているときに、ジルト島は政治権力の研究書を書くにはふさわしい場所ではない、とメリアムは判断した。そこでウンター・デン・リンデン街のブリストル・ホテルに投宿した。サミュエル・ハーパー教授（Professor Samuel N. Harper、一八八二―一九四三）と隣り合わせの部屋を取り、一冊の参考文献もなく六週間にわたりタイプライターを打ちつづけ、「政治権力――構造と範囲」（一九三四）の表題で政治論文を書き上げた。

このようにして、かつて主権理論の研究論文を創案したことがあるベルリンで、政治権力が象徴と実態を掌握しようとする激越な闘いのただ中で、ふたたび執筆作業をしたのだった。午前中、メリアムは働いた。そして午後にはハーパー教授と、ヒトラー（A. Hitler、一八八九―一九四五）やブリューニング（H. Bruening、一八八五―一九七〇）のこと、ロシアの革命軍や反革命軍のことを議論し、ときには町を歩きまわって、ハーパー教授やメリアムの持つレモネードのグラスを見て立ち止まるような人々などの、ありとあらゆる活動の観察者となり生徒となった。

あるとき、メリアムはモスクワへ行く航海の途中で、薄暗くなった夜にラスウェルと会った。さらにブルックリン・カレッジのギデオンス学長（President H. D. Gideonse、一九〇一―一九八五）が資料を求めて

＊20　一九世紀末から二〇世紀初めにヨーロッパ諸国を中心に興った芸術用語。当時の科学技術の進歩に呼応して興った精神、内面を具体な象徴によって表現する考え方。メリアムは因習や伝承されてきた風俗を制度として取り上げようとした。

町をさまよっているときにも出会ったことがある。

シカゴ・デイリー・ニューズの代表で、優しく見識のあるエドガー・モウラー（Edgar Mowrer、一八九二―一九七七）と出会ったときは驚きであった。『政治権力』のなかでメリアムが検討したのは以下のことであった。

権力が発生してくる状況。競合する様々な忠誠。権力のもつ闇と日向の権威であるクレデンダ（credenda）[*21]、ミランダ（miranda）[*22]、アジェンダ（agenda）[*23]。生き残ろうとする権力保有者たちの技術。権力を行使される人々の防御方法。権力の衰退、権威の崩壊、凋落、転覆していくときのあり様。現代になって明らかになってきた権力の諸傾向。［四頁］

この段階でメリアムの教育は、平和惚けしない世界を期待していたのだ。彼は予見して語っている。

政治、産業、宗教、科学の諸体制に抜本的な改変が生じ、これらの改変は過去から続く権力構造の多くを、想像以上に壊滅させるであろう。

そして現体制を愛しているがゆえに、変化を恐怖する人々を新しい諸形態に取り込み改造してしまうだろう……。［三二五頁］

彼がかつて考えていた通り、ごく近い将来に暴力や熱狂が、国家の諸形態を改造するかもしれない。しかしながら、それに代わる新しい権力形態を創造しようとする選択もあった。数世紀むかしに現代国家を鋳込んだ鋳型は破壊され、あるいは破壊されつつあった。

だが、ときとして私たちの地上から全文明を一掃しようとして出現する大破局を、回避する可能性がまだ残されているかもしれない。

どちらにしてもこの事態はまったくの可能性だったのであって、まだ起こっていなかったことなのだ。依然としてメリアムはいつも『政治権力』の最終章の妥当性に執着していた。


それは意志をもたない自然界や、権力などに執着する人間界の隷従から解き放たれ、われわれの環境や精神に内在する暗澹たる決定的な諸勢力の支配から脱する長い道のりといえる。将来は知性と信念を融合させる人々のものであり、偶然ではなく選択した道、衝動的に順応するのではなく、積極的に進展させる道へと自らを前進させる勇気と決断を身につけた人々のものであるということである。〔三二六頁〕

＊21　メリアムが著書『政治権力』の序章で示した表の権力の手段。信仰されるべきもの。統治への尊厳、自己犠牲、合法性の独占を通し威信や権力を高めようとする行為など。
＊22　同じくメリアムの著書『政治権力』にある表の権力の手段。讃嘆されるべき物など。たとえば、記念日、記念碑、音楽、儀式、行進、演説など。
＊23　過程。『メリアムの教育』や『政治権力』に用語としての記載はあるが、詳述してあるクレデンダ、ミランダとは異なり内容についてては触れられていない。

第四期　一九二九年―一九四〇年（五五歳〜六六歳）

この第四期について慧眼の編集者は「あっ！　三年間、第三期と重複している。なんだ！　これは！」と言うかもしれない。

しかし、チャールズ・E・メリアムの教育は年表などには支配されなかったし、人生の漠然とした哲学よりも細かで精密な資料に興味があり、つまらない評論家の専門用語に動揺させられたり、自説を変更させられることはなかった。

だがたしかに資料は重複している。

あくまでも政治を理解しようとして苦闘し続けるメリアムにしてみると、この第四期は頻繁に合衆国政府などの公的委員会への参加が要請され、会議、委員会などに忙殺されていた、と本人が語るであろう。彼の性格によるところであろうが、通常は気のすすまない委員会であっても、要望された各種委員会に入り膨大な事実や数字を検討し、研究成果の報告や答申を出すまで処理していった。

これらの委員会のあるものは非政府団体で、またあるものは政府が設置していた。

たとえば非政府の形態としては、社会科学研究評議会の援助のもとで企画された公共サーヴィス個人検討委員会があった。

さらにもう一つは、アメリカ歴史協会内に設置された社会科教育委員会[*24]であったが、メリアムはここから出された報告書は絶対に承認できなかった。

それまでメリアムは、一九一九年から永年にわたって政治を回避してきたのだが、ふたたび政治の奔流に巻き込まれるようになった。

事実、一九三一年には民主党のディーヴァー（W. E. Dever、一八六二—一九二九）が出馬したシカゴ市長選挙の応援をし、彼としては最高の選挙キャンペーンを行い、「建設者ビル」と仇名されたトンプソン市長の正体を暴露し、シカゴ市民の自治活動を救援したのだった。

メリアムはこの市長選挙に協力することによって、第三一代大統領（在任一九二九—一九三三）フーヴァー（H. C. Hoover、一八七四—一九六四）が一九二九年に設置した社会傾向調査委員会の委員を委嘱され、副委員長に就任した。委員会の協同作業は四年の任期を越えていた。

メリアム自身も「政府と社会」部会に参画していた。委員会の調査結果は、報告書に具体的に提示されて、それを受けた技術開発が急速に推進されていった。さらに報告書は、諸情勢に対応する社会制度や、慣習を織り込んだ生活様式全体の社会変化が、緊急に不可欠であると指摘していた。

社会を建設的に主導する際に考えられる選択肢としては、成り行きに任せて先延ばしにすることで、ある程度時代の流れに調整を委ねることもあるかもしれない。

しかしながら、さらに限定した選択肢を挙げれば、権力や暴力の要素に裏打ちされた独裁的な体制が、不気味に大きく立ちはだかり煽動する場合である。

＊24　一八七〇年から第一次世界大戦が終わるまでの約四〇年間で約二〇〇〇万人がヨーロッパからアメリカへ移民として流入した。同時に都市化も進み公民教育が必要となった。一九二六年にアメリカ歴史協会は、公立学校などから社会科の教育内容の検討を求められて研究会を設立した。

このような場合に、基本となる決定は、容赦なく権力集団が強制力を行使することであり、暴力は社会指標としてただの情報にすぎなくなるであろう。

近年の傾向が明らかにした社会技術や社会目的を溶融させたものよりも、さらに強い印象を与える統合ができあがるかもしれない。これらの選択肢は自由主義者や民主主義形態に深刻な抑圧を加えた暗黒の時代の暴力革命の仲間で、現在ある生産システムがもっている多くの有効な要素を奪い排斥したものであるから、統合は避けなければならない。

その改革が完遂されると、「委員会（Committee）」は人騒がせな人間の無責任な態度を許さないことは当然として、その一方で社会状況が抱える硬直して苛酷な現実をあくまで隠蔽し、切迫した危機である、崩れつつある道路や揺れる橋などの改修、わが国の機械などの重工業を発展させようとすることは期待していないのだ。現在、沈黙していることは中立ではなく、同意するに等しい時代となったのだ。(8)

社会傾向調査委員会の提言が実を結んで、一九三三年に全国資源計画委員会が設立された。委員会は、最終的に大統領特別室に設置され、メリアムは全体計画の分野で、大統領直轄の執行機関の参謀として配属された。

執務室では分析することや、表にするような細かな仕事はせずに、まとめられた調査結果や報告を精査して人類や地上の物質資源との関係の分析をして勧告した。(9)

委員会の任務は極端に広い範囲に及んだが、主としてとりわけ地域、地方、国家が計画するうえでの課題を考察し、社会情勢に適応させ組織化された努力の結果を公表することに力点が置かれた。

そこで全国資源計画局は職務上の責任から解放されて、自然と人間双方を国家資源として最高、最善に活用する長期計画を広範囲に考察することに専念していった[10]。

同じころ、メリアムは都市計画事業に、長い間、参画するように要請され続けてきていた。一九四〇年には、責任あるシカゴ都市計画委員会議長になることを前提に引き受けるように、と性急な要請を受けたのである。だが、固辞した。

メリアムの考える民主国家におけるすべての都市計画は、完璧に実行されなければならなかった。そのうえ計画は基本的に規格化されず、人類の可能性と機会の解放でなければならない、としばしば繰り返してきていた。

すなわち都市計画を進行させる本質は、国家資源の開発を促進することや、自由な企業や自由な政府の制度のもとで、文明国に利益をもたらすために、最も公正で可能性のある参加のなかにこそ存在するという主張である。

一風変わった合間の出来事——メリアム、行政を学ぶ

第四期にメリアムは最高学府の公共行政学部に入学するほどに研究し活動したが、もちろん学位は取れなかった。

彼はかつて若い時代にコロンビア大学のグッドナウ（F. J. Goodnow、一八五九—一九三六）、ベルリン大学のプロイスのもとで行政の基礎となる法原理を勉強したことがあった。

都市問題に興味をもったころは、シカゴ公共効率公社の設立に関係したこともあった。

ところが現在は偶然が重なって、自分自身が最先端の行政研究の中心となっていた。さらにたまたま行

政機関を実際に援助する計画を立て、当時のスペルマン財団の管理者、バーズリー・ラムル博士（Dr. B. Ruml、一八九四―一九六〇）と協力したこともあった。

いまになってもメリアムはジュネーヴ、ベルリン、ケンブリッジでの記録をじっくりと読んで頭がいっぱいになり、楽しかった時間を思い出すのだ。

メリアムはこの偶然の事業がきっかけで、のちになってスペルマン財団の責任者や議長になり、さらにアメリカの行政サーヴィス全体に幅広く枝葉を伸ばして、シカゴの「一三一三」館の基礎を創設している。また別の話だが、突然に起こった説明するには複雑すぎる出来事があった。

メリアムは、社会科学研究評議会が設立した公共サーヴィス個人検討委員会の委員になったのである。その任務は評議会の提出した報告書が無益なものではないことを公的に証明することであったが、残念ながらつまらない助手にすぎなかった。

さらに多少注目された事件があった。あるとき第三二代大統領（在任一九三三―一九四五）ローズヴェルトの行政管理に関する大統領委員会の委員に就任したのだ。

それまでにメリアムは大統領に、国家行政には包括管理が重要であると提唱してきていた。ところがローデン（F. O. Lowden、一八六一―一九四三）元イリノイ州知事がこの方針に同調できず委員を辞任した後、メリアムはこの分野での専門家の二人、ルイス・ブラウンロー（L. Brownlow、一八七九―一九六三）とルーサー・ギュリック（L. H. Gulick、一八九二―一九九三）に徹底的に鍛えられた。

この行政管理に関する大統領委員会で学習したことは、情報を豊富にもつ二人の補佐役たちから、行政について多くの解説を聞けたことであった。

二人にはいつも啓発されてばかりいたのだが、時には毅然とした態度も学んだ。実際にエドワード国王が「やっとのことで……」とラジオを通して行った有名な「さよならスピーチ」[*25]が放送されたときに、メリアムはその瞬間、衝撃を受けてしまい、平然としている冷静な二人の前で凍りついてしまっていた。幸いにも親切なラムル博士が援助の手を差し伸べてくれて、難を逃れ一息つくことができたこともあった。

メリアムが国家行政の重要な課題に、それなりに貢献できたかどうかは疑わしい。だが、私たちはいままで彼の教育を見てきて、公行政の実務や原理を学んできたことに何ら疑問ははさめないのだ。

メリアムは彼の体系的政治学のなかで、行政に内在している諸原理のいくつかの事例を大胆に提示してきている。

だが、彼の「魔術師のような統轄者たち」というこの間の実態の記録をもとにした研究は、過去に出版を拒否されたことがあった。多分、これからも日の目を見ることはないであろう。なんと残念なことか！しかし、いかなる事態になろうとも、メリアム自身は国家行政の「至近距離」にいたという、至上の喜びをいつも回顧していることであろう。

＊25　一九三六年一二月一一日、イギリス国王エドワード八世は離婚暦のあるシンプトン夫人と結婚して王位を放棄することになり、退位の放送をＢＢＣを通して全国民に行った。イギリス議会の退位の決議は下院、上院も通過しエドワード八世は平民となった。

ふたたび体系的政治学

この時期は、かつてトブルク作戦[*26]がそうであったように、合衆国内にも出版などに対して国家的な厳しい包囲網が敷かれていたのだが、少なくとも体系的政治学は、断固として社会に提起されたのだ。すなわちメリアムの「政治権力」の研究は『社会変化と政治の役割』（一九三六）へとさらに発展していった。

この小冊子は、不幸なことに一ドルが相当と思われるときに三ドルの定価がつけられたので、発行部数は少なかった。しかし何よりもメリアムが研究を進展させるためには重要な段階を代表する著作であった。同書では政府を排斥し、政治に代えること、厭世主義と暴力、とりわけ戦略上重要な管理を論じている。同書でメリアムは、個人主義と集合主義がそれぞれ土台としている経済運命主義の原理を批判することで、闘争を区別している。

混乱する経過を経て社会が変化していくなかで、既成の体制は、発明の才智と時代が社会で開発する技術に付随して発展するものだ。

> 社会管理の量は変える必要はないが、その形式や形態、方向性は新たな緊急の時代の新たな必要に合わせて変えられる必要がある。〔『社会変化と政治の役割』一八六頁〕

このような道程を踏まえると、社会が求め、さらに社会へ送るべき情報が最高に重要となり、結果として厭世主義や暴力の長期にわたる跋扈が不可能となるのだ。

「未来の波」は現実世界には存在しない。それどころか、自分たちの意志を「運命」である、と意味づけする権力を渇望する者たちの詐術なのである。引用すれば「偉大な非決定論者マルクスは経済を王とした。偉大なフロイト（S. Freud、一八五六―一九三九）は、リビドーを王とした」［同前書、一一〇頁］ということである。

メリアムは決定主義を否定し、理性が主たる役割を担うことにこだわっていた。同様に『政治序説』（一九三九）では理性が力に屈せねばならない、という教義を軽蔑している。「いや、答えは理性それ自体が絶対的な力ということだ。結局のところ、それが勝利するだろう……。理性は意志、誠実、希望、現実の判断と連帯し、行政組織と管理の至宝となるに違いない」［『政治序説』九九―一〇〇頁］。

メリアムは同書で、扱いにくい思想のように考えられている理想国家（第三章）を論じているが、いま評論家が長い引用を紹介する。

> われわれは豊富な時代を求めている。それは人類がまだ知らない高い水準の生活である。このことはもし人間が社会的、政治的な機関に技術的な可能性を導入できれば、実現できると分かっている。私は別のところでこの可能性について、ある程度は論じている。われわれはそこに到達し神からの十分な贈り物を目の前にしたときに、お伽の国が実現したと納得できるのだ。われわれは創造的進化の時代に入ったと理解して、生活条件の建設的な改善と変革に冒険的に参

＊26　トブルクはリビア北東部の地中海に面した港湾都市。第二次世界大戦時に要塞であったので北アフリカ戦線の連合国と枢軸国とが争奪戦を行った。一九四三年には連合国イギリスの占領下に入った。

加しようと希望する。

われわれが突入しているこの新しい世界では権力、富、地位という概念だけではなく、変革期に入った人類の能力の差異という概念を、当時、考えさせ、理解させようとしているように思えた。政府が中心となって行っていた抑圧、惨酷な支配や搾取、経済の象徴としての排他的な所有、長期間の圧力的な労働を止めることなど、権力のあらゆる性質を否定的なものから肯定的で創造的な方向へと解放するように変化させる。

このような時代がくれば、人間は個人の安全や一本調子で退屈さを意味する社会の安定だけでなく、創造的な進化すなわち建設的な変化と生活条件の改善という過程を通して、冒険的な参加を十分に理解するようになる。

人類の全歴史を通して、あらゆる革命が偉大なのは、最終的に、精神や教育、産業、政府の機関を変革しようとし、さらに指導者はもはや悲鳴をあげさせたり、罵倒したり、脅したりせず、人々は小細工、卑屈、恐怖には澄んだ目で見たことを冷静に声にして語り、威厳と自由をもって毅然として立つという関係の体制をつくり、人類の生命の最高に気高い価値の実現のために、幅広い道を開き人間の正しい役割として創造的な進化を受容しているところである。

自由な人間が――自由な国家に――自由な世界に――これらが理想国家をもたらすであろう。〔同前書、七二―七三頁〕

メリアム教授は、『政治序説』の同じ章で、未来の理想国家について指摘している。これが未来の見解についての総括といえる。

だが、あなたは尋ねるであろう、「国家のまさに終わろうとするとき、何を見るだろう？　あなたは予言者のようだが。少なくとも政治学や国家について多くを見たり、読んだり、考えたりしてきている。

目が曇っていて、また心が妄念に覆われていて、薄暗さに包まれていたとしても、未来に何を見るだろうか？」

私は次のように答える。まず過去を、そして次に前途を見る。人類の経験の長い廊下をじっと見る――私自身の経験と国家の他の普通の国民の経験――多数の血なまぐさいどう猛な獲物のあとに人類の人間性などのゆったりとした向上を見る――パーソナリティなどは正義、体制、自由、理性の枠組みに備わり――勇気、誠実や遠方の目標に向かって前進し、闘って勝利する。

申すまでもなく人間は理性的な動物である。私は動物の習慣を、永くではないがときどき観察する。私は理性的な人間が暴走する以上には、動物の暴発に驚かされることはない。

政府の研究者で、次のことを知らない者はいない。

すなわち長年にわたる奴隷制やカースト制。残忍性や搾取。刑務所の土牢、追放、むち打ち、焼印押し、車裂き、拷問を受けている人間の悲鳴、つまらない短命な権威を装った残忍でけちな所長と看守たちの皮肉な笑みと密告。

柔弱、不正、虚栄、腐敗、反逆、狂気の編年記。軽薄、臆病、政治への過介入による不適格。ごろつきとならず者。短時日でも盛りにある若者や人類の東西に延びて共同墓地となった陸軍の塹壕の一連の長い畝。数百万人が幾世紀もとろ火で憎悪を燻し続けること。

しかし、私はさらに次のことを想像する。法律の誕生。秩序の登場。司法と市町議会の組織。理性的な議論、人道的だけでなく人類の理性的な管理。

私は自由の成長を想像する。すなわち最高の勝利にむかって国家が広々とした天に高く舞い上がるように、蛹から脱して人間のパーソナリティなどの羽根が煌めいているのを。

戦場にあって、私は前方を見ているだけで、何も言えないし、たとえ城塁から監視していたとして、よく言い古された「歩哨兵！　夜の報告は……」とあなたから尋ねられても答えられない。「はいっ。夜明けです」と答えられない。

世界が勢い込んで突進しようとするとき。たぶん、最高に恐ろしく巨大で破壊的な戦争の瞬間に、ともかく私は暴力の終わりを想像する。大きく書かれた碑文――その碑文は文化についてではなく戦争についてであるが――を想像する。

過大視されてきた種族根性がそれ以前のすべてを一掃する瞬間、新しい世界体制が上から下まで徹底されるように見える。文明化された人々の間で惨酷な民族の反発と不信に満ちた野獣が露出した瞬間、人間の友愛が登場する姿が見えるようだ。

暗い情熱と同じくらい強いかもしれない憎しみよりも愛は強く、愛は憎しみが破壊したもの以上のものを創造するであろうと思う。

理念に向かって反逆がはびこった瞬間、無知と誤りに勝る知性の冷静で必然の勝利が見えるようだ。しばしば金銭体制の基準によって価値が判断される瞬間には、社会正義の体制にいる金持ちよりも人間価値の基準の高まりの尺度の方が豊かに見える。

私は新しい国家の堂々とした建築物、公共の正義の寺院、公共の利益の中心、公共の希望の象徴を想像する。私には分からない。だがあなたは私が何を見たのか、また見ようと想像しているか尋ねた。霧や突風の中にあって、私はできる最善の策を行うと答える。

私たちが強制収容所か陸軍病院で面会しているのであれば、「勇気づけられる言葉です。教授!」とあなたは言うであろう。だが、そのときの私の答えは「忍耐」であろう。〔同前書、七四—七五頁〕

当時、この第四期にメリアムは民主主義を守ろうとして、右翼や左翼からの嵐のような攻撃に直面していた。

この闘いで彼は新たな専制政治を激しく論断し、新しい民主主義理論の防御と発展を目指した。彼は新しい世界の民主的な行動を、一定の計画表に公式化した。

その一連の「思索への案内」は八項目あって、研究の一般的な枠組みを提示した。民主主義の解釈については五つの声明と批判的な考察をその輪郭としている。

メリアムは民主主義の原理について、次のような解釈を展開している。

1　人間に不可欠な威厳、すなわち差別の原理よりも、友愛をもとにした人間の保護や育成の重要性、さらに正当性のない、ことさら強調される人間の差別の排除。

2　人類の完全無欠性を常に追求する信頼。

3　各国の富すなわち税金の意味は、本来、大衆の富であるから、差別によって極端に遅滞したり、広範囲になりすぎることがないようにし、コミュニティを通して可能な限り敏速に配分。

4　社会の進む方向と政策の基本的な疑問を最新資料の分析で大衆が決定し、そのような政策の決定や確認を公表する手続きの要望。

5　暴力の手段ではなく、同意の過程を通じ意識の社会変化を可能とする信頼[11]。

メリアムの教育過程を論ずる際に、最も重要なことは仮説に基づいた、民主主義の計画を肯定的する声明といえる。それらは、彼が主張してきた次の内容に包含されている。

1　完全雇用、経済の安定と安全、国民の富の公平な配分により生産力を増大し、われわれの文明の発展過程での生活評価の最低限度の基準を保障する。

2　民主主義活動をしていくうえでの適当な機械化、立法組織と目標を明確にすることと合わせ、国家資源の計画化とその計画を作ることに注意し、公行政のさらなる開発をする。

3　必要であれば力を用いても、世界に法律の秩序の仕組みを開発する。国家の暴力組織と承認組織にさらに知的調整の関係が生じ、暫定的にも理解や協力の効率的な形態ができ、国家政策の手段となり戦争は非合法化する。

4　民主主義の政治理念である誠実さは（a）広い意味で人間価値の大きなストレスであり、（b）将来の物質豊富時代の広い可能性を強調する[12]。

第五期　一九四〇年―一九四四年（六六歳～七〇歳）

一九四〇年にメリアムの教育はまったく新しい局面を迎えた。シカゴ大学を一九四〇年に退職した彼に、それまで未完成であった教育の仕上げと人生最後の収穫の自由時間が自然と用意されていた。この体験は、おそらく一九四四年の七〇歳まで、[*27]続けられていくことであろう。(13)第五期でチャールズ・E・メリアムの教育の鍵となるのは、一九四〇年、春の政治学部での最終講義であった。この講義で老教授は、いままで提起してきた将来にむかっての自らの計画を訴えた。以下はその一部である。


この時期から、私に自由時間がもたらされる。どのように使うのが最良か、慎重に考えてみた。人生の価値をあれこれ考えた。あらゆる大切にしてきたことのなかで、少なくとも睡眠が第一であると結論づけた。

私は精神的には嗜眠性気質[*28]で起きている。煩わしい日々のなかで起き続けていようと戦っている。うとうとしながら目を閉じているのが最高の幸福である。

たまたま六月三〇日、一日の初めからの生活は次のようなものであり、基本的には睡眠の最適周期を管理するものである。

＊27　「われらの齢は七十年にすぎません、あるいは健やかであっても八十年でしょう、――」「新約聖書」詩編、90：10。
＊28　一日のうち二回、午前一一時三〇分～一二時三〇分まどろみ、午後三時～四時まどろみ、睡眠の最適周期と本文にある。

九時三〇分～一〇時三〇分　ベッドで朝食。新聞の朝刊を読む
一〇時三〇分～一一時三〇分　思いついた運動（蹄鉄投げなど）
一一時三〇分～一二時三〇分　まどろみ
一二時三〇分～　一時三〇分　昼食
一時三〇分～　三時　世界の名著を読む。自著の目録作り、感謝の祈り
三時　～　四時　まどろみ
四時　～　五時　運動、好きなボウリング
五時　～　五時三〇分　ローマ風呂の入浴、利用できれば
五時三〇分～　六時三〇分　カクテルの時間。友人もいず、カクテルも飲まなければ、聖書を読む
六時三〇分～　夕食、その後に映画、音楽
九時　就寝

メリアムはシカゴ大学政治学部からこれまでの教育実績を特別に評価され、公的に表彰されて、のちになってカクテルのシェーカーや聖書の特別製の写しを提供された。

ところがメリアムが楽しみにし、大切にしていた余暇は、爆弾の破裂で無念にも中断された。第二次世界大戦は、メリアムが長い間にわたって危惧し、一九三二年から警告を発し続けてきていたのだが、彼の人生に介入してきたのだった。

この数年間にメリアムは、シカゴ大学のウォルグリーン講座を基に『デモクラシーとは何か？』（一九

四二）を、さらにハーヴァード大学でのゴドキン講座をまとめた『民主主義の過程について』（一九四一）をそれぞれ出版していた。

またほぼ同時期にローズヴェルト大統領の直轄組織で、メリアムが委員を務める全国資源計画委員会は計画の一環として、第二次世界大戦後の世界の崩壊を防ぎ、よりよい未来を実現するための具体策として『権利の章典』を提起していた。委員会は次のように指摘している。

……権利の章典は一五〇年間は揺るがない。いまは古い自由に新しい自由を加え、現代用語としてわれわれの目的をふたたび声明しなければならない。発言と表現の自由、信教の自由、欠乏からの自由、恐怖からの自由、これらは人類生命に普遍的である。

個人の権利のすべての新しい宣言、アメリカ国民が現代用語に当てはめる自由のすべての解釈もただちに包含されねばならない。

1　就労年齢に達したものが立派に創造的に働く労働の権利
2　公正な支払いの権利、労働、知的作業、仕事、その他社会的に有用なサービス活動
3　適切な食糧、医療、住まいの権利
4　安全の権利、高齢化、欠乏、依存関係、病気、失業や事故からの自由
5　自由な企業の体制で生きる権利、強制労働、無責任な個人の権力、気まぐれな公的支配や無秩序な独占からの自由
6　往来と会話、沈黙の権利、秘密政治警察のスパイ調査からの自由
7　事実に正義で対応する法律の下での平等の権利

8　労働、市民権、個人の成長や幸福などのための教育の権利
9　余暇活動、冒険、楽しい生活の機会や進行する文明化に参加するための休憩の権利(14)

この戦争が終結した時点で、私は以上のような諸権利や諸機会をアメリカ合衆国に、われわれ自身や子供たちのために要求したい。

私たちが世界に生活できていられるのは、祖先が勝ち取り手渡してくれた政治体制や自由があったからである。子どもたちはそれを越えて進んでいくであろうが、そのときに中心となる問題は、祖先が直面しなかった権力、生産、人口の新しい圧力の勃興である。

ところでこれらの諸権利を超えた先には、何が目標となるであろうか？

次のようにある程度は思料される。

われわれはふたたび国民所得を年間に八〇〇兆ドル、七〇〇兆ドル、六〇〇兆ドルに減少させるのではなく、一九四四年には少なくとも一〇〇〇兆ドルの歳入を維持するようになるであろうが、そのためには完全雇用計画を立てなければならない。

いいかえれば国民の生産—消費の予算を均衡のとれた高い水準の完全雇用にしなければならないのであって、大量の失業のある低い水準にしてはならない。

われわれは学校に行くべき若者が労働を要求されず、高齢者が望む場合には救済され、家庭を選択した女性が貢献しているとして評価され、鉱山、工場、流通業や事務職などで一カ月に四〇時間、一年間に五〇週働いている労働者が、定められた賃金水準によって生贄にされない計画を作製しな

ければならない。

われわれは国内のあらゆる人間に食糧、住まい、衣料、医療、教育、労働、休憩、家庭生活、発展の機会、冒険や基本的自由のあるアメリカ生活の約束を積極的に実現していくことを可能とする計画を立てなければならない。

われわれは国家不動産を加えた国家資源開発を計画してアメリカ国民の生活力、健康、技術、生産性、知識、幸福を向上させるとともに、失業を終焉させて、富と福祉を増進させ戦後の基調となる「上昇アメリカ」を計画しなければならない。


この計画案を「空の星が見つめているようで、おぼつかない」という人々もいた。だが高い見地からの希望の輝きと解釈したり、そのうえ現実の手続きと理解した人々もいたのである。ところで政治哲学とは何だろうか？　戦争が政治哲学を一掃する？　いや違う。『体系的政治学』はかつて一九〇五年にニューヨーク市のセンチュリー・クラブでの話し合い[*29]で公表を延期していたのだった。いまとなって一九四四年の完成にむけて日の目が見られるようになっていった。

まったく同じころに、メリアムはすでに出版してあった二冊と、大学で教えてきた政治学の分野と、その反響を発展させて解釈し詳述した未出版の一冊とを、アメリカ政治理念の歴史の研究として取りまとめ

＊29　第二期、冒頭にあるダニング博士との話で、『体系的政治学』を出版すると一〇年間は後悔することになるだろう、という忠告で出版の延期を了解した経緯をいう。のちに『体系的政治学』は一九四五年にメリアムにとって最後の主要著書として上梓された。

ようとして作業を進めていた。

それは最終的に、『金や銀——チャールズ・E・メリアムの教育』という形で編集された。

しかし納得しない読者は次のように言うかもしれない。

つまり、これは詐欺だ。チャールズ・E・メリアムの教育について何も伝えていないではないか。どちらにしても、メリアムが言っていることは、彼のいろいろと書き記したもののカタログにすぎず、私たちがすでに知っていたか、知っていることにすぎないではないか。

彼が何を学び、どう学んだのか、学んだことをどう行ったのか、何か答えているのだろうか？

現代の巨大な政治への、歴史への、大きな力への運動と彼の態度はどう関わったのか？

スコットランド、マサチューセッツ州、アイオワ州やシカゴと関係してきたアメリカ中西部の中産階級のメリアムが生活していた世界とどのように協調してきたのだろうか。

もしメリアムの時代に可能であったなら、つかみどころのない政治活動や社会—政治活動の荒波のなかで彼はどのような役割を演じていただろうか？

ヘーゲル、マルクス、ニーチェ（F. Nietzsche、一八四四—一九〇〇）、ダーウィン（C. Darwin、一八〇九—一八八二）、パレート——自然科学の新しい先駆者たち——を心理学、生物学、医学とを通じていかに咀嚼していったのだろうか？

アメリカの指導的な学者との関係をどう保ってきたのか？

彼の教育にあって、ブライアン（W. J. Bryan、一八六〇—一九二五）、ウィルソン大統領、ローズヴェルト大統領など、すなわち彼が出会った立場を超えたすべての政治家たちは彼に何を語っただろうか。

同じように大学、教育者や「高等教育者」に関しても何を語ったのか。「現時点で何が進行しているのか?」と読者は尋ねるであろう。

さらに「ここまでに誰かが、隠しごとをしているのではないか?」と重ねて問うであろう。その答えは時間不足とか、おそらく自伝筆者の能力のなさにあるのだろう。

いま世界は火中にある、まず世界を救出しなければならない。

これからさらに便利な時代になっていくなかで、私の手元にある古風な巻物は紐解かれるかもしれないし、そうはならないかもしれない。

原注

（1）シカゴ大学法学部レヴィ教授、この目標は達成された、と発言（一九四二）。

（2）「イタリアのアメリカ宣伝」を見よ。『アメリカ政治学レヴュー』一三（一九一九）、五四一—五五頁。

（3）チェスター・C・マクシー編『行政問題と都市』も見よ、『自治行政研究』（ニューヨーク、一九二四）一—八頁。チャールズ・E・メリアム、スペンサー・D・パラッツォ、アルバート・レポウスキー『シカゴ市の大都市地域行政』（シカゴ、一九三三）。
国家資源委員会『わが国の都市——国家経済と国民の役割』（現代国家資源計画委員会〈ワシントン〉、一九三七）。チャールズ・E・メリアム「都市生活学」ルイス・ワース編『一一二六　社会科学の一〇年』（シカゴ、一九四〇）二八—三八頁。さらに『一一二六』の記念文集、三七三—三七五頁。

（4）社会科学研究会議『一〇周年記念レポート　一九二三—一九三三』を見よ。さらに前掲（注3）『一一二六』（シカゴ大学社会科学棟の開所一〇周年記念に発行）も見よ。

（5）『政治学の新局面』（第2版、シカゴ、一九三一）一七—三二頁を見よ。

(6) 序文、脚注を見よ。同前書、三〇—三一頁。
(7) 『アメリカの市民教育』(ニューヨーク、一九三四) も見よ。
(8) 「委員会調査結果」、『アメリカの最新社会傾向——社会傾向の大統領検討委員会レポート』(ニューヨーク、一九三三) 第一巻、第一章、二四—二五頁。
(9) 『レポートの主題索引』(一九四〇) と一九四二年の大統領の予算教書の補充資料と、大統領から国会へ伝達された最新の年間レポートを見よ。
(10) チャールズ・E・メリアム「計画策定」、『新しい民主主義と新しい専制政治』(ニューヨーク、一九三九) 一四五—八〇頁を見よ。
(11) 同前書、一一—一二頁。
(12) 同前書、一八七頁。『民主主義とは何か?』(シカゴ、一九四一) また『民主主義の政策過程について』(ケンブリッジ、マサチューセッツ州、一九四二) を見よ。
(13) 「新約聖書」詩編、90：10を見よ。
(14) 国家資源計画委員会『一九四二年レポート』九—一〇頁。

第二章　メリアムの時代

スーダン共和国の象

はじめに

チャールズ・E・メリアムは一八七四年に生まれ一九五三年に七九歳で没している。彼にとって遺伝された体質、気質その他の能力は別として、過去からの歴史、本人の受け止めた影響すなわち教育的体験はその生きた時代によって大いに感化されたに違いない。彼の周辺で時代を形成してきた形而下の事象を選んでメリアムの背景に据える。そうすることによって、個人メリアムだけではない社会的、国家的、時には国際的に関係する人間像が鮮明に浮かんでくるかもしれない。

彼の人生の大切な時期が、第一次、第二次世界大戦の渦中にあったという国際環境とは切り離せない。加えて彼の経験した「教育」は、多民族国家、アメリカが急速に都市化し増殖するなかで、矛盾、苦渋と希望に満ちていた。メリアムは、二度の世界大戦の前後に大学教授、地方議員を務めたが、晩年は国家行政の内部にもあった。

メリアムは、そこで体験した変化に富んだ活動と豊富な知見とを書き残すことで、国家や地方自治に安定した民主主義を根づかせようとした。

第一期　一八七四年―一九〇五年

東西フロンティアの境界線の消滅

アメリカ合衆国はおよそ東西四〇〇〇キロメートル、同じく南北二八〇〇キロメートルの大陸である。大国であるこの大陸をそれぞれ東西、南北に分かつ境界線が政治地理的、経済地理的に考えられてきた。極言すればこの二本の境界線の移動が現代アメリカの歴史ともいえる。

メリアムが誕生した一九世紀の後半、一八九三年にアメリカの「フロンティアの時代は終わった」と説いた、歴史学者フレデリック・ジャクソン・ターナーの主張を正当とすることに現在は、誰も異論はない。フロンティアとは、アメリカ西部を東部の考えと力で開拓していくことである。そのためにバッファローも先住民も、必要とあれば駆逐する厳しさがあった。

アメリカの国勢調査局は、メリアムが一六歳のとき、一八九〇年に第一一回の国勢調査を行っている。同局はその結果を受けて「フロンティアの消滅によりアメリカ史の第一期は終わった」と報告書に記した。その理由は、すでに開拓地となっている東部と未開拓地の西部とを隔てる境界線が描けなくなったからであった。

この境界線は、先住民の抵抗や自然の障害によって生じていた。それを克服して前進していくことがアメリカをアメリカにしていくための必然としてのフロンティア運動であった。その抵抗が消滅したということである。

同年の一二月に、先住民のスー族が多数虐殺され壊滅状態になったことも、フロンティアの消滅の論拠になっているであろう。この国勢調査の結果を受けたかのように、ターナーは一八九三年にアメリカ歴史学会の年次大会で「アメリカ史におけるフロンティアの意義」を語った。

その後、彼は二〇世紀の初めまでフロンティアについて多くの論文を発表している。

そのなかで彼は、「アメリカの西部に所有者のいない果てしない未開地があり、それを手に入れようとする人々の流入によって開拓されたことが、アメリカが発展していく鍵であった」と結論づけている。

要するに早い者勝ちの自由がある。どうなるかわからない未知の大地ではあるが、勇気をもって困難を克服して開拓すれば自分のものにできる土地がある。

さらにそのうえに自ら新生活を築き上げる精神力があれば、フロンティアすなわち開拓そのものである。これら諸々の要素が、アメリカ魂といわれる、明るい、冒険好きな国民性を形成していった要素なのかもしれない。

開拓時代からの国民生活の変化が現れている。膨大な開拓者が西部へ移動することによって、当然のことながら住居を早く数多く建設する必要が生じた。そこで一九世紀の半ばにシカゴにおいて、断面がツー・バイ・フォー（2×4インチ）に規格化された木造枠組壁構法という、板を基本として、釘を多用した建築方法が開発された。何よりも、自分自身で建築できる簡便さと安価が、普及の理由である。同じ工法の利用者がわが国でも阪神・淡路大震災の復興を機に、増え始めている。

東西の境界線が消えたということは、先住民族が時代の推移と影響のもとで抵抗力を失い消滅したことを意味していた。もとよりその根底には大きな国家的変化が経済を中心に起こっていた。

すなわち合衆国議会が一八六二年にユニオン・パシフィック鉄道に対しオマハから西に向かう免許を、セントラル・パシフィック鉄道にはサクラメントから東に向かう免許を与えたことから大陸横断鉄道が建設されることとなり、人、物、情報、文化の交流が堰を切ったように盛んとなったことの経済効果は計り知れない。

アメリカ南北の経済ゾーン

南北の経済地域とは二〇世紀半ば以降、アメリカでいわれはじめた「フロスト・ベルト」、「サン・ベルト」である。文字通りフロスト・ベルト、すなわち霜の下りる寒冷地帯、サン・ベルトすなわち太陽に照らされる温暖地帯である。この用語を初めて使用したのは、平田美知子が「アメリカ都市政治の歴史的展開」（武蔵大学『人文学会雑誌』第四九巻第二号）で紹介しているところによると、ケビン・フィリップスである。彼が一九六九年の著書『ジ・エマージング・リパブリカン・マジョリティ（*The Emeging Republican Majority*）』で北緯三七度から南をサン・ベルトと呼んで政治、経済、文化などが活発に機能している地域と指摘した。

二〇一一年にはデニス・R・ジュッドとトッド・スワンストロンの共著、『シティ・ポリティックス――ザ・ポリティカル・エコノミー・オブ・アーバン・アメリカ（*City Polotics: The Political Economy of Urban America*）』でフロスト・ベルト、サン・ベルト両方が使用されている。これによるとフロスト・ベルトを構成する都市はボストン、ニューヨーク、フィラデルフィア、デトロイト、ミルウォーキー、シカゴである。サン・ベルトとはマイアミ、ヒューストン、サンアントニオ、フェニックス、サンディエゴ、ロサンジェルスである。

アメリカは一七九〇年の第一回国勢調査以来、一〇年ごとに国勢調査を行っている。国家の構造をいちばん容易に理解できるのは人口である。フロスト・ベルトとサン・ベルトと指摘された各都市が、国勢調査によってどれほどの人口を擁しているかを見ることはそれぞれの都市力を見ることでもある。そこでアメリカの人口上位一〇位までにフロスト・ベルトとサン・ベルトの各都市が入っているかを見てみた。時期は一九世紀末の一九〇〇年と、一九四〇年、八〇年である。またその変化を比較した。

一九〇〇年にはフロスト・ベルトでニューヨーク、シカゴ、ボストンの三都市が、四〇年にはニューヨーク、シカゴ、フィラデルフィア、デトロイトの四都市が、八〇年にもニューヨーク、シカゴ、フィラデルフィア、デトロイトの四都市がそれぞれ入っている。

一方、サン・ベルトは一九〇〇年にはどこも入っていない。四〇年の段階でもロサンジェルスだけ、八〇年にはロサンジェルス、ヒューストン、サンディエゴ、フェニックスの四都市と増えてきている。いっぺんに二〇一〇年まで飛ぶと、フロスト・ベルトからはニューヨーク、シカゴ、フィラデルフィア、デトロイトの四都市、サン・ベルトからはロサンジェルス、ヒューストン、フェニックス、サンディエゴ、サンアントニオの五都市になる。要するにフロスト・ベルトは従来の人口規模のままであるが、サン・ベルトが人口を増やしてきている。

このようにアメリカの人口の推移を政治地理、経済地理の側面から見ると、時代の推移とともに変化している都市と変わらない都市があるということである。

アメリカでは各都市に時代とともに個性と伝統が息づいてきて特色ある生活が営まれつつあるといえる。今日、ここで確認できることは、アメリカ大陸の都市を時代とともに東部から西部へ、また北部から南部へと変化させてきた政治や経済、すなわち国力の充実は、その広い国土と、未開の地の自由へ向かうアメリカ人のフロンティア精神のなせる業だということである。

第二期　一九〇五年―一九一九年

メリアムと五人の大統領

早い者勝ちのフロンティアの時代がアメリカを活気づけた。だが、そこには弱肉強食の非合法の活動が付きものである。企業、人の間にも生じた貧富の格差、弱者は社会から落ちこぼれることが当たり前という考えと現実が社会的に問題になった。

残念なことにそのきっかけとなったのは一八五九年に世に出されたイギリスの博物学者チャールズ・ダーウィンの『種の起源』である。自然淘汰によって生物は進化する、というのがその要旨である。それまで生物の存在は、神や哲学の世界で語られてきた。だがダーウィンは理論に基づき科学の世界で生物や生命を扱って進化を論じてみせた。

それまでにない画期的なダーウィンの主張は、各界の指導者の都合の良い目的に利用され、学説は翻弄された。企業は自己の拡大意欲をダーウィンの適者生存の理論に当てはめて正当化して、労働者を過酷に扱った。

それに対抗して争議も起こった。労働組合もできた。社会主義政党も現れて勢力をもった。このような政治環境の中で三人の大統領は登場する。

セオドア・ローズヴェルトは一九〇一年から一九〇九年までの二期、ウィリアム・タフトは一九〇九年から一九一三年まで一期、ウッドロウ・ウィルソンは一九一三年から一九二一年まで二期、大統領を務めた。この間のローズヴェルトからウィルソンまでの二〇年間は概ねメリアムの第二期と符合する。ハーバート・フーヴァーは一九二九年から三三年まで一期、フランクリン・ローズヴェルトは一九三三年から四期、大統領を務めた。とくにフーヴァー政権では「社会傾向調査委員会」、ローズヴェルト政権では「全国資源計画局」での働きはめざましかった。濃淡はともかく、合わせて五人の大統領とメリアムは関わりをもった。

具体的に『メリアムの教育』のなかでもこのローズヴェルト、タフト、ウィルソンの名前をメリアムも出している。三人の大統領としての足跡をたどってみると、メリアムの奮闘した時代背景がそこにある。

共和党のセオドア・ローズヴェルト大統領は、前任のウィリアム・マッキンリー大統領が一九〇一年九月にニューヨーク州で無政府主義者に襲撃され、死亡したのを受けて副大統領から昇格した。彼は企業の無秩序な拡大を阻止するために反トラスト法（独占禁止法）を活用するとともに、労使の激しい攻防である労働争議の調停に努め、開発により駆逐される動植物などの自然資源の保護などを訴えた。これらの政策が革新主義といわれ、それまでの権力の濫用を再考する動きのきっかけになった。

ローズヴェルト大統領はその後、一九一二年に共和党を離党して革新党を結成して大統領選挙に出馬したが、民主党のウッドロウ・ウィルソンに敗れ、一九一六年に解党した。彼は「革新主義」という時代を象徴する理念とそれを誘導する法律などの政策を施行したにもかかわらず、国民の多くを巻き込んでの新しい政党づくりには成功しなかった。

共和党のウィリアム・タフト大統領は法曹界から人生を始めている。一八八七年にオハイオ州高等裁判所判事になった。さらにシンシナティ大学の初代法学部長も経験している。反トラスト法（独占禁止法）など企業の肥大化と硬直化を危惧する対策を推し進め、前任のローズヴェルト大統領の改革路線を維持した。

タフトがアメリカ政界で珍しいのは、大統領を辞めた後に公職に復帰していることである。一九一二年に大統領職を退いてのち、一九二一年から三〇年まで最高裁判所の長官を務めている。彼のケースはアメリカでは稀有な例といわれている。真から法曹界の人間であった。

ウッドロウ・ウィルソン大統領は、プリンストン大学の総長を八年間務めたのち、ニュージャージー州知事になった。そして一九一二年に行われた大統領選挙でそれまでは共和党であったローズヴェルト前大統領が、革新党から出馬して共和党が分裂したことから漁夫の利を得て当選した。

彼は一九一三年、大統領就任の年に『新しい自由』を出版している。

ウィルソン大統領は一九一七年一月にアメリカがドイツに宣戦して第一次世界大戦に参戦し、同年一〇月にレーニンによってソヴィエト政権が樹立されたとき、大統領の任にあった。ウィルソンの名が今日知られているのは、国際連盟設立の功績によるところが大きい。彼は第一次世界大戦の悲惨さとロシア革命の衝撃から国際連盟を構想し、一九一八年に平和原則一四カ条を発表した。それは第一条・秘密外交の禁止から第一四条・平和機構の設立までを内容とする。のちにこの第一四条に基づいて国際連盟が設立され、さらに同年一二月パリ講和会議を主導した。一九一九年に国際連盟を創設した功績からノーベル平和賞を受賞した。

メリアムはアメリカ大統領の下で、アメリカ合衆国の困難な国際事情や国内事情を克服すべく主に国家行政の改革の仕事をしている。なかでも特筆すべきは、『メリアムの教育』の第二期に具体的に記述されているタフト大統領の経済効率委員会、ウィルソンの大統領委員会である。とくにこの大統領委員会では「いつでもメリアムが議論の中心にいる」とまでいわれるほどに主導権をもって活動したことは、自らが認める事実であった。

第三期　一九一九年―一九三二年

社会科学研究評議会の設立

社会科学研究評議会は、一九二三年に、ニューヨーク市マンハッタンにメリアムによって設立されている。

メリアムは一九一九年から政治に距離を置いていて、一九二四年にアメリカ政治学会会長に就任している。そして会長としての発言権を存分に生かして、それまで長い間もちつづけていた、政治学界や研究方法に対する不満を改善する機会ととらえて活動を活発にする。彼は研究作業の機械化にも強い関心をもっていて、一八七三年にパリ万博で発明が紹介されたタイプライターや二〇世紀初頭に世に出た計算機にも関心、興味をもっていたと思われる。

しかしシカゴ大学はメリアムが時代に即応した研究器具機材を要望しても協力的でなかったりした。このように研究に対して旧態依然なシカゴ大学の対応に、メリアムは彼なりの持論を具体化する。

その大きな成果の一つが社会科学研究評議会である。この学術組織はメリアムが論文や学会で機関の必要性を主張、提言してきた内容を論説で終わらせないために設立した学術機関である。

彼は第一期の記述で自ら示している通り、パリに留学したときに接触した異分野の学者たちの唱える発展した方法論に開眼される思いを経験した。政治学を政治の世界だけで議論している時代ではない、ということに気づかされたということである。将来、この研究方法が「歴史的、比較法的」な研究方法として開花する、と自ら予見していた通りになり、政治学のシカゴ学派として確立される。

さらにメリアムは学外に目を向けて独立した機関の設立を目指した。そしてそれが社会科学研究評議会の設立に結実する。この評議会は、現実に国、社会が遭遇する問題に、社会科学のあらゆる分野の科学者が、協力して対応し、分析、検討し解決を目指すことを方針とする機関である。それは政治学を人文科学、社会科学という分野だけにとどめず、自然科学も加えた総合的な学問と共同して問題解決に臨もうという姿勢である。この協議会は、二〇二二年時点に至っても活動し実績を上げている。

クラレンス・ダロー弁護士とアメリカの保守の力・スコープス裁判

クラレンス・ダロー弁護士（一八五七―一九三八）はメリアムの『シカゴ』の中で何回となく紹介されている。『シカゴ』の「第6章　シカゴの指導者たち」（和田宗春訳）から引用する。


シカゴの政治生活で忘れてならないもう一人の人物は、クラレンス・ダローである。クラレンスは貫禄のある風采、知的な能力に恵まれ、努めて人間を理解しようとする性格を持っていた。

ダローはオハイオ州出身で、弁護士で幾多の事件を扱っている。……デイトンのスコープス事件の弁護士を務めた。


メリアムが詳しくダローについて語るのは、ジェーン・アダムズと同様にダローがシカゴ市の指導者であると強く認識していたからである。

メリアムはさらに続ける。

第一次大戦中のことであるが、私は、国家防衛のために組織された委員会の会合に出席したことがある。

たまたま私の隣にダローが座った。そこで私は言った。「ここは無政府主義者でも出席する場所なんですか」。彼は答えた。「ええ、私は無政府主義者です。しかし私の主義が有効と思われる適当な時期が来るまで、私はあるがままの事態に関与するつもりです」。

そして同書の中でメリアムの最後の選挙となる一九一一年のシカゴ市長選挙での、ダローの応援演説を高く称賛している。

メリアムは心底、ダローを信頼しているように見える。また、「ジェーン・アダムズとクラレンス・ダローは、広い意味での人道主義の問題では一致するが、禁酒問題や犯罪、賭博の取り締まりでは一致を見ることはない」とも評価している。

こうしたことを見ると、メリアムと周囲にいる人々との交わり、またその人々同士が、互いにきわめて自由で寛容な交際を保っていることが窺われる。

メリアムが信頼を寄せるクラレンス・ダローは、ローリング・トゥエンティーといわれるアメリカの激動期の弁護士として、一方の雄であった。一九二〇年代は、アメリカには昂揚する経済成長があった。革新主義の時代である。自動車産業の隆盛、電化製品の普及、雇用不足による女性の就業、など沸き立つような経済社会の発展が続き、付随して消費社会が誕生した。女性の高等教育への進学率も向上した。

しかしこのように沸き立つような新しい合衆国や、社会の凄まじい変化を満喫する大都会に反発し、伝統的な生活を守ろうとする多数の保守主義者が根強くいた。たとえばよくあげられる一九二〇年から三三年まで続いた、禁酒法がその好例である。

さらにそれまでアメリカの発展にとって不可欠であるとされていた移民政策についても、自国民の労働による所得の確保が移民の導入よりも優先されるべきである、ということで一九二四年に国籍を基に移民を許可する国籍法を制定して制限している。

宗教界でも一八五九年に発表されたダーウィンの『種の起源』の影響から、プロテスタントが分裂した。聖書の「天地創造説」に厳格な路線とダーウィンの科学的進化論の『種の起源』を肯定する、科学に柔軟な路線との対立である。

刺激の多い大都会と違い、農村のそれまでの伝統的な生活の延長を保守しようとする人々は『種の起源』を認めなかった。それはさらに政治と結びついて、いくつかの州では法律を制定して、公立学校で進化論の授業を禁止しようとした。テネシー州でもそうした趣旨のバトラー法を制定して、一九二五年三月から施行した。

このようななかで一九二五年にテネシー州デイトンで起きたのが、ダローを全米にわたって有名にしたスコープス裁判である。南部、テネシー州は保守色の強い地域であるが、二四歳の高校教師ジョン・T・スコープスが生物の授業で故意に州法の有効性を疑問視して進化論を教えた、として逮捕、起訴された。そして同年七月に裁判にかけられた。これがスコープス裁判であるが、スコープス裁判がアメリカで注目されたことにはいくつかの理由がある。

① 聖書と『種の起源』の主張の優劣

② ウィルソン大統領のときに国務長官を務め、民主党の大統領候補に三回選ばれたウィリアム・J・

ブライアンが検察側に就き、実績のある敏腕弁護士クラレンス・ダローが弁護側に就いたこと
③『種の起源』を支持するアメリカ自由人権協会が、意図的に国民の関心を惹くために裁判に持ち込んだ

国民はこの三点についてそれぞれの立場で、期待と不安をもって裁判を見守った。法廷でダローは異例なことにブライアンとの弁論対決に持ち込み、ブライアンの聖書の理解が十分でないことを露呈させ、アメリカ中にダローの弁論術の鮮やかさを認知させた。

しかしながら、裁判の結果はスコープスが敗訴して有罪となり、一〇〇ドルの罰金刑が科せられた。裁判所は州法の合憲性や進化論の実体審理に踏み込まず、単にスコープスが州法に違反した、という点のみをもって有罪とした、と思われる。

だがテネシー州最高裁判所は控訴審で、州法の合憲性は支持したが、罰金は過大であるとしてスコープスは無罪となった。この州最高裁判所の痛み分けともとれる裁定は、科学が国を動かし始めているということを、現実的に国民に知らしめた最先端の判断であった。

スコープスの進化論教育の問題提起は、アメリカにおいて科学教育の真理を追求する国民性の勝利となって終結した。

スコープス裁判は単なる法解釈の問題にとどまらず、根強く残るアメリカの保守性を物語る。二〇二二年現在でも聖書を絶対として『種の起源』を認めない国民が、全人口三億三千万人のうち少なからずいる、というアメリカの一筋縄では括れない実態がある。トランプ前大統領の独断的、排他的なアメリカ第一主義が、国民の多くの支持を集めた事実も、直視する必要がある。

第四期　一九二九年―一九四〇年

『政治権力』から『社会変化と政治の役割』への発展

メリアムは一九二九年からフーヴァー大統領のもとで「社会傾向調査委員会」の副委員長を務めている。これ以降、連邦政府の現実行政への提言、関与が始まるのである。

一九三四年にはロシア革命の影響の残るドイツで『政治権力』の執筆に取り組み、権力の有り様を短時間に執筆した。そしてその二年後の一九三九年には『社会変化と政治の役割』を公にしている。これは前年にストークス財団の支援を受けて、ニューヨーク大学で講演したものである。

『社会変化と政治の役割』の序文で明らかにしている通り、「筆者の一般的な経験と政府――特にフーヴァー大統領の社会傾向委員会、同じく全国資源調査会、社会科学研究評議会の公務員検討委員会の各委員――から受けた影響を基にしている」としている。『社会変化と政治の役割』には「さらに……『政治権力』……〔に〕いま勃興しつつある政治哲学や計画論を発展させたもの」である、とも記している。

同じくメリアムは『社会変化と政治の役割』のなかで「いかなる集団においても、規制や管理の体制は一連の社会的指令であると見なしうる」とし、戦略的管理の要点については次のように指摘している。

すなわち「なぜなら政治的状況とは動的均衡であり、変化する諸要素の継続的な再統合化と再組織化である」と喝破する。それまでの自らの政治学者としての実績と、現実行政の諸委員会における体験が融合した成果であり、メリアムであればこそ新化、発展できた領域といえよう。

メリアムと「行政管理に関する大統領委員会（ブラウンロー委員会）」

アメリカの第二次世界大戦後の連邦行政の改革を考えるとき、フランクリン・ローズヴェルト大統領が一九三六年に設置し答申を依頼した、「行政管理に関する大統領委員会」の報告書が原点となる。世界大恐慌と第二次世界大戦という世界にとっての未曽有の打撃は、アメリカにおいてはその打開のために一九三三年のニューディール政策を要求し、国民、住民からの行政需要を膨張させた。メリアムの一九三六年の『社会変化と政治の役割』は鋭くこの時代を反映している

その結果が行政国家という新しい国の形態を生み出した。アメリカは、大戦後の世界秩序の指導者としての立場を構築していくためにも内政の要となる連邦地方の行政の在り方の整備が急務であった。

歴代大統領はその必要を感じて、手直しや修正は行ってきた。委員会の目的はアメリカの行政管理の在り方をまとめ、その予想される成果について大統領に勧告することである。それを受けて大統領は制度の改革を議会に提案することが委員会設置法で義務づけられている。

大統領委員会は三人で構成された。メリアム、ルイス・ブラウンローとルーサー・ギュリックである。ブラウンローは行政学者であり行政管理を研究し、とくに都市、大都市の行政を専門とした。ギュリックは一九二〇年から四〇年以上にわたりニューヨーク市行政研究所幹部を務めた行政学者で、連邦、州などの地方行政の実態調査、研究から提案などを精力的に行った。ともに実績が豊富で信頼の厚い研究者である。

ギュリックは組織の責任者が負うべき管理機能として、企画、組織、人事、指揮監督、調整、報告、予算の七つを明示した。

行政学と連邦・地方行政に精通したブラウンローとギュリック、政治学者でありシカゴ市議会議員として地方行政に直接関わりをもったメリアムの三人が、潤沢な政府の調査員を指示して幅広くかつ細部にわたる調査を行った。

この「行政管理に関する大統領委員会」を、委員長がブラウンローであることから別名ブラウンロー委員会という。この委員会が翌三七年一月に出した答申が、同月の大統領の一般教書とともに議会に送付された。それが「行政機構改革案」である。これを基に一九三九年に行政再組織法が誕生して、それまで不明瞭であった行政における大統領の立場、権能が確立された。いわゆる大統領職の位置づけを明確にすることによって、それまで未分化であった大統領職における個人と公の分別を示したものでもある。

ここで辻清明東京大学名誉教授が『行政研究叢書4』に示している、「行政管理に関する大統領委員会の改革案」について要約している五つの具体的勧告を引用したい。

第一はそれまで三人であった大統領の秘書を、六人の行政補佐官にすること。

第二は各機関を大統領の直轄にすることである。管理機関は三つある。その一は予算局である。その二は全国資源計画局である。のちにここでメリアムが幹部として働いたことが、『メリアムの教育』の第四期に記されている。その三は人事局の新設である。人事行政を合議体で行うそれまでの方式を単独性にし、大統領の直属機関にした。

第三は人事行政の改善である。改善点は三つある。一は第二のその三であげた人事局の設置である。二は高級公務員の給与の増額である。三はメリット・システムの拡充である。

第四は行政機関の再編成である。それまで行政機関の新設改廃が立法府の特権のようになっていて行政機関が一〇〇以上も増設されていた。そこですべての行政機関、独立規制委員会を解体して一二の省に包含するなどとした。

第五は財務行政の改革である。とくに新しい会計制度の提案である。法律が各部局の長官に認めている権限の委任を行おうとしても、会計検査院が許可しない事例などがあったりした。そこで会計検査院の支出拒否の権限を認めず、財務長官に移管するように勧告し、大統領の権限を強化した。この行政改革の方向性は、全般的にアメリカの連邦政府、地方政府においてを問わず国民の是認するところとなった、といえよう。

メリアムは『メリアムの教育』の第四期でブラウンローとギュリックとの作業の有り様をこう記している。

それまでにメリアムは大統領に、国家行政には包括管理が重要であると提唱してきていた。ところがローデン元イリノイ州知事がこの方針に同調できず委員を辞任した後、メリアムはこの分野での専門家の二人、ルイス・ブラウンローとルーサー・ギュリックに徹底的に鍛えられた。

この行政管理に関する大統領委員会で学習したことは、情報を豊富にもつ二人の補佐役たちから、行政について多くの解説を聞けたことであった。

メリアムの意見、政策がブラウンロー委員会のなかに生かされたことは間違いない。何よりも一次、二次にわたるフーヴァー報告と、それを実現しようとする国家意思に対して大きく寄与したことは確かである。

辻名誉教授は、メリアムが改革案作成に参加したことで政治学のなかでの行政問題の重要性を自覚したことを認めているとし、その知識と判断は、一九四五年の『体系的政治学』の第4章「政府の諸機関」に結実していると結論づけている。さらにメリアムのニューディールに賛同する政治観が「行政管理に関する大統領委員会」の基本思想に表現されているともしている。

アメリカの地方自治の殿堂、一三一三館

アメリカ合衆国においてはもともと地方政治、地方自治よりも国をどう作っていくかが南北戦争後の大命題であった。アメリカはいわゆる原住民や移民を中心とする人工国家であるから、何よりも国づくりが優先した。一八世紀後半にはアメリカは、世界の農業、工業の先頭を走るほどになっていた。経済の発展は都市に人を集め、就労の機会を与えた。都市が富を生み出し、人々はますます都市に集まった。一九〇〇年になるとアメリカの人口は約七六〇〇万人となったが、その約四〇パーセントが都市に生活し、そのうち一〇万人以上の都市に住む人口は総人口の約二〇パーセント、同じく一〇〇万人以上の都市に生活する人口は約一〇パーセントになった。

こうしてアメリカも都市型国家になった。それを構成する産業は商業、金融が中心となり重工業と協業した。

資本の力で大富豪が誕生し、その恩恵で中産階級が成長していった。その結果、都市の住民にも住み分けが始まった。郊外に富豪が、その内側に中産階級が居住し、さらにスラム街が誕生した。したがって各層が構成する大都市、都市であるが故に生じる都市問題が爆発的に惹起されてきた。

時期の早い遅いは別としてアメリカ中に都市問題は拡散していった。この都市化現象に対して、政治よりも住民の日常生活に直結する行政の側の対応が求められた。それはとりもなおさず郡、市、州などの地

方行政に住民からの行政需要が集中するからであった。

とくに移民が多く集まる都市の行政は、画一的に対応するには困難な事例が多い。一九〇六年にニューヨーク市で、地方生活改善公社がチャールズ・ビーァド教授などの提唱で実現している。

その後フィラデルフィア市が続き、各自治体が深刻な都市問題に対応するべく組織を設立していった。全米で短時日に六〇を超す組織がつくられた。

ちなみにビーァド教授は、一九二二年と翌年の関東大震災（一九二三年九月一日）前後に二度、当時の東京府知事後藤新平の招請で来日している。日本の地方都市を視察したり講演したりし、東京市政会館の建設など、少なからずわが国に影響を与え、一九二三年には『東京市政論』を出版している。

このように合衆国で自治体単位の研究組織が出来上がり、それが機能してくると他の自治体や研究機関との連携や行政事例の紹介、対応方法、情報交換、研修会などが要請されるようになってきた。加えて行政に関わる官僚などが横断的な機構、組織をつくり、都市問題を研究しようという機運も高まってきた。

そこで地方行政に関係する各団体の連合組織を横断的にまとめて一つに集めた建物を設けることで、情報交換、相互援助などを可能にする態勢を構築しようとする構想が実現するにいたった。建設にはロックフェラー財団が資金提供し、敷地はシカゴ大学が提供しているが、運営には関与していない。

それがメリアムや親友のブラウンローが中心となって一九三八年に設立した「公共行政センター」である。アメリカをはじめ世界中の行政に関心のある学者には「一三一三館（Thirteen-thirteen）」として親しまれている建物がこれである。シカゴの東六〇番街、一三一三番地に所在する。そこで、所番地に由来して一三一三館と呼んでいる。

メリアムは第三期で機器導入などの研究上の不便、不満を書いているが、第四期に一三一三館が完成することである意味で解決したといえる。

一三一三館は当初から二〇以上の組織、団体が参加している、四階建てで豊富な部屋数の建物である。シカゴに立地する理由は、アメリカの中央部にあることや連邦政府からの干渉から自由を保とうということである。主な使用団体は行政情報所、連合図書館、アメリカ福祉協会などである。

第五期　一九四〇年―一九四四年

第二次世界大戦とメリアムの展望

メリアムは一九四〇年にシカゴ大学を退職する。

その後の個人的な日常の過ごし方は『メリアムの教育』で自ら明らかにしている。だが彼がシカゴ大学を去る一年前の、一九三九年九月に第二次世界大戦が勃発している。

ドイツ軍がポーランドに侵攻したのである。メリアムは一九三二年から戦争への警告を発してきたと、言っている。ドイツはデンマーク、オランダ、ベルギーなどを攻め、一九四〇年にはフランスも降伏させた。

日本についていえば、一九三六年一一月に日独防共協定を結び、三七年一一月には日独伊防共協定へと拡大していった。そして一九三八年一一月、日本は大東亜共栄圏構想の発表へと進む。さらに一九四〇年九月には日独伊三国同盟へと発展させる。ここに枢軸国が成立した。

ここに及んで、ローズヴェルト大統領は、一九四一年の年頭教書で「四つの自由」を掲げて枢軸国を牽制し、戦後世界の有り様を訴えている。

一九四一年一二月、日本のアメリカ・ハワイ・真珠湾への奇襲攻撃からわが国も戦争に突入した。一九四二年からアメリカなど連合国側の攻勢が功を奏し始めた。

一九四三年九月にイタリア、四五年五月にはドイツが降伏した。一九四四年七月には連合国が、アメリカのニューハンプシャー州ブレトンウッズで会議を開き、戦後の世界体制を検討している。そこで自立、無差別、多国間の通商を求める世界銀行の設立が提唱され、国際通貨基金を定める協定が結ばれた。

同じ一九四四年八月には米、英、中、ソの四カ国によりワシントン州ダンバート、オークスで大国主義、大国一致を原則とする国連憲章が議論され、四五年六月に国際連合憲章が連合国で採択された。日本も一九四五年八月に降伏し、第二次世界大戦は終結した。

メリアムはこの世界大戦を予測していた。『メリアムの教育』の第五期に「……第二次世界大戦は、メリアムが長い間にわたって危惧し、一九三二年から警告を発し続けて……」と記述している。

従来と同様の政治学の静態的な研究者であったら、このような洞察が働いたか、疑問である。その答えはメリアムが、アメリカ合衆国の国家行政が進行していく過程を観察できる枢要な立場にいて、事態を正確に確認できる知見と経験を有していたことに負うといえよう。すなわち一九二九年一二月にフーヴァー大統領の下で、大恐慌からアメリカの立ち直りを図るための「社会傾向調査委員会」の副委員長として参画している。

一九三三年からはローズヴェルト大統領政権で、「全国資源計画委員会」の委員になっている。これはのちに制定される「全国産業復興法」に必要な「包括的公共事業計画」を準備する部局で、大統領の諮問機関でもあった。

一九三六年からはローズヴェルトの「行政管理に関する大統領委員会（ブラウンロー委員会）」の委員になっている。このように国家の機密を十分に知りうる職務にあったメリアムであればこそ、前記の三二年からの世界大戦への個人的な警告が可能になったのだろう。第四期にあるブラウンロー委員会の内実を記したと思われる『魔術師のような統轄者たち』の出版禁止に、メリアムが納得できない風であるのも、知りすぎた情報をメリアムが公表することへの政権からの関与といえないだろうか。

おわりに

「メリアムの時代」を総括するときに、とくにフランクリン・ローズヴェルト大統領が第二次世界大戦後に設置した、通称「ブラウンロー委員会」がアメリカの行政改革に果たした役割を評価したい。

ブラウンロー、ギュリックからメリアムが受けた薫陶は本文にある通りであるし、本人の教育に新しい刺激剤となったことは財産であろう。さらにフーヴァー政権でもこの行政改革の方向性が継続されたということは、メリアムが政治を動かしたことになる。

しかしながら、それらはあくまで各種の資料からの類推にすぎない。しかしヘンリー八世の退位を公表するラジオ放送を聞いたときの、メリアムの動転の記述などは彼の性格、周囲の対応などを、その場にいなければ見聞できない臨場感をもって記述している。

同様にブラウンロー委員会の内実に関わると思われる、『魔術師のような統轄者たち』の出版が中止になっていることを本人は深刻に残念がっている。

メリアムが委員会のなかで行政改革の方向をどのように展開したのか。とくにブラウンロー、ギュリックなどの、行政学の権威であり、実務者の二人が委員会においてアメリカのこれからの行政の在り方をどのように主張したのか、三人のそれぞれの主張やその言動が興味深い。『魔術師のような統轄者たち』が刊行されれば、本文にあるメリアムの包括管理の主張も確認できるはずである。彼の、著作作業とは異なる国家行政の現場に立っていればこそ体験できた経験、教育が明らかになるのである。

またさらにメリアムの政治思想はもとより人間観察眼、感情の起伏にいたるまでうかがい知ることができると思う。当時、内容が大統領およびアメリカ政府の機密であったといっても、情報公開の今日、『魔術師のような統轄者たち』の改めての刊行を強く期待したいところである。そこでは人間メリアムを政治学者メリアム同様に知ることができると思うからである。

第三章

『チャールズ・E・メリアムの教育』の周辺

ボリビア共和国ティワナク遺跡の
チャチャプーマ石像（レプリカ）

はじめに

『チャールズ・E・メリアムの教育』とメリアムに関わる事柄を見ていくと、次々と興味が湧いてくる。なぜだろう、どうしてだろうという疑問だ。研究者からすれば既知であっても、ただ一方的に思い入れをしている私にすれば消せない疑問である。メリアム本人が自伝というのであれば、何をか言わんやである。そのままで済ませればよい。だが自伝にしてはあまりにもきめが粗い。斎藤眞東京大学名誉教授が指摘されているように「自伝風」の記述というのが、妥当であろう。そこでその粗さを補うために周辺を散策しようとこころみた。

メリアムと『ヘンリー・アダムズの教育』

チャールズ・E・メリアムがシカゴ大学退職後に構想していた『メリアムの教育』にはずいぶん前に手本というか見本があったのだ。『政治権力』を翻訳した斎藤名誉教授は同書の小伝で、メリアムはヘンリー・アダムズ（一八三八―一九一八）の『ヘンリー・アダムズの教育』を模して自分の自伝を書こうと計画していたと指摘している。『ヘンリー・アダムズの教育』は一九〇五年に書かれ、〇六年に一〇〇部に限って私家版として刷られ、内容について同意と訂正と示唆を求めて各方面におくられた、と編者のヘンリー・キャボット・ロッジが同書の「はしがき」で記している。

そこには『ヘンリー・アダムズの教育』は、アメリカ文学史上に残る自伝的記録、評論として特筆されている。第三者が記述しているような文体で書かれていて、課題、西暦年を掲示し書き進めている。メリアムの『教育』には課題は書かれていない。『ヘンリー・アダムズの教育』は苅田元司の日本語訳でも四六判二段組で五五〇頁になろうとする長編である。

メリアムは将来、書くつもりの自伝の概要というか筋書きをまず、この退職記念論文集に披露したのであろうか。それにしても相手はヘンリー・アダムズである。メリアムの自信というか矜持は確固としていたといえる。

アダムズ家は、ヘンリー・アダムズの曽祖父が第二代のアメリカ大統領、祖父が第六代大統領、父親はリンカーン大統領から信頼され駐英大使を務めた、アメリカの名門である。アダムズもハーヴァード大学を出て評論家として名を成した人物である。

アダムズは一九世紀末年の一九〇〇年、パリにおける五回目の万博で歴史家として衝撃を受ける。『ヘンリー・アダムズの教育』の第二五章「ダイナモと聖母」で、発電機・ダイナモを無限の象徴、「初期のキリスト教徒が十字架に対してもった道徳力」として受け止めている。そこでは科学技術を二〇世紀の力として絶賛している。このことは、『チャールズ・E・メリアムの教育』の第五期、これからの政治と科学技術との関係の指摘と符合する。

アダムズと肩を並べようとする意気込みを、メリアムに見てとれる。両者の内容の似ているところは、メリアムの場合もそこで展開されているように、教育というより体験、批評、感想であることである。本文に出てくるハーヴァード大学学長エリオットが編集した「五フィートの本棚」も、内容は工夫と努力で成功した偉人伝が主になっている。

『ヘンリー・アダムズの教育』も「五フィートの本棚」も、当時大いに読まれたようである。国家や社会

チャールズ・E・メリアム退職記念論文集『アメリカ政治の将来』 目次

が上昇局面に到達すると、成功者の考え方、行動を模写するような書物が歓迎されるようである。日本の場合でいうと明治期の中村正直の『西国立志編』、幸田露伴の『努力論』などがあげられる。

アメリカにあってはこれらを読むことが、世界の多種多様な人種、民族の集合国家を構成するアメリカの基礎的、基本的教育であり、教養にも繋がるということから、いまでいうベスト・セラーになったのであろう。当時のアメリカの沸き立つエネルギーを象徴する証である。

そういうなかで出てきた、メリアムと政治、行政、教育などとの関わりや恩師、友人などとの交流を記述したのが、一九四二年に彼がシカゴ大学を退職する際の記念論文集に投稿した『チャールズ・E・メリアムの教育』である。

第一期　一八七四年──一九〇五年──誕生～三一歳

聖書とカルロへの愛着

聖書の言葉は、それほど長くはないこの論文に、全体で三回引用されている。欧米のキリスト教国の政治家の演説や式典など改まった場所では、聖書とシェイクスピアを引用して修辞として活用するのは一般的である。メリアムは長老教会派の元老、幹部の家の生まれであることを考えると、三カ所の引用は自然である。

私が二〇一一年に翻訳したオックスフォード大学出版会刊の引用句集『政治発言』では、全体で四二〇〇項目あるうち約一四〇項目がシェイクスピア作品の劇の台詞で、次に多かったのが聖書からであった。

まったくの余談であるが、『政治発言』を当時の天皇陛下（現・上皇陛下）に同じく皇太子殿下（現・天皇陛下）を通してお手渡ししたことがあった。そこには日本人では皇太子殿下の祖父の昭和天皇お一人が掲載されていることを説明した。皇太子殿下もオックスフォード大学に二年間留学されていたご縁もあり、関心をもたれたようである。のちに天皇陛下から丁重な挨拶が侍従を通じてあった。

第一期では雄犬カルロにまつわる記述が長い。メリアムの少年のころのいわゆる幼児体験であるが、彼の性格形成に大きく関わりがあったからだ、といえる。カルロは現実にメリアム一家と生活していた犬だ。カルロを通して自分を客観的に冷静に見つめて、メリアム自身を語っている。メリアムは一四歳から二年間、家族とともにカリフォルニア州に転居している。その間に、連れていけなかったカルロが死んだと思われる。

たとえば本文で記述しているように細かいことにこだわり、融通の利かないところなど、メリアム本人とカルロを一体視しているのであろう。その愛犬が自分のいない間に死んでしまった後の精神的な落ち込みである。

よくいわれるペット・ロスの強度に変形したものかもしれない。そのカルロとメリアムの主従の交わりは、特別に濃厚だったと想像できるほど恋々と語られている。よくいわれることだが、ある人の幼児体験が、その後の人格形成に強い影響を刻み込むという面で、カルロは運命的な役割をメリアムに果たしたといえるのではないか。

メリアムの生き方の生みの親がカルロだと、私は見ている。この論文で七〇歳になって自分を振り返って真剣にその想いを長く語っているからには、相当に強烈な印象が植え付けられたに違いないからだ。

またスタンフォード大学名誉教授のガブリエル・A・アーモンドは、『シカゴ大学の思い出』のなかで、メリアムが幼少期の一八八〇年代にホプキントンを離れてカリフォルニアに数年間行っていた間に、カルロはみじめにも孤独死してしまったと具体的に記している。その結果、メリアムは何かにつけてカルロが忘れられなくなり、空想や後悔の伝達媒体になったようだ、というのだ。

要するにアメリカ政治学界の同僚や彼の周りでは、メリアムとカルロの関係は周知の事実だったということなのだ。日本でも人とイヌやネコの霊性に関わる同じような話を聞いた人は多いと思う。

世界の子供たちにも馴染みのものとしてはウィーダの『フランダースの犬』などがあげられるが、わが国で一番衝撃的なのは、南極の昭和基地に繋がれて残されたカラフト犬タローとジローであろう。帰国する際の事情からやむを得ず南極に残してきた。一年たって次の越冬隊が行ってみたら、缶詰めを食い破って生き抜いていた。この話には、全国の愛犬家をはじめ子どもたちが泣かされた。

猫の話もある。作家の森村誠一さんが埼玉県熊谷市で、終戦直前の八月一四日に空襲を受けたときに、可愛がっていた猫を連れ出せなかった、八〇歳を超しても八月一五日が近づくと思いだして自分を責める、とラジオで話している。ドイツ文学者の中野孝次さんは愛犬のハラスとの思い出を記した『ハラスのいた日々』を書いて多くの反響があった。中野さんはこの作品で新田次郎文学賞を受け、また映画化もされた。私の経験でも、イギリスで長女の飼っていたフレンチ・ブルドッグが、日本に来て間もないころ、一度も行ったことのない、一駅先の私の事務所まで何かに引かれるように先頭に立って案内する形で、せっせと歩いて事務所のドアの前で止まったときには仰天した経験がある。

ある人は自分の墓の隣に愛犬の墓も用意しているという。人それぞれ愛玩動物に対する価値観は、他人が意見をはさめるものではない。森村さんも中野さんも猫、犬との経験から希望も喪失感も受け止めたことであろう。生殺与奪の権利が主人・飼い主に委ねられるのであるから、それなりに飼い主は愛情や責任感を持つことになる。

大切なことは、メリアムがこの自伝風の回顧録を借りて、カルロを自分に見立てて表現していることである。カルロが学校について来るという行動、病院での態度などの隠喩にスペースをさいているのは、メリアムの少年期を投影していると思えるのである。これらはメリアムの生涯を通じて、身に着いた性格の自己分析ともいえる。

アメリカの勃興とマガフィー読本

一九世紀の半ばからアメリカでは、シカゴ、シンシナティなど湖、川などの水上輸送または機関車の陸路、それが合流する要所に大都市が誕生していった。

言語の異なる移民などがそこに集中してきて、労働者の家族も増加していき子供も増える。当然のこととして、初等教育、中等教育が要求された。教科書には事例を使った教訓、逸話、物語がしきりと取り上げられていった。内容は正直、誠実、節制、倹約、愛国心、動物愛護、などである。たとえば『フランクリン自伝』の一三の徳目などは、アメリカはもとより日本でも義務教育の授業時間に学ぶ学校がある。

生活習慣、風俗の違いを理解させながらコミュニティに同化させるために必要な制度は教育である。秩序を守り、互いに平和に暮らす知恵、工夫をめぐらす社会教育の充実も問われ始めた。亡くなった主人のもとを離れないイヌの話がマガフィー読本の第四課程に出てきていると『チャールズ・E・メリアムの教育』の第一期で紹介されている。この教科書はウィリアム・H・マガフィーがオハイオ州立大学の学長のときに著している。州内のシンシナティ市の出版社より一八三六年から第一課程が出版され、最後の第六課程が一八五七年に発売された。このような時代にあってマガフィー読本は基礎教育の教材としてアメリカ人に圧倒的に支持された。同シリーズは近年までに一億数千万部読まれているといわれる。

ほかにはサンダースのユニオン読本があった。この教科書は日本にも導入されて使用されていた。アメリカには教科書の検定制度はなく、各州が決める。わが国では一九〇四年に小学校に国定教科書が取り入れられ、現在でも初等教育・小学校や中等教育・中学・高校には文科省検定済教科書が使われている。

のちにメリアムが取り上げてアメリカ合衆国を挙げての一大論争に発展する社会科教育法も、国、歴史、人民について共通認識を国民に持たせる必要性から議論された。わが国でも教科書問題は歴史観を含めて常に政治との関係で揺れ動く運命にある。

五フィートの本棚

「五フィートの本棚」は、ハーヴァード大学学長のC・W・エリオットが唱えた、啓蒙主義的な教養のアンソロジーの全集で一九〇九年に発行された。全五〇冊からなっている。

エリオットは一八三四年に生まれ一九二六年まで生き、三五歳から四〇年近くハーヴァード大学の学長を務めた。いろいろな改革を行いアメリカの大学教育の発展に貢献している。たとえば今の日本の大学と同じように必修科目の廃止、自由選択制を取り入れたり、外部から教授を招聘したり柔軟な学制の導入を行っている。

エリオットの改革には批判もあった。イエール大学学長のN・ポーター、プリンストン大学のJ・マックコッシュらによるものである。それぞれ学生は未熟であるので、限定された自由であるべきだ、というものであった。

彼は研究を中心にした大学として、ジョンズ・ホプキンス大学を新設し研究を中心にした専門大学にするなど、画期的な改革を行っている。

エリオットは大学内にとどまらずアメリカ人全体の教育、とくに社会人の教養、常識を高めるために、「五フィートの本棚」に収まる五〇冊に及ぶ全集を選定している。内容は哲学、イギリス詩集、ギリシャ演劇、経済理論、生物学、物語、童話、歴史、化学、冒険、宗教などである。

メリアムはのちに政治学の発展のために、専門分野の連携をはかり、今日でいう学際的な研究方法により各分野の協力で成果を目指そうとした。シカゴ学派として知られる学問形態の先駆が「五フィートの本棚」であるといえよう。メリアムが、アメリカ国民の情緒的・知的発達とともに多分野から事象を検証する科学性を育成しようとしたからである。総合科学としての政治学を目指すメリアムにとって、政治教育の教科書として「五フィートの本棚」は格好の手がかりであった。

メリアムは政治学者としては不必要と思われるグリム兄弟の童話、千夜一夜物語、ファラデーの蠟燭の化学、ダーウィンの『ビーグル号航海記』などの載った「五フィートの本棚」の普及運動に協力した。

メリアムのフランス留学とシカゴ学派の発想

メリアムはこの第一期にパリに留学しているのだが、本人にとって将来を決定づける大切な教育を受け、経験をしている。本人も書いているが、芸術家を除いたあらゆる分野の学者と接触して異分野の専門的知識と交流したことである。さらに各分野の特異な思考方法についても同様であった。学問を追求していくうえでの、方法論に気づかされたということである。

多種多様な学問分野の集うこのようなコミュニティを通じての人的、知的交流が将来、メリアムのなかで開花してくるだろう、と自身が予測している。第一期は三一歳までの区切りである。このころから、将来のシカゴ学派を誕生させようとする発想が、芽生え始めていたといえる。後世の政治学に大きな貢献を果たす、シカゴ学派の誕生のきっかけになる予兆に気付かされたのである。

メリアムは、パリでの異分野交流を通じて、政治を総合的かつ多面的に考えることの重要性を受け止める必要性を感じとったのであろう。この基盤となっているのは彼の人間や国家、社会に対する興味、関心の高さと、政治学に対する生真面目な問題解決の意欲といえる。メリアムが自分自身を知り、将来、メリアムの生み出すシカゴ学派という政治学の新しい潮流を誕生させる契機が与えられ、苗床が用意される時期であった。

アメリカ合衆国の女子大学教育とわが国の女子大学教育

アメリカ合衆国のいわゆる良家の女子が通う大学は、まとめてセヴン・シスターズといわれ、東部に集中している。

一番古いマウント・ホリヨーク大学は一八三七年にマサチューセッツ州に、次に古いヴァッサー大学は一八六一年にニューヨーク州に、ウエルズリー大学は一八七〇年にマサチューセッツ州に、スミス大学は一八七一年にマサチューセッツ州に、ブリンマー大学は一八八五年にペンシルヴェニア州に、バーナード大学は一八八九年にニューヨーク州にそれぞれ設立されている。

ラドクリフ大学は一八七九年に設立されたがハーヴァード大学に吸収されている。ヴァッサー大学は一九六九年に共学になった。

どこの国でもそうだがアメリカでも男子大学の設立が先頭を切り、女子大学が後を追う形となる。労働力として必要とされない女子でなければ通学できない。したがってある程度の資産のある良家の子女が入学することになる。

設立の目的は、社会に出て男性と同等に活躍する、学問を身につけた女性を育成するためである。当時の女子学生の人数は一大学二〇〇〇人を超えない程度であった。一九世紀は、アメリカから学費の安いドイツなどへ留学する学生が多かった。それと同調して女子大学への社会、家庭からの関心も高まった時代であった。セヴン・シスターズに刺激をされてアメリカ国内に女子大学の設立が相次ぐようになった。

わが国との関係からすると、一八七一年に岩倉使節団に随行して、当時七歳の津田梅子と一一歳の山川捨松など五人がアメリカへ派遣されている。

津田はブリンマー大学で学び卒業後帰国して、留学体験から女性の自立を助けるため一九〇〇年に、津田塾大学を設立した。山川もヴァッサー大学で学び卒業し、帰国して陸軍大臣、貴族院議員などを務めた大山巌と結婚して、不平等条約解消のために国が力を注いだ鹿鳴館外交の場で、活躍した。二人とも留学経験を立派に生かした女性である。

ちなみに官立の東京女子師範学校・現お茶の水女子大学は一八七五年に設立されている。女子私立大学としては、一九〇〇年に吉岡彌生が東京女医学校（現東京女子医科大学）、一九〇一年に成瀬仁蔵が日本女子大学校（現日本女子大学）のそれぞれを創立させている。

わが国の女子高等教育は、アメリカの女子大学に約半世紀遅れてスタートしたが、今日までの女子大学教育の充実は目を見張るものがある。

第二期　一九〇五年―一九一九年――三一歳〜四五歳

メリアムとアカデメイア

この第二期ではシカゴの政治現場を中心にした、一九〇九年以降のシカゴ市議会議員の立場からのまさに臨床的な観察と体験が語られる。もともとメリアムは十代から政治とは「ある種の状況」にあったというのだから、環境的にも政治に馴染んでいたといえる。しかし当然のことながら、シカゴ大学で教えながらの現場の政治活動であるから、学者として時間がなくなることは容易に想像できる。

彼、メリアムは法学博士らしくプラトンの「法の番人 guardians of the law」を持ち出す。すなわち、プラトンの創設した私塾アカデメイアは、紀元前三八七年ころからローマ帝国ユスティヌアヌス大帝によって廃止されるまで実に九〇〇年も続いていたのだ。メリアムはシカゴの政治の現場で活動したこの時期を、プラトンの法の番人になぞらえて「イン・ザ・デン（in the den）」すなわち穴蔵として認識している。

彼がこの第二期の一五年間を政治学研究と言っているのは、それを学問とは別世界の現場教育、経験と位置づけているということであろう。すなわちシカゴ市政に直接に関わった一五年間ということである。メリアムは一九〇九年、一三年、一五年の三回シカゴ市議会議員選挙に当選している。一九〇五年を第二期の起点としているのは、〇九年の最初の選挙を意識し始めた時期からの区切りで〇五年と言っているのかもしれない。また一九一一年には共和党から同市長選挙に出馬して惜敗している。

ジェームズ・ブライスの助言

かつてメリアムは八二歳で『近代民主政治』を書いたイギリスの政治家、歴史学者のジェームズ・ブライスに一〇年間は政治を経験した方がいい、と助言されていた。

プラトンとメリアムの違いについて述べると、一方は、ギリシャの近郊に人を集めて、そこで体育も天文学も数学も弁論術も教えた。生活とは切り離された、隔離された教育の場であった。日本の宗教の本山は、人里離れた身延山、高野山、比叡山などにある。おもしろいことにプラトンもわが国の宗教も、生活を俗世として避けている。

確かにそのなかからはアリストテレスなどの哲学者も輩出する。ところがメリアムは自分から、当時、混乱期にあったシカゴ市民の生活に積極的に政治を通じて入っていくのである。それはそれまでの学者とは違う、メリアムの学者らしからぬ姿勢、態度である。現地を踏査することによって調査し分析し総括する、という新しい学者の型を実践しているといえる。まさに医者が患者を診る臨床そのものである。プラトンの隠者といった風とは全く異なる。ブライスの忠告は、理論を構築する前に実態を掌握することを説いたものであった。メリアムは助言を実践した。

メリアムと代表的議員

当時のシカゴの住民はほとんどが外国から移住してきた移民である。メリアムはそれまでの既成勢力と衝突し妥協し、政治学に沿った成果を目指した。しかしそれは、口では言えても行動となると、至難の業といえる。先に触れたようにメリアムは、三回シカゴ市議会議員に当選している。

ここで触れておかなければならないことは、政治家にとって片時も頭から離れない問題にメリアムもぶつかったに違いないということだ。それは世界中の国、地方の議員が自分の立場を代表とみるか代理とみるかということである。選挙制度が続く限りこの呪縛からは解放されない。

一方で議員は選挙民や利害関係者に束縛されず、自分の良心、見識などに基づいて発言、行動して国民、住民全体の利益を主張すべき、という「代表」の立場がある。これはどちらかというとイギリス風で、主な論者に「ブリストルの演説」のエドマンド・バークがいる。

他方、「代理」とする代表的な論者に『コモン・センス』の著者であるトーマス・ペインがいる。彼は選挙された者、すなわち政治家が、選挙した者すなわち住民、有権者を裏切らないようにするには選挙をするに限る、という。そうすれば、選挙のたびに住民から罰を受けないように反省させる効果があるという。ペインはあくまで国民、住民が主人公であり、議員はその代理にすぎないという立場をとる。この考え方はどちらかというとアメリカ風である。

メリアムも、自分の住まいの周辺、地元の利益とシカゴ全体の利益の相克、支持団体の声、政策に反対する集団との意見調整など理論、理屈では解けない難問の処理に頭を痛めたはずである。合衆国が多言語、多文化の大きなるつぼと化しつつあるなかで、第一次世界大戦の結果、国際的にも発言権を増してきた。さらに国内の膨張する経済を支える、とはすなわち実験室の科学的政治によって流通の結節点であるシカゴの市議会議員を務めることで、メリアムは第三期で『政治学の新局面』の「ジャングルの政治と実験室の政治（科学）」を引用しているが、実験室の政治（科学）を教育されたと換言できよう。メリアムは常にシカゴ全体を考える立場で代表として発言、行動してきたといえるのだ。

メリアムとシカゴ

一九三一年のシカゴ市長選挙で、共和党のトンプソン現職市長と民主党のディーヴァー候補が争った。メリアムはかつて共和党に所属してシカゴ市議会議員になったことがあるが、この市長選で、共和党のトンプソン市長ではなく、民主党のディーヴァー候補を応援している。共和党と民主党は、犬と猿ほどは仲が悪くはないが、競争相手であることは間違いない。民主党候補の応援をしたということは、所属政党に拘束されないということである。

メリアムはこのときに党への狭い忠誠よりも、広くて尊い価値に対する奉仕、すなわちシカゴ市民に腐敗に満ちた政治よりも、都市精神にあふれたシカゴを提供することを選択したのだ。共和党員であるから共和党の市長へ投票するという代理的な判断をとらなかった。トンプソン市長とアル・カポネの理不尽な癒着を阻止するために、彼は広く一般のシカゴ市民のために代表的市長ディーヴァーを支持したのだ。この結果、シカゴはギャングの町、暗黒街から脱出できたのである。

メリアム自身はさらにこの間、一九一一年の選挙には共和党から市長候補として立候補して、民主党のカーター・ハリソンに一七万七九七七票対一六万六二七票という僅かの差で惜敗している。メリアムはシカゴの政治に参画することで、予期せぬ批判、妨害にあったことなど、実体験をもとに臨場感をもって『シカゴ』に記述している。

彼が思うのは議員を務めることによって、まさに政治教育を住民に施すと同時に、メリアム自身も政治教育を受ける絶好の機会を得たということである。ここでいう政治教育はもちろん、プラトンの「法の番人」とは違って数学、天文学、哲学は教えない。逆にメリアムが住民の生活に同調したり、啓発されたりして体験することが多かったようだ。

体験に基づいて書かれた『シカゴ』では、ギャング、猟官制、都市計画などが出てくる。色々な勢力とのせめぎ合いが、活写される。当時はトンプソン市長の周辺にはアル・カポネなどの非合法勢力が跋扈していて、メリアムの学問的、知的な政治とは相いれない即物的な政治の時代であった。そのような環境、すなわち貧困、暴力、非論理が跋扈する政治とは直接関わりのない貴重な友人たちと交流し互いに高め合っていくのである。

メリアムとカール・サンドバーグ

私はメリアムの性格の重要な部分を構築し、のちに政治の世界にシカゴ学派を確立する要素にディレッタンティズム（異分野趣味）があると分析する。平たくいえばいろいろなことに関心、興味をもって取り上げて比較し、自分との関係を確かめたいという情動、意欲のようなものだ。メリアムはその傾向が相当強い性格といえる。

それはまさに異分野にあって新局面、新世界を切り開こうとする、人間と繋がりたいという心理である。自分にないものを評価する。ここではシカゴに関係し、アメリカに限らず世界にその影響を与えた二人を取り上げてみる。

まずカール・サンドバーグ（一八七八―一九六七）。スウェーデンからの移民の子で、詩人、作家、音楽家として活躍。リンカーンの伝記（一九三九）と『全詩集』（一九五〇）などで歴史書部門と詩集部門でピューリッツァー賞を、さらにグラミーも受賞している。

彼の『シカゴ詩集』は当時のシカゴの社会、人種、政治、権力、労働などを詠った批判、抵抗の詩集である。その中の一つをあげてみる。

スフィンクス

口を閉ざしてきみは五千年間も座ったまま、一言も洩らさなかった。
多くの行列が通り、そこを過ぎる人々が問いかけたが、それにこたえるのは瞬きもしない灰色の眼、決して語ることのない閉ざされた唇。

幾時代にもわたって猫のようなうずくまり方をつづけているきみから、何かきみの知っていることにだって一言も発せられたことはない。

ぼくはきみの知っていることをすべて知っている一人だ、ぼくはぼくの問いを留保する、ぼくにはきみの答えがわかっているから。〔安藤一郎訳『シカゴ詩集』岩波書店〕

サンドバーグの詠う「スフィンクス」は、「それはあたかもスフィンクスが超然と砂漠を見降ろしているようなもので、その根の生えた存在をうごかすことはできない」として第一期に引用されている。明らかにメリアムは、サンドバーグのこのスフィンクの詩にカルロと自分を託していると読みとれる。

アメリカの文学運動の一つである、シカゴ・ルネサンスといわれる改革運動の旗頭の一人であるサンドバーグと、メリアムの交際は非常に濃厚であった。政治家も文学者も相互に影響し合って改革する時代だった。政治思想を織り込んだ詩、文学が歴史を代弁する活況を呈し始めた。

メリアムと息子ロバート・メリアム

サンドバーグはメリアムと親しい交友関係にあった。その資料となる貴重な指摘が内田満早稲田大学名誉教授の著書、『現代アメリカ政治学』に記されている。サンドバーグがメリアムに宛てた手紙を引用する。

貴兄のご令息の著書『暗い一二月』を読んでいる。

なかなかの傑作です。……ご令息が、この立派な本を公にした年に最初の市議会議員選挙で当選なさり、貴兄の生涯でちょっと豊かな思いの日々ではないでしょうか。

市議会議員選挙というのは一九四七年のシカゴ市議会の選挙である。欧米の選挙は国も地方も政党同士が候補者を立てて争う場であり、それも予備選挙で勝たなければ候補者になれないので、日本でいう世襲はほとんどあり得ない。

サンドバーグが讃えたこのメリアムの息子ロバート・メリアムは、父のチャールズと同じシカゴ第五選挙区から民主党の候補として出馬して、市議に当選しているのである。そのときにサンドバーグからメリアムに出した手紙の一部である。

メリアム親子にはさらにシカゴとの因縁が繋がっている。一九五三年にメリアムは他界している。その後息子のロバートは民主党から共和党に移り、五五年に父と同じくシカゴ市長選挙に出馬している。相手は民主党のリチャード・J・デイリーであった。

選挙運動の期間中、ロバート・メリアムは市警察と「マシーン」内部の腐敗を叩いた。票盗みなど不明朗な運動に抗議をしながらの選挙であった。しかし選挙結果はロバートの五八万九五五五票に対し、デイリーは七〇万八二二二票であった。残念なことにメリアム親子はともども、シカゴ市長の夢はついえたのである。

メリアム親子は政治好きというか、公に関わり社会に奉仕したいという気概が強かったといえるだろう。同じシカゴ市長選挙に親子で挑戦するというのであるから、興味深いというか、運命を感じる。公に関わろうとする、まじめな性格が親子に共通なのであろう。父メリアムは政治関係に限らず、新しい見方で時代を表現したり、改革しようとする者と連帯していこうとしていた。その中の代表的人物が、シカゴにこだわりをもって作品を発表しているサンドバーグであった。

余談であるが私の訳した『シカゴ』について寄本勝美早稲田大学教授（当時）は、ご自分の著書『自治の形成と市民――ピッツバーグ市政研究』（東京大学出版会）の「結びにかえて」のなかで、「……筆者のピッツバーグ研究も同じような目的と内容を持つものだが、言うまでもなく、およそ二八年にわたってシカゴに在住し、そのうち六年間は自ら市議会議員をも務めた「メリアム」教授の体験に基づいて書かれていて、故辻清明東京大学名誉教授が「同書の」「序に添えて」でいまや「数少ない都市論の古典」とまで評したこの名著とは、比べるまでもないものである」と紹介されている。寄本教授は自治体のゴミ処理政策の権威であり、私の大学院の荻田保ゼミの先輩である。

メリアムとジェーン・アダムズ

ジェーン・アダムズは一八六〇年に生まれ一九三五年に亡くなっている。

彼女は一八八九年から、シカゴの不動産業で成功したチャールズ・J・ハルの元の邸宅で、慈善施設・隣保館を設立し、ハルの名前を冠して「ハル・ハウス」として活用した。ここを中心にして学友と移民、貧困家庭の生活改善のためのセツルメント運動を盛んに行ってきた。ハル・ハウスでは夜間学校、食堂、図書館、保育所などの運営を通じて利用者の自主的な意識の涵養を目指していた。

日本でも二〇世紀初めごろ、「隣保館運動」として貧困対策として保育園の運営や就労支援や生活改善、衛生教育などを行うようになっていた。現在でも運営を継続している施設があって社会福祉事業に大きな役割を果たしている。その先駆けといえる。

アダムズは平和主義者でもあり、平和運動の指導者としても信頼を集めた。女性参政権の獲得、同じく労働時間の制限を提唱し、少年裁判法を定めたりもした。一九一〇年には女性で初めて、アメリカ社会福祉事業協議会の会長に選ばれている。第一次世界大戦のときにはアメリカの参戦に毅然として反対を主張し貫いた。こうした功績が認められ、アメリカ人の女性として初めて一九三一年にノーベル平和賞を受賞している。

私はこの『チャールズ・E・メリアムの教育』を翻訳するにあたり、二〇一五年にハル・ハウスを訪れたのだが、それはイリノイ州立大学の敷地の片隅に移築されていた。展示室にはロシアの文豪トルストイのデス・マスクがあって、アダムズがいかにトルストイに心酔していたか理解できた。

彼女は、トルストイズム運動に熱心に関わっていたといえるのではないだろうか。当時、ロシア革命がアメリカの革新主義者に大きな刺激を与えたこと、同時にトルストイの文学がアメリカ社会を揺さぶっていたことがはっきりわかる。

メリアムと大山郁夫

メリアムと日本の政治家あるいは政治学者の関係を考えた場合、大山郁夫を抜くことはあり得ない。大山は第二期の一九一〇年から二年間、シカゴ大学のメリアムのもとで政治学の指導を受けている。日本人でこれほどメリアムと近い距離で勉学生活を過ごせた、恵まれた環境にあった人は大山以外にはいない。したがって彼の著作に「科学的政治学」などと出てくると、明らかにメリアムの教えを受けてきたという痕跡を見る。そしてメリアムと大山の政治学の繋がりを思う。

大山は兵庫県赤穂郡（当時）の出身で、一八八〇年に福本剛策・すみゑの次男として生まれ、幼いころに養子に出される。早稲田大学では成績優秀で表彰され、卒業と同時に講師として大学に残る。すでに早稲田大学の前身すなわち東京専門学校とシカゴ大学は、東京専門学校の学士号を保持している者はシカゴ大学大学院に入学できる、という協定を一九〇一年に結んでいる。このような両大学の因縁により大山とシカゴ大学の関わりが生じてきたのである。大山がシカゴ大学在学中、大学の幹部が来校した折、これからの早稲田大学のあり方を話し合ったようだ。

大山郁夫への推薦状

大山は早稲田大学からも期待されていたのであろう。以下は内田満早稲田大学名誉教授の『アメリカ政治学への視座』を参考に記すことにする。

メリアムは大山について、推薦状を書いている。その内容は「本状は大山氏がシカゴ大学政治学大学院で二年間にわたり修学したことを証明します。……大山氏は、勤勉聡明であり、取り組む主題について極めて高い理解力を有しております。

大山氏のシカゴ大学での研究は、第一級のものでありましたし、私は、大山氏を優れた能力と大きな将来性を持つ学徒として喜んで推薦いたします」。日付は一九一二年一〇月一一日とある。メリアムの大山への評価は能力も態度も最大限のものであるといってよいであろう。

大山郁夫著作集年譜を見ると、「一九一二（明治四五／大正元）年　三二歳」となっていて、その九月にはシカゴを去り、ドイツのミュンヘン大学に移っている。以降二年間、政治学および国家学をローテンビュヘルに、国法学をハーブルガーに、財政学をロッツに就いて研究する傍ら、「聊かアカデミックの雰囲気をも試みる」とある。メリアムの推薦状の日付が大山がシカゴを発った九月より後になっていることについて、内田名誉教授はドイツへ郵送されたものではないかと指摘しているが、それほどまでにメリアムは大山を信じて、期待していたということであろう。

だがここで不可思議なのは大山の留学先のミュンヘン大学は既定の計画ではなかったのか、ということだ。すでに九月にシカゴを発っているわけだから、恩師が後追いで推薦状を出すわけがない。とすればこれは他の大学、研究所等への推薦状であろうか。

さらに考えれば、メリアムから言い出す筋のものではないのだから、大山からの依頼と考えるのが至当であろう。メリアムの大山への配慮は心温まるものがある。

メリアムと大山の無関心

たしかにシカゴ大学でメリアムに師事していたときの大山の熱心さは一通りではなかったようだ。留学していた当時にメリアムから受けた、一九一一年、一二年の授業についてそれぞれ「政党論」、「政治学原理」の講義録を何冊も残していることからも明らかである。このことも内田名誉教授が『アメリカ政治学への視座』に記述されている。

しかし、不思議なことに大山郁夫著作集、大山郁夫全集という確認できる大山の記録を見てもメリアムについては詳しく書かれていない。メリアムの名は著作集に三カ所出てくるが、全集にはない。

これはあくまで私の想像なのだが、大山郁夫にとって、学問としての政治学の指導者としてのメリアムはともかく、大資本のロックフェラー財団などと関係をもち、なおかつ利用しているメリアムに対しては納得できなかったのではないだろうか。

大山に書生のように付き添った田部井健次の『大山郁夫』（進路社）を読むと、関東大震災のとき、流言飛語が広がり、便乗して大山も狙われるという噂が出て、事実、憲兵が大山の自宅に来る。そのときの大山の対応を見ると、肝の据わった感がある。

大山は兵庫県出身。いわゆる赤穂浪士の討ち入りの行動などに見られるような、もともと反幕府の姿勢が強い地域の教育風土、精神風土を引き継いでいるのではないかと思料する。

冷静な現状の解析と周りの状況の分析から果断に行動に出る。その事例は、彼の行動の履歴を見ると人生の分かれ目の判断にうかがえる。たとえば早稲田大学の運営、労働組合の結成、政党設立、自分の身の振り方など常に現状を変えていく立場をとる。大山の労農党委員長と教授の兼任の問題が起きたときも、大隈重信総長の国会議員との兼務の前例から、大山自身は問題なしという判断をした。

田部井の『大山郁夫』によれば、大山が一四年間勤めたノースウェスタン大学のコールグループ教授は戦時中の大山の生活について、「アメリカ政府は大山の該博な知識を戦争に役立てようとしたのであるが、ノースウェスタン大学の教授たちが反対し政府もそれを受け入れた」と紹介している。さらに大山が一九四四年に胃の手術を受けるときに、輸血が必要となる。すると二人の教授と六人の学生が献血に応じた。

大山は一九三〇年に当時の東京府第五選挙区（当時の荏原郡、豊多摩郡、大島など）から労農党公認で衆議院選挙に出て初当選し、五〇歳で衆議院議員になる。しかし二年目の三二年に、任期の四年間、衆議院議員を務めずにノースウェスタン大学に「一年かせいぜい二年の予定です。過去日本の実績を自己批判して洗眼してくる」（『大山郁夫全集・年譜』岩波書店）と言って渡米したが、一九四七年まで実に一五年間、アメリカに留まっている。この件について自ら亡命と言っている事情などと合わせてまだ明らかになっていない。帰国後、平和運動に邁進し、一九五〇年の参議院選挙全国区（当時）に無所属で出馬して当選している。

輿論と世論

この第二期にチャールズ・H・ジュッド教授が委員を務めるシカゴ市教育委員会のメリアム批判の陰謀が、立ち消えになった記述がある。大衆社会における病理ともいえる、「世論（せろん）」と「輿論（よろん）」の浮沈の問題である。

世論とは短期的で情動的であり、輿論は中期的で理性的といえる。情報でいえば、テレビやラジオ、新聞などの速度の速い伝達方法は世論を構成しやすい。その一方で、月刊紙や一年に四回発行される季刊誌などは、速度は緩やかだが輿論を構成しやすい。

現代は速さと量であふれている情報が世論を形成しやすく、遅くとも情報の質を問う輿論が軽視されている。ジュッド教授の陰謀の破綻は、最終的には輿論が世論に勝ったという結末になった。時間をかければ水に木は浮き、石は沈む、という簡単な真理である。

情報社会になったからこそ、刹那的ではなく時間をかけた判断の正しさを重要視する、学校教育、社会教育が求められるといえよう。現代は身分上の階級社会が取り払われた大衆社会といわれる。だが、しかし情報伝達機関が発達し、多様なメディアの流す情報は確証のない刹那的な、噂ともいえる世論の洪水となって、大衆に襲い掛かる。メリアムが大衆に、理性に基づく社会教育、政治教育をほどこす必要性を説く理由はここにある。

第三期　一九一九年―一九三二年―四五歳～五八歳

メリアムの新しい研究体制

第三期で彼、メリアムは論文や記述作品については寡作となる。研究方法と研究環境への不満からか著作作業が進んでいなかったと思われる。メリアム自身が第三期に書いている。「政治学の観察と分析の基本的な方法に、心底、不満を抱いていた」のである。不満はメリアム自身へとともに、周囲の環境、体制にも向けられていた。

それまでのメリアムにとっては、研究の成果物である論文や文献こそがすべてであった。それに加えてメリアムは研究のための新しい組織、建物、機械器具など環境整備へと関心を集めていくのである。それに精力を傾けた。したがって論文などには時間が割けなくなっていったのであろう。

一般に最近のとくに日本の学者、研究者は論文やそれをまとめた本を軽視している傾向にある。次のような話を古手の法律学者から聞いたことがある。その国立大学のある教授は、少壮のころ恩師から学者の心構えを聞かされた。学会に論文を発表することを第一とするように、研究を進めるべきと指導されたというのだ。誰もがマスコミに出たがる今の時節から考えるとあり得ないことだ。

このエピソードは学者、研究者の学問に対する姿勢の本質をついている。毎年、世界の大学から発表された論文の内容と数が公表されるが、日本の誰もが知っている東京大学でも五番以内に入っていない。それどころか発展途上の国々に追い抜かれていっている始末である。

原因はいろいろと推測される。産学協同で経済界との関係から、基本研究に時間がとれなくなっていたり、マスメディアの要請に応じて研究室にいる時間を奪われているなどである。

現代の情報化社会にあっても学者、研究者の側の根本的な姿勢、態度の問題といえる。世界的、国際的に各専門の最先端を目指す意気込みと根気強さを示すには、新しく解明された事実、を記した論文こそが学者としての証明になるのである。学問に真剣に取り組む態度がまず第一歩である。

メリアムとロックフェラー財団

シカゴ大学とロックフェラー財団との関係は周知のことである。実業家としてのロックフェラーはアメリカに貢献している。たとえばアメリカ中に美術館をつくったりしている。メリアムの兄はロックフェラー財団の役員をしながら、メリアムを応援している。大資本と上手に付き合いながら、自分の目的を果たしていくのである。

また、メリアムは一九二四年には、選挙の投票における棄権についての世界で初めての研究といってよい『棄権』をゴスネルと出版している。前年の一九二三年、シカゴ市長選挙のときに有権者に行った実態調査に基づいたものである。このときの分析に社会科学の力すなわち統計学、心理学などを利用したのである。一九二二年にウオーター・リップマンが『世論』を出版していることに、影響を受けているかもしれない。

私は、早稲田大学大学院の後藤一郎教授（当時）の政治学の授業で、初めて『棄権』を知って新鮮な驚きを覚えた記憶がある。何しろ一〇〇年前の棄権の調査であるから、だれも考えつかなかった。現在でも選挙にとって、永遠の課題といえる棄権の研究は、あらゆる政治に関わる研究機関の重要な課題である。

ただし、棄権の解明ができたとしても、投票率一〇〇パーセントが誘導によって達成されることは、自由社会においてあってはならない。メリアムはあくまで有権者に、政治と国民生活、政治と国家を考える理性を要求したのである。

『政治権力』の誕生

メリアムは政治学と隣接諸学の接合もしくは協力をこの時期から提案している。具体的には世界中を見渡して住民がどのように政治を日常の中で扱っているのか、という民俗学、人類学の視点での調査をしている。

その例として「ドゥクードゥクス」が紹介される。メリアムは『政治学の新局面』第二版の序文で次のように書いている。

……政治学と人類学の両視点を結ぶことで、新しい総合的解釈を求めることもあり得よう。これらの研究の実績を示すものとして、ウェーバーの「ドゥクードゥクス」がある。この研究は集団生活が構成されていく初期の段階にとられる方法を調査したものである。

人類学がさらに発展していくために、人類学者が常道の中心課題としてきた特定集団の生活を解釈するのに、政治学や経済学の専門的見解が求められる。これは否定できない。

この動きは人類学だけではなく政治学にも重要な関係を生成させることも十分にあり得よう。

……

さらに制度のかたまりの国家のなかで、国民はどのように教育され訓練されていくか、という根本的な問いにメリアムがたどり着こうとしたのが一九三一年の『公民となる——市民教育の比較研究』である。いろいろな意味で疲れたメリアムは、一九三二年に保養と気分転換のために、ジュルト島に行く予定だった。ところがベルリンにつくと総選挙の最中だったので予定を変える。そしてウンター・デン・リンデン街のホテルに籠もってタイプライターを叩きまくって、短時間で書いたのが今に残る『政治権力』の誕生である。

メリアムがこの第三期の最後の年を一九三二年にし、ドイツのヒトラーの勃興期を目の当たりにして政治権力論の古典となった『政治権力』を執筆し誕生させた年に重ねているのは当然のことといえるであろう。

第四期　一九二九年—一九四〇年——五五歳〜六六歳

三年間の重複の理由

メリアムも言い訳をしている『チャールズ・E・メリアムの教育』の第三期の終わり一九三二年と第四期の初め一九二九年の三年間の重複をどう解釈するかである。彼は、自分はこだわらない性格だと平然と言い訳しているが、それは違う。まさに彼の性格が如実に表れているところである。

この三年間の重なりは、すなわちアメリカの国民にとって、またアメリカという国家にとって、これからの教育をどうするのかという国家の教育政策に関わる問題なのである。

この期の初めとなる一九二九年は世界大恐慌の年で、世界が、アメリカが大混乱に陥った年である。アメリカ合衆国には建国以来引きずってきて問題となっていた、多民族、多言語の人口増加から派生してくる、教育問題、国家観、社会観を国として国民にどう学ばせるかという、根本課題があった。大恐慌と教育の将来という国家の基本問題が一時に噴出してきたのである。

そこで一九二六年にアメリカ歴史協会は、学校教育の場で社会科の科目をどう扱うかという課題の解決のために社会科教育委員会を設置する。メリアムは政治学者としてそれに参加する。その委員会で手ごわい論客で同年齢のコロンビア大学教授チャールズ・A・ビーァドと衝突する。彼はアメリカ憲法発達史、政治学の専門家である。ここで二人の志向の起点が違うところ、が注目されなければならない。ビーァドは国の方針を打ち出す際に、下からすなわち国民からの意見を積み上げていくという方法、メリアムは国の方針を上から指導する方法である。

この委員会は一九三三年に解散し、翌三四年に社会科教育委員会が出した最終答申案が、大方のところビーァドの意見を中心にまとめられていた。メリアムが答申案の承認に署名を拒否する自然の流れとなる。どちらが正しい、誤りというわけではない。国民の歴史、国の政治制度についての考えの違いが両者にあった。いわばその国家が国民に果たしていくべき歴史、社会の役割の理解、受け止め方の問題であろうと思われる。

私は一九三六年の『社会変化と政治の役割』を翻訳しながら、メリアムが国家、社会に求める考えは楽観的なものではない、と理解した。すなわち国民の側から自発的に求めてくる統治願望は現実的にはあり得ない。面積が広く、多民族からの移民人口の多いアメリカ合衆国などでは、国民から自発的に統一を求めてくることは不可能だ、という立場に立つように思われた。

メリアムと諮問委員などの態度

社会科教育委員会の最終報告書に同意署名を拒んだメリアムは、自分の意見に相当に確信があったと思う。またそれを貫く精神力や信念が頑強でなければ、委員会で孤立してまで多数の賛成に反対する行動はとり得ない。

いまわが国でも国、地方自治体を問わず、民間人、官僚、議員などを交えた委員会、諮問委員会が設置されている。人選についても、幅広く国民、住民の意見を反映しているという演出もされる。委員会、審議会の意見を参考にして、一見、幅広く国民の各層の利害関係者などからいろいろな声や意見を聞いたという構えをとっている。

さらに国民や住民は、偏らない公平なはずの諮問委員会などが出す結論であるから、正当な公平な意見として評価しがちだ。だが、しかし審議会の肝心な人選は、国、地方自治体が行っている。国や地方自治体が、それを免罪符として政策作成の正当化に利用するとも考えられる。諮問委員会などはそこに席を置くだけで、大方の意見に同調するだけの委員が多いのが現実なのである。

実態とすれば、大部分は事務方すなわち官僚の用意した結論から外れないような人選がなされ、手配されているものなのである。いわゆる予定調和的な結論が出されやすい。そもそも委員を委嘱するときに、政府あるいは地方政府に批判的な人に白羽の矢を立てるわけがない。

そこで異論を唱え、断固として自分の理念に反する結論に、反対あるいは承認の署名を拒否するのは、極めて困難な雰囲気となる。特に日本では有識者といわれる大学教授や研究機関の研究員、評論家などという人々が、日ごろの持論を吐いて日当をもらい、経歴に委員の肩書が使えるようになる。それだけのことである。自分の立場を、政策の妥当性に利用されるということである。

このように考えると、あらゆる議論の場で少数意見を打ち出すことは勇気のいることである。それは委員会などで学者としての自説に対する意思と信念が問われることであり、メリアムの態度は評価されるべきである。

私見をいえば、アメリカ合衆国という広大な国土と当時の多数の国から押し寄せる、多人数の移民に、共通の歴史観、意識、価値観を共有するための社会科教育を施していくことが、いかに困難なことか想像できる。

『政治権力』と社会科教育委員会

メリアムにとって、このアメリカの現在と将来に関わる、国民の歴史、地理を含めた社会科の授業の基本方針を固めることは最優先課題であった。

一九二六年から始まった社会科教育委員会で、メリアムはアメリカ国民の教育の方向を決める委員会に全力で取り組んで自分の考えを通そうと努力したに違いない。それゆえに一九三二年の『政治権力』の誕生をひとまず、第三期の区切りとしたのであろう。自らの政治権力の分析の結果として、信仰されるべきさまざまなもの・ミランダや讃嘆されるべきもの・クレデンダという具体的に分かりやすい説明に『政治権力』を通して到達した。画期的な見解である。それまでの権力についての抽象的、哲学的な説明から一転して理解しやすい用語の案出となった。

メリアムは、年来の政治権力の研究に力を入れてきた。しかしながら、その一方でアメリカの教育を左右する、社会科教育委員会の動向に全身全霊を打ち込んでいた。すなわち自分の研究成果の一つの頂点としての『政治権力』の完成と、ビーァドとの国民教育の基本方針の競い合いにも勝ってアメリカの教育に展望を開きたいと熱望したに違いない。彼の中では社会科教育委員会の結論をメリアムの意見に沿った方向に導きたいという強いこだわりがあった。

社会科教育委員会の結論提出は『政治権力』発表の二年先の三四年ではあるが、メリアムにとってはまさに自分の教育の要のときに、同時に二大課題の渦中に巻き込まれる結果となった。それ故に三年間の重なりがあったと解釈できる。

シカゴ学派への胎動とビーァド批判

さらに指摘しておきたいのは、メリアムのいう一九二五年以降の政治過程の研究領域の諸展開についてである。この諸展開が先にいって政治学のシカゴ学派の骨格になる。すなわち政治現象の計量化である。メリアムはハロルド・F・ゴスネルの『投票の実態』を事例としてあげている。同書の手法は投票者に対する刺激とその作用を計測しようとするものである。要するにメリアムは生理学、心理学、精神医学、統計学などの社会科学全般の分野での組み合わせ協同作業によって政治課題の解決を期待している。

このような政治研究方針に対して異論を唱えている一人が、ビーァドであった。メリアムは一九三一年の『政治学の新局面』の第二版でビーァドをこう評価している。

ビーァドは政治学の中心として科学的調査の側面を強調しすぎるあまりに、社会研究の人間的な関わり合いを同程度に軽視しすぎるのではないかと危惧している。

あたかも天秤ばかりの左右のように、真逆の関係にあるように考えられるとビーァドを批判している。メリアムはビーァドに向けてさらに続ける。

だが、彼らが言っていることはすべてその方法論が強調されすぎると、想像する知性が抑圧され、価値が軽んじられるきっかけになるというのであるが……

ここでメリアムが彼らというビーァドの他のもう一人は、ハロルド・ラスキである。彼はメリアムらの唱える協同研究にも、フィールド・ワークすなわち現場で研究する仕方にも反対している。少なくとも、このような研究のやり方が伝統的な「孤高の思索家」や原則の適切な慣習の邪魔をする、としている。こう見てくると、メリアムとビーァドは社会科教育委員会以前の、政治研究の進め方から考え方に大きな隔たりがあった。

メリアムとエーリック・ホッファーと幸田露伴

ラスキのいう「孤高の思索家」といえば、日米両国にあっては時代を越えてエーリック・ホッファーと幸田露伴があげられる。

エーリック・ホッファーは、一九〇二年にニューヨークでドイツ系の移民の子として生まれた。五歳から視力を失い一五歳で回復し、公立図書館近くに住んで読書に集中した。八〇歳で亡くなるまで思索し、著書の『大衆運動』などはわが国でも評価する学者が多い。

彼は一九六四年から、カリフォルニア大学バークレー校で、教授として迎えられて政治学を週一回講義している。彼はこれからのアメリカにおいては品行方正なスクエアーな若者に期待すると言って、こう述べている。

アメリカの少年や少女は一七歳になって高校を終えたら例外なく働くことを義務づけ、二年間というものは大人の半分の給料でこき使う。

しかも仕事の内容は、環境をきれいにすること、たとえば河川の清掃や空気の浄化などに限定するのです。こうすることで何百万人の若者を子供から大人に変わる間、アメリカ大陸を公害から守るために奉仕させることができ、二年後には立派に大人になった若者たちを大学に迎えることができると思う。

在学中は完全な自由を与え、四年の間試験を行わず卒業のときだけ厳しい試験をして免状を出す。出来の良い子の免状には、人間にとって何が善であるかを学びとった、と書き、悪い子には「バカは死ななきゃ治らない」と書く。でも、いずれにしても卒業はさせてやる。（角間隆『百姓哲学者の反知識人宣言』作品社）

ホッファーの言い方は、港湾労働者、哲学者として表現が個性的である。だが当時の大学を含めアメリカの教育事情の盲点を突いた指摘である。

メリアムは、母がスコットランドの移民でシカゴに在住し、教育熱心な父親の意向で正規の教育を受けるためにいくつかの大学を替わり、留学もして博士号もとっている。一方ホッファーはドイツ系移民でニューヨーク在住である。メリアムが二八歳年長で、年齢には大きな差がある。だが正統な教育の道を踏んできたメリアムと、まともな教育を受けてこなかったホッファーが一点で重なる。

現状に対して常に疑問をもち、安易な妥協をせず、学び続け、自分の論理あるいは情念、信念を貫くところである。それが今日まで、アメリカの言論界、政治学界に二人が延々と大きな足跡を残す理由である。ホッファーのように、日本において、知の世界で学歴に頓着せず名を成した人間をあげれば、一八六七年に生まれ一九四七年に没している幸田露伴である。近代文学においては、「紅露逍鷗」といわれる、尾崎紅葉、幸田露伴、坪内逍遙、森鷗外がいる。

他の三人は東京帝国大学を卒業しているが、ただ一人露伴は主に東京府立図書館で勉強し業績を残している。後年、京都大学の教授に推されている。小説のみに収まらない、知の巨人である。第一回文化勲章受章者でもある。メリアム、ホッファーと同じく信念の知的探求者であった。

メリアムと後藤新平とビーァド

わが国の地方行政とビーァドとの関係は貴重である。

一九二二年に、当時の東京市長後藤新平は、東京市政のあり方の助言を求めて、ビーァドを東京市政調査会の顧問として招聘した。彼は半年間以上にわたり滞在して、東京市政の事業を調査し改善案を作成している。全国の主要都市を訪ねて調査、研究を行いながら講演を行ったりもした。関東大震災の年である一九二三年にも再来日して、大震災後の復興のためにわが国の地方行政における科学的な調査の必要性を訴えたりした。

ビーァドはこの体験をもとに関東大震災直後の一九二三年一二月に『東京市政論』を出版している。東京の行政、政治に関心をもち、研究する学生、社会人の必携の本である。のちに一九六四年九月に『東京の行政と政治——東京市政論』として再刊されている。

ただしこのような指摘もある。研究、改革案としては優れているが、現実の東京の行政に生かされているか、というとほとんど生かされてはいない。蠟山政道は『東京市政論』が顧みられなかった理由を、「日本の都市の社会的、経済的、政治的構造の分析を試みずに、アメリカ的な都市行政の理論と技術とを接合しようとしたところに、啓蒙的限界」があったとしている。

メリアムの社会科教育委員会後の活動

共和党のシカゴ市議会議員を務めたことのあるメリアムであるが、一九三一年のシカゴ市長選挙では、普段は対立する民主党のディーヴァーを応援した。「ビルこそ建設者」と渾名された共和党のトンプソン市長の正体を暴露して、彼の三期目の当選を阻み、民主党のディーヴァーが当選した。共和党のメリアムが民主党の候補を応援するほどに、市政は停滞し、腐りきっていたのだ。党派を超えたシカゴの正常化が課題だったことが分かる。

この複雑な政治背景からメリアムの政治的行動がうかがえる。すなわち共和党のメリアムが共和党の候補を攻撃し落選させる。そして民主党のフーヴァー大統領の委員会に参加する。一見、節操のない駆け引きのようであるが、この背景にはシカゴがトンプソン市長の壟断する都市となり、無秩序で暗黒街とも癒着している実態があった。

具体的にはアル・カポネとその集団の、トンプソン市長との腐れ縁があった。腐敗が全米に伝染するかもしれないという危機感が、アメリカのすべての都市と都市住民に出始めてきていた。政治と暗黒街の癒着を断ち切る選挙であったといえる。そして結果としてメリアムは民主党のフーヴァー大統領の社会傾向調査委員会の委員に抜擢される。その後メリアムの社会傾向調査委員会での活動が、一九三三年の全国資源計画委員会における、人類、物質資源の勧告に反映されたのである。

メリアムは国の将来に影響を与えるまでに力を得て、実績も積み重ねられるような達成感のある立場と地位になった。急に身辺が多忙になり、意欲をもって働いているときに、たまたまシカゴ都市計画委員会への委員長含みの就任の話があったが、断っている。

新しい行政学研究への挑戦

この第四期の一一年間を通して、メリアムはすでに五五歳を超しているのだが改めて卒業証書の出ない勉強の場に臨んでいる。コロンビア大学のグッドナウ教授、ベルリン大学プロイス教授のもとで行政学を学びなおしている。

新しい分野への学習意欲と真面目さは、私がシカゴ大学の図書館でメリアムの膨大な資料を閲覧して、タクシー代の領収書までもがファイルされていて驚いたことと一致する。同時に彼はこの時期に真剣に「五フィートの本棚」を実践した、と自ら語っているくらいであるから、いつでも学習と教育を念頭に人生を貫いていたといえる。たゆみなく学習を積み重ねることから獲得した成果を生かして、シカゴにシカゴ公共効率公社を設置して、行政の無駄をなくし迅速に執行する体制を整備した。

メリアムの政治学の学究から政治、行政の現場の改善、改革へと挑戦していく姿には年齢を超えた、使命感が感じとれる。このような行動の延長線上に、ローズヴェルト大統領の行政管理に関する大統領委員会の委員になり、いよいよ政権の中枢に近づいていった。

メリアムとエドワード八世の退位

メリアムの行政管理に関する大統領委員会での逸話に、イギリスのエドワード八世が民間人の離婚経験のある女性と結婚するために退位するという放送を聞いたメリアムが非常に動揺したというものがある。世界中の話題となった「やっとのことで……」という、「さよならスピーチ」をしたラジオ放送に相当混乱したのであろう。自らその狼狽ぶりに触れている。

大英帝国からの長い歴史のあるイギリスにあって、考えられない初めての大事件に遭遇したメリアムの驚きが目に浮かぶようである。この出来事をわが国の新聞はどのように報じていたか。一九三七年一二月一二日の朝日新聞朝刊には、「退位法案裁可」と題して、「ロンドン特電一一日発　英皇帝退位法案は四〇三票対五票の圧倒的多数をもって下院を通過した。ボールウィン首相は、「余は来る一四日、新帝よりの勅語を下院に奉戴し下院がこれに対し奉答文を奉呈せんことを動議として提出するであろう」と述べた」とある。

次いで退位法案は上院も通過した、とある。朝日新聞の扱いは新皇帝にいたる手順などが書かれているが、比較的平静である。だが同じ紙面には、「愛蘭と英本国　悪気流漂う　新憲法をすでに準備」の見出しがある。すなわちアイルランドがこの機に乗じて、独立する準備をしようとしている、として両国の間の関係悪化を危惧した記事となっている。日本での受け止め方と異なる国際情勢での波動があって、メリアムの動揺は、複雑な事情に幅広い視野をもつが故のものであったと思われる。

なおメリアムが出版を断られたといっている『魔術師のような統轄者たち』は、ローズヴェルト大統領政権の行政、政治の内部の実態の公表であり、アメリカ合衆国や世界の現状の分析と対応する政策立案、決断、法律化の動向を具体的に体験として記述しているはずである。

第五期　一九四〇年―一九四四年――六六歳～七〇歳

メリアムとローズヴェルト大統領の四つの自由

フランクリン・D・ローズヴェルト大統領は、一九四一年一月の一般教書で四つの自由を指摘している。言論・表現の自由、信教の自由、欠乏からの自由、恐怖からの自由である。

この一般教書以前にメリアムが委員を務める全国資源計画委員会（ローズヴェルト大統領の諮問機関）は、『権利の章典』を発表しており、そのなかにもこれらの自由が取り上げられている。会議ではドイツのナチス政権を危惧し、戦後の国際体制を意識していることは明白である。

そのような状況下の一九四〇年、アメリカや国際社会が第二次世界大戦の激動の最中にメリアムはシカゴ大学を退職することになった。

メリアムの最晩年

彼の退職後の生活を見ると悠々自適といった感である。彼の人生は七九歳までであるから、まだ一〇年近くの時間がある。七〇歳まで刺激的な日々を過ごしてきて、隠居生活ができるのだろうか。今でいう評論生活もまだまだできるはずである。

引退後のメリアムについては、一九四五年出版の『体系的政治学』のほかは詳らかではない。それにつけても、午前、午後の二回それぞれ一時間の小睡眠は気にかかる。知り合いの内科医に聞いてみると、個人差はあるにしても、持病のある人はともかく普通は一回だろう、ということである。すべてに曖昧を許さないメリアムの性格からして、本人自身が医学用語の嗜眠症（sleepy frame of mind）といっている以上、医師の専門的な見立ての結果を書いているのではないだろうか。

病状の程度はともかく、メリアムは晩年には睡眠に不安があったといえるだろう。若いころからのカロ喪失の後遺症と晩年の嗜眠症があったとすれば、メリアムは繊細な精神的活動を過ごした一生であったといえよう。七九歳で亡くなるまでの執筆活動、精神活動などが確認できる文章が公にされれば、という期待がある。

なお『メリアムの教育』は一九四二年にシカゴ大学を定年退職したおりの記念論文集に編まれている。ところが第五期を一九四四年までとしているのは合点がいかない。想像するに、第一期で「新約聖書」詩編を例示しているところから、七〇歳の一九四四年にこだわったのかもしれない。

おわりに

残された著作、記録を見ても、メリアムは個人的なことを多くは書き残していない。

にもかかわらず、シカゴ大学を退職後にヘンリー・アダムズが著した大著である『ヘンリー・アダムズの教育』になぞらえるように、『チャールズ・E・メリアムの教育』を目指したといわれている。政治学におけるシカゴ学派を構築する意欲と開拓精神の持ち主が、『金や銀――チャールズ・E・メリアムの教育』という書名まで第五期で記述し構想しながら未完で終わっている。『メリアムの教育』はそれに先立つ素描だったのかもしれない。それを底本に二年間で『金や銀――チャールズ・E・メリアム』を完成しようとしたのであろう。それだけに、メリアムの残された著作、記録を繙きながら想像する楽しみと喜びが残されているといえよう。

第二部

パラオ共和国ペリリュー島の石像

実験室の政治で終わらせない

はじめに

政治家には二つのタイプがある。よくいわれる現実派と理念派である。大体のところ現実派が生き残る。もとは理念派であったが現実派に変わる。たとえば国会を見ると、もとは自民党にいて新自由クラブ、日本新党を立党して自民党批判をしていても、再び機会をとらえて自民党に帰って行った人々が多い。政権、政権与党に魅力があるからだろう。この変わり身の良さが有権者にどう映るのか。現実は厳しいから仕方がない、と同情したり、やはり政治家は信じられない、と不信感を増したりする。

有権者も時に応じて投票したり、しなかったり、頼まれた人に投票したりと気ままなところがないわけではない。これが政治の原点である有権者の投票行動の偽らざるところだ。

かつて『いろはかるたの政治風土』（はる書房）という本を書いたときに、「身過ぎ世過ぎのポリティカル・センス」という副題を付けた。政治とは、政治家、有権者にとってはまさに世渡りなのである。だが政治家にとって世渡りの上手、下手で能力が計られるという一面もある。有権者は政治家を見抜く眼力が問われる。政治にとって投票がすべてではない。

投票の結果が国、自治体、住民にとって絶対的な善とは思えないこともある。そこで心を痛める政治家もいる。その解決策の一つに政治教育があると思う。政治家と有権者の互いを育て合う気持ちと、その環境を作っていくことだ。

学生政治家として始まった、私のたどってきた政治の道を振り返ってみたい。この題名の「実験室」は『メリアムの教育』に出てくる「ジャングルの政治」の対句である。

政治家を目指す動機はこれだった

――和田さんは二七歳から現在の七八歳まで、政治家であったり浪人をしたりの人生で、愛、友情、協力などの明るさとともに、屈辱感、惨めさ、恥ずかしさ、やるせなさ、嫉妬心などの暗さを発条《ばね》として生きることも考えられる、とも書いたり、話したりされてきていますね。

アメリカを支えてきた屈辱感、惨めさを

和田　冒頭から話はアメリカになります。一九世紀の半ばからアメリカへの移民は急激に増加します。新しい天地を求めてヨーロッパ、中南米などから本国を飛び出した中産階級以下の人々です。そしてかつて奴隷として売買されてきていた人と、区別がつかない低収入の生活を余儀なくされます。

そんななかで実質は続いていた奴隷制度からの逃亡を助ける組織、「地下鉄道」のことはメリアムの『シカゴ』にも出てきます。女性で初めてアメリカの二〇ドル紙幣に載ったハリエット・タブマンは、この援助組織の指導者でした。

メリアムの友人サンドバーグの詠う詩には当時のアメリカ、シカゴなどに暮らす移民たち、奴隷であっ

た人たちの生活と労働とその嘆きと怒りが色濃く映されています。

アメリカ社会の移民、奴隷の多くが味わった自分の手では払いのけられない幾多の屈辱感、惨めさは、社会の暗部です。さらにこの暗部、惨めさの矛盾に反発するエネルギーが、ある時は現状を呪い、疑い、反抗し最終的には国や社会を改変していく運動の原点になる場合もあるのです。

現在のわが国の教育では、社会から受ける差別から屈辱感をもち、嫉妬し呪うなどは否定されています。しかし今は否定されているこれらの性格の暗さを生かし、それを反発の意欲に変えることも、教育の大きな役割とはいえないでしょうか。

世の中で前進するために生かせないものはない、というのが私の信条ですね。屈辱感も惨めさも。この一念が私の背骨といえるでしょうか。

——和田さんが政治家になろうとして、苦しく暗い体験を反動として意欲に変えていった幼少のころからのお話をお聞かせ願えませんか。

屈辱感、惨めさが前進する私を作った

和田　私は一九四四年に台東区で生まれました。そして疎開先の母の実家で小学校一年の一学期まで過ごしました。山梨県大月市猿橋町朝日小沢です。有名な猿橋のある駅から歩いて四キロメートル、一時間入った小さな村でした。当時、男の子は丸坊主、ゴム草履で着物の子も珍しくない時代ですよ。

そこに、髪は坊ちゃん刈り、革のランドセル、革靴、制服姿で「ボク」などというものだから、下校時に待ち伏せされて苛《いじ》められましたね。帰り道で、ランドセルを小川に投げ込まれたりしました。父が当時、ヤミ屋をしていて手に入れたものでしょうね。小学校の昼食前に「箸とらば雨上時代の御恵君と親との恩

を味わえ、いただきます」と唱和してから食べ始めるのです。まだ戦時の雰囲気が残っていましたね。

その後東京にもどると、その裏返しが始まります。今度は村で「おらあ」などといって馴染んできたことが、笑われる材料になりました。たとえばこんなことがありました。一年生の二学期に転入してきたころのことです。私の家の隣に勉強のできる同級生がいました。わが家の日当たりのよい縁側で、一緒に本を読もうということで、「ここにのぼって」と言うと、やおら側にあるイチジクの木に登ろうとするのです。縁側を叩いて「ここ」と言っても木から降りてきません。

私の疎開先の山梨では、「上（あ）がる」ことを「のぼる」というのです。方言でしょうね。しかし、この単語しか知らない私は、何回も繰り返した記憶があります。彼にとっては、ふざけてからかっているつもりだったと思うのですが、当時の私は真剣でした。そのときの気持ちは、屈辱感、惨めさですね。ほかにも田舎育ちにとって、どうしていいか分からない場面に何回かぶつかりました。そんなことから弱い者いじめに反発する性格が、身に付いたのかもしれません。

大事なことは、反発が政治家を目指したきっかけになったと思われることですね。今は褒められ、褒めて教育するという表の教育だけが良いという、風潮があります。しかし場合によっては、叱られる、恥をかかされるといった陰の教育も子ども、大人にとっても必要な場合もあるということですよ。大袈裟にいえば、現実社会から受ける攻撃に対する免疫力、反発力とでもいいますかね。これも避けずに受け入れて、力にすることがあっていいと思いますね。

――お聞きした、ご自身の個人的な体験から次第に政治家志望になっていくわけでしょうが、家庭環境すなわち身近にいるご家族の影響は受けなかったのですか。また陰からの応援があったのでしょうか。


祖父の死後、一〇年。信じられないことが起こった

和田　そうですね。祖父は章瑞《しょうずい》といいます。これは僧侶の名前で、本名は藤一郎。真言宗の大律師の坊主で政治が好きな人でした。祖父は岸信介が好きで総選挙の開票結果を、ラジオを枕元に置いて夜中過ぎまで聞いていたのを記憶しています。私も一緒に生活していて、よく言い聞かされたのは、唾や痰は吐き出してはならない。飲み込むか紙などに取ること、授業は休まないこと、勉強は出来なくても座っていること、と言われましたね。いま考えると議員も同じです。議席がなければ、発言できないのです。発言の場が確保されていることがすべての始まりということでしょう。

中学では三年間皆勤でしたが、残念なことに皆勤賞はこの年から廃止になりました。高校は精勤賞をいただきました。話はそれますが、このときの習慣からでしょうか、区議会、都議会と無遅刻、無欠席でした。遅刻しないように習慣づけるようにして、いまでもそうしています。

私が中学進学のときに、祖父は区立の指定校の隣の学校に住民票を移動して越境入学させたのです。その理由が振るっていて、越境すれば同級生、同窓生が広がる、そうすれば選挙のときに力になるという考えだったのです。私が政治家になることを望んでいたのでしょうね。

祖父の素朴というか単純な考えで義務教育の学校選びから、私の政治参加の準備の歩みは始まりました。中学二年生、一四歳で政治家を目指そうと決意。後に引けないように、友人にも被選挙権が与えられる二五歳のすぐ後の二七歳の選挙に出ると公言していました。私の小学校の友人は「小学生のときにもそんなことを言っていたな」と言うのですが。

選挙を知ろうとして祖父と一緒に、近所の区議会議員や都議会議員の選挙事務所に行って、朝の掃除を中学校の登校前にすませることなどをして、選挙に馴染みました。幸いにも、事務所に出入りする人々に名前も顔も覚えてもらえました。

祖父は私が一八歳のときに亡くなりました。その九年後に私が北区議会議員に初当選して初登庁した日に、北区役所の正面のエレベーター前で掃除をする女性に声をかけられたのです。その女性は、「あなたの御祖父さんが、お彼岸、暮れの星まつりのときに来られてお経をあげてくださいました。御布施はもとよりなんのお礼も受けとらずに、何年間も。ただ孫の宗春が将来選挙に出るから、そのときに投票してくれればいい、とおっしゃっていました。お約束ですから、今回の選挙であなたに入れました」と言葉少なにおっしゃったのです。聞いた途端に頭を打たれて、気が遠くなった気がしました。祖父の九年越しの選挙〝買収〟です。

祖父が亡くなって九年たって、いつ何の選挙に立候補するか分からないのに、私に投票した女性の誠実さ、祖父の執念が痛いほどわかりました。人は信じなければいけないと心底思いました。改めてこの心を大切に、真面目な政治家としての道を歩もうと覚悟を固めました。

――誰でも人間形成については両親、家族からが一番影響を受けると思うのですが、和田さんの場合、お父さんは軍隊に行った世代ですよね。今考えて兵隊だったから、と思われる記憶はなにかありますか。例えば言葉づかいが乱暴だとか、すぐに殴るとか。

父と母の隠れた応援があった

和田　父藤一には、兵隊帰りにありがちといわれた、乱暴な言動はありませんでした。私は一九四四年生まれですから、物心のついた小学校に上がるころの印象ですが。ただお金の扱い、約束の時間は厳しくされました。友人とのお金の貸し借りはだめ、約束の時間の五分前主義を守る。ですから、私は今でも時計を一五分進めています。父は町内会の役員を引き受けたり、面倒見の良い人でした。全国のネクタイ縫製業協同組合の理事長をしていたころ、石原慎太郎環境庁長官（当時）の「夏のネクタイ不要論」に怒って、長官に苦情を言いに出かけたことがあります。
すぐ行動する人でした。その父が、後になってわかるのですが、祖父と同じようなことを私のためにやっていたのです。父は八〇歳過ぎまでずっとボーリングをしていて、ブームが最高潮のころにトップ選手だった人気女子プロボーラーの中山律子さんに勝ったとか言っていましたね。

区議に三期当選したころだったと思うのですが、出会った女性から、「和田さんはこんなに若かったかしら」と言われました。それは父がボーリングをするユニフォームの背中に、「わだむね春」と刺繍して投げていたからです。私には相談もなく、全く知りませんでした。家族ぐるみの選挙運動だったということが、いずれも後から分かったのです。

母、民子は、家族と住み込みの職人二〇人の食事、洗濯、世話のほか、自分も働いていました。洗濯機が買えたときの母の喜びようは、今でも覚えています。彼女は五〇代半ばまで自転車に乗れなかったのですが、私の街頭演説を追いかけて聞くために、父と朝早くに近くの広場で、手足から血を出して練習して乗れるようになったのです。いつも遠くで目立たぬようにして聞いていました。

このような家族や周りの愛情に支えられて、中学二年生のときから、自分も北区の区議会選挙に出ることを自然に考えるようになっていったのでしょう。

早稲田の一〇年間は苗床の一〇年だった

――ところで初当選されたときはまだ早稲田大学大学院政治学研究科の学生だったのですよね。大学の先生を終えてから知事、市長、議員になる人はいますが、学生と議員の二役を同時にというのはたしかに珍しいし、聞いたことがありません。その経緯をお話しいただけますか。

問題解決のための学問だった

和田　早稲田大学に一〇年間在学しました。第一商学部で商法、貿易英語、国際経済など政治とは関係ない科目をとりました。中学校から続いていた神保町の古本屋通いも続けていました。体育局ゴルフ部に入り体も鍛え、厳しい規則と礼儀を学びました。

競技時間に遅れれば失格、人の見ていない森の中でゴルフボールを打ちやすいところに動かすような破廉恥な行為も失格、自己申告への信頼が基本のゴルフは、税金の申告制度に似ていて、陰日向のない人格形成に役立ちました。

ところで話が少しずれますが、ゴルフにはゴルフ場利用税があります。国体種目になっていて、二〇二一年の東京オリンピックの競技種目でしたが、世界の主要国でゴルフに税金をかけているのは日本だけです。今、わが国でも主婦が自転車で駅前のゴルフ練習場に行くのも普通に目にします。大衆化しているのです。都議会で当時の石原知事に、地方税ですから無税にすべきと質問しました。

知事は「ゴルフをやる人は金持ちだから、税の軽減は必要ありません」とあっさりと答えました。「国体競技に税金をかけるのはおかしい」と言って食い下がり、東京オリンピックの正式種目になっていることを例にあげ、六五歳以上、一八歳以下は無税としました。利用税問題はのちに後藤田正晴代議士が、日本ゴルフ協会会長になって地方税法の改正を努力されたのですが、未だにゴルフ場が所在する都道府県が反対して実現していません。わが国はゴルフをスポーツと認めないスポーツ後進国です。(笑)

話を元に戻しますと、第一商学部を出てから教育学部に学士入学しました。ここでは服部弁之助教授の政治哲学を中心に学びました。教育が政治の核と思いました。

――政治家になる道にはいろいろあるでしょう。たとえば政党に入って活動するとか、政治家の秘書になるとか、政治に近づいてみなければ分からないでしょう。何しろ政界という世界は特別でしょうから。和田さんは中学二年で自分の進路を決められた。しかし変化のある経路を通って区議会議員になられたのでしょうから、その道筋をお話しください。それと結婚ですが。

深谷代議士、河野代議士を知る

和田　区議をしながらの大学院生のとき、のちに熊本県議会議員から衆議院議員となる岩下栄一さんと知り合い、彼によって台東区選出の深谷隆司都議、神奈川県の河野洋平代議士に近づきを得られるようになったのです。同時代の国会議員の河野さんは自民党のハト、石原慎太郎さんはタカと言われていました。のちに、石原さんとは都知事と都議会議長として関わることになります。当時、特に深谷都議との初対面の場面は忘れられません。

面会予定のその日の夜、約束の時間に台東区二本堤の御自宅に伺うと、多くのマスコミの関係者から取材されながら帰宅されました。

都の清掃局職員が、集めた段ボールを換金して分配していた問題を取り上げて美濃部亮吉知事（当時）を本会議で立ち往生させた後に、マスコミの取材を受けながら帰宅されたのです。このときに議員の質問の意味と力を学びましたね。取材陣を待たせて、先約だったわれわれとの面会を優先して、十分に時間を取って話を聞いてくださった、そのけじめのつけ方にも唸らされました。その後、選挙の方法も教わりました。毎週、月曜日、留守番電話を使って、「ダイヤル・レポート」という政治報告をされていました。私も区議の二〇年間続け、のちにまとめて『スキンシップ政治学』として本にしました。

深谷都議のお父様は満州からの引揚者で靴屋さん、私の父はネクタイ屋、深谷都議も二七歳で台東区議から議員生活を始められたという共通点があって、父親同士も仲良くさせていただきました。

結婚相手ですが、近所の四軒隣の家ぐるみで選挙を応援してくださった、後援会長のお嬢さんで、ボランティアで支えてくれた女性です。結婚のときの約束は、電話のベルは三回以上鳴らさない、消防署や警察署と同じ気持ちで対応して欲しいからです。

それから依頼されたことの前後で、挨拶やお礼の気持ちで持ってきた金品は絶対に受け取らない、ということでした。議員報酬をいただいていることと、政治に金品の授受は腐敗の元と思っていたからです。

こちらがその姿勢でもなかなかご理解いただけないので、後になって玄関の扉に書いて貼りました。この考えは「地方から政治風土を改革する会」を作る前提となりました。

結婚に際して河野洋平さんには仲人、深谷隆司さんと参議院議員（当時）の秦野章さんには主賓として出席をお願いしました。ネクタイに詳しかった父は、一九七五年当時、政治家でただ一人ネクタイの結び目にディンプルという窪みを作っていた河野さんをおしゃれな議員だと感心していました。

秦野さんは一九七一年の都知事選に出馬し四兆円ビジョンを訴えましたが、負けました。わが国の交番が防犯に優れているということから、世界に「ＫＯＢＡＮ」を広めたり、スクランブル交差点を実現したアイデアにあふれた政治家でした。ユーモラスな庶民的な方で、二七〇〇世帯の王子五丁目団地にポストがない、と申しますと、古いポストでよければと、二、三日でスーパー・マーケットの入り口に付けてくださった。

――早稲田にいた一〇年間は、政治の世界に本格的に入る準備期間ともいえる大切な時間でしたね。人とのめぐり逢いから、人生がトントン拍子に行くことも、狂うこともありますから。ところで当時、一九六〇年代、七〇年代はどこの大学でも学生運動が盛んな時代でしたでしょう。早稲田も学生が多いし、いろいろな考えの学生もいて……。

大学紛争と大学院生活から多くを学んだ

和田　そうでしたね。一九六七年には大学は閉鎖されていましたから、第一商学部の卒業試験はありませんでした。レポートでした。のちに『早稲田を揺るがした一五〇日』（現代書房）という本が出ました。体育会の立場で、革マル派に占拠された大学本部を奪回したこともあります。

そのとき、スクラムを組んでいて、革マル派の学生の投石で私の前の仲間の頭に石が当たり血が噴き出て昏倒した場面もありました。体育会の結束は固く、競争部の飯島秀雄さん（一九六四年東京五輪の陸上一〇〇メートル日本代表）、サッカー部の釜本邦茂さん（同五輪・一九六八年メキシコ五輪のサッカー日本代表でエースストライカー）、野球部の八木沢荘六さん（のちにプロ野球ロッテオリオンズのエース投手として活躍）などもいました。

先年、体育会同期の稲門三八会が卒業五〇周年の記念会を開催しました。推されて代表となり、稲門体育会会長の河野洋平さんにもお越しいただきました。

大学院は政治学研究科で、自治省（当時）事務次官を務めた荻田保先生の地方自治専修科に入りました。ここで学んだ自治論（「アジサイの花」）が新型コロナウイルスに対応の最中の二〇二〇年六月二二日の日本経済新聞の記事になって取り上げられました。

それは「地方財政はアジサイの花だ。全体が一つの大輪に見えるが、仔細にみればそれぞれ形の違うガクの集まりである。全体を見ると同時に一つ一つ事情が異なる地方団体も見なければならない」。ここでいう地方財政は地方行政と言い換えられる、と思います。

このことを荻田先生が自治省に入省してきた新人に持論として教えていたというのです。その意味を先生の後輩にあたる石原信雄元官房副長官は同記事で「制度を考える場合、その改革が各地にどんな影響をもたらすか、常に検証しながらやらなければならない」と解説しています。

われわれが五〇年前に荻田先生から、耳にタコができるほど教えられた「アジサイ論」がいま、改めて問われていることを考え、学問の真理の尊さに驚きましたよ。

この事例のように自治の現場と政治学の狭間で、政治、行政を鳥瞰し俯瞰できる環境にいることが、地方議員を務めながら学生でいる私に、どれほど勇気と余裕を与えてくれたか計り知れませんでした。

一九六八年には皇太子殿下（当時。現・上皇陛下）の御成婚記念として創設された総理府（当時。現・内閣府）の第一〇回日本青年海外派遣団のオセアニア班へ東京代表として参加しています。一カ月あまりの海外研修は、すべての意味で刺激となりました。このときにオーストラリアのメルボルン大学の図書館でメリアムの『シカゴ』を読んで、将来必ず翻訳しようと決意しました。

一九七二年にはニクソン（共和党）とマクガヴァン（民主党）が争った米国大統領選挙を、後藤一郎早大教授を団長にお願いして視察しました。アメリカ西部から東部へ移動して、政党支部を訪問したり町の声などを聴いたりしました。とにかく広い国土で、すべてに飛行機の利用を抜きには考えられない選挙でした。つくづく多民族の国と実感しました。

コロラド州のデンバーで、一九七六年に開催予定の冬季オリンピックについて賛否が住民投票にかけられていて、話題になっていました。自然環境破壊が理由でした。結局、反対多数で中止になり、オーストリアのインスブルックで行われることになりました。アメリカの地方自治の力を目の当たりにした経験です。また、民主党を支持する女優キャンデス・バーゲンと握手をしました。芸能人が自由に政党を応援するのを見て、日本の、国民が政治に近づかない傾向と随分と違う、と思いましたね。

自治省事務次官であった松浦功さんが参議院選挙に出馬されるときにも荻田先生の後輩ということで応

援しました。ゴルフ場利用税廃止でもご協力いただきました。荻田先生の人脈は大切にしました。

――早稲田大学の政治学といえば、吉村正教授、後藤一郎教授などが浮かびますが、和田さんは自治行政の方に進んだわけですね。政治家になるのに直結しますし。考えてみれば、間口の広い政治学ではなく、実務的な専門の行政を目指したのですね。

メリアムの研究者、内田満教授に激励される

和田　そこまで深慮遠謀した訳ではありませんが、結果は大満足でした。政治の対象となる行政の組み立て方、国民、政治家との関係なども十分に知りましたから。

大学院に入って二年経った一九七一年、北区議会議員となりました。私の修士論文は「都市圏の広域行政」でした。自治体へ行っての調査もあり、勉強時間が取れず、二年間で修士論文が出せませんでした。四年目に出したのですが、修士論文の面接官が、たまたまC・E・メリアムの著書もある、政治学の内田満教授でした。すでに私が現職の区議であり、メリアムの研究をしていることをご存じでした。内田教授は学問と政治家の両立に努力するように励ましてくださいました。嬉しかったですね。それから内田教授のメリアムに関係する本を読破しました。

大学院は時間がだいぶ自由になるのですが、学校と議会の双方に対応する頭の切り替えに慣れるまでは、随分と苦労しました。しかし政治学と政治の現場とを同時に経験できる貴重な時間を持てたことが、どれほど幸せだったことか。

早稲田に在籍した一〇年間で、実験室すなわち理論、原理の強さと弱さの双方を教育されました。そこで現実の議会という「ジャングル」での戦い、すなわち先の見通しのつかない不安や、根気強く現状に抵抗する気力の萎縮に打ち勝つ工夫を、自分なりに出来るようになりました。

理論、建前の「実験室」と現実の議会の隔たりがあまりにありすぎることに愕然としましたが、可能なことから風穴をあけようとして、改革という大袈裟なものでなく、現状を改善する程度から始めていこうと思いついたのです。

区議選出馬の覚悟を固めた

――子どもや若いときには、誰でも希望というか思いつきでは、大会社の社長になりたい、宇宙飛行士になりたいとかテレビ・タレントなどに憧れますよね。ですがそれを実現できる人は稀でしょう。頭で描いた夢を手にするのは並大抵のことではないでしょう。また途中であきらめることが自然ではないでしょうか。和田さんは迷いはなかったのですか。

立候補の決断は谷川俊太郎さんの詩だった

和田　はい、気持ちは固まっていました。北区立王子中学校二年生のときに、政治家を志しました。そのひとつの大きなきっかけと思われる出来事が、あったのです。学校の側に通称〝バタヤ部落〟と当時いわれていた、葭囲いの長屋が一〇軒ほどありました。そこに住む男の子Aくんが、同級生にいて仲良くなりました。

彼は体育の時間はよく見学していました。彼が見学すると女生徒の弁当がなくなるのです。誰が食べたのかは、教室のみんなは知っていました。先生も知っていたと思います。ところがあまりに頻繁に続くので、「誰だ、やったのは」と注意しました。思わず「僕です」と名乗っていました。先生も、「もうするなよ」と苦笑いしていました。すぐに、みんなが大笑いして終わったのです。空腹の辛さは疎開して経験していましたから、母に弁当を二個作ってもらい、しばらくは学校へ持っていきました。

それ以来、私のあだ名は「おかあちゃん」となり、面倒見の良い人間とされたのです。どこにいても隅っこに隠れるようにいる子どもや人がいます。そのような人のことが気になる性格です。自分で「隅っこ気になる症候群」と言ってきました。このA君の出来事から誰か困った人のためになろうと考えた結果が、区議会議員だったのです。

地方議会は特別のことがない限り解散はありません。中学二年生のときに、被選挙権が得られる二五歳を過ぎて最初の、区議会議員選挙に出ると決めました。一九七一年、二七歳のときになります。それから資金づくりが始まります。自転車通学にして隣駅にある高校までの定期代を貯めたり、父親のやっていた株式投資を内緒で始めました。一九七一年に立候補するときに神戸製鋼の株を売って三四万円つくりました。

日本経済新聞の一九五七年から連載が始まった「私の履歴書」を初回の「五島慶太」から今まで読み続けています。人間に関心がありました。大学院生のときから、社会と繋がるために、当時、東京都の所管であった青少年委員になりました。さらに公園の掃除、論語教室、スキー教室、海と山の教室など子どもたちと、一年中動き続けました。

立候補を公に声明したのが選挙の前年の一九七〇年一〇月ですから、運動期間は六カ月間しかありませんでした。翌年の四月が投票でした。

私が立候補すると決めた最後のきっかけは、愛読していた詩人の谷川俊太郎さんの詩だったのです。一九六五年に出た詩集『落首九十九』に「手紙を書こう」があります。そのなかで「手紙を書こう　区会議員に手紙を書こう　うらみつらみをならべてやろう」に続いて「手紙を書こう返事が来るまで手紙を書こう」と結ぶのです。私は執拗に返事が来るまで手紙を書く人々のうらみつらみを受け止める政治家になろ

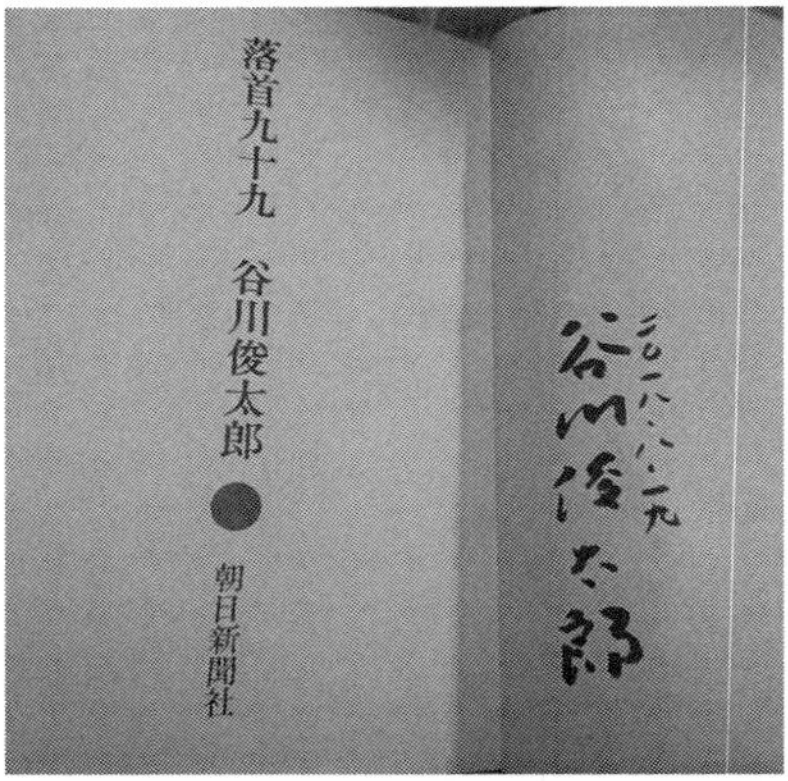

半世紀前の北区議選立候補決断のきっかけとなった『落首九十九』の著者・谷川俊太郎さんに半世紀後サインをいただく

う、と決めました。

谷川さんは面白い人で、一九五二年に『二十億光年の孤独』を書いており、私は初めてコスモス・宇宙をこの詩集で知ったのです。また六〇年安保改定に向けた岸政権の一九五八年の警察官職務執行法（警職法）改正に、石原慎太郎、武満徹、寺山修司などとともに反対しているのです。のちに保革の立場を異にする、若い世代の一員だったのです。

四八年経って約半世紀後の、二〇一八年の夏に、北軽井沢で谷川さんとお目にかかる機会があったときに顛末をお話ししました。谷川さんは「詩にもそんな効果があるんだ」とニコニコしていました。持って行った『落首九十九』にサインをしてくださり、たまたま同席された音楽家のご子息賢作さんに二女紀子と三人のスナップ・ショットを取っていただきました。

――ここまでは和田さんや家族、友人というわば狭い範囲の働きかけでした。しかし、数千人の投票を得るためには足りませんね。今までの個人すなわち点から面に、集団に広げるのを選挙戦というのでしょうから。これからが大変だったと思いますね。

名前を覚えてもらうための情宣活動に没頭した

和田　そうでした。さて、これも宣伝の一環だとして区役所の側の北区会館で、マスコミへの出馬会見をしました。もう後には引けません。それから、とにかく選挙まで、六カ月しかないのです。名前を覚えてもらうための活動を考えつきました。それはお金をかけない運動として町内の夜回りでした。拍子木を打って、「火の用心」と言い、夜一〇時から五〇分間、雨の日を除いて歩きました。後になって、和田さんの夜回りが通ったら受験勉強をやめて眠り、朝型に切りかえると言って、合格したご子息がいたと、その子のお母さんが話してくれました。私の回る時間が正確だったのでしょう。

思いついて大晦日の夜、近くの神社で紅白歌合戦の終わった後の初詣の人に、後援会機関紙を配りました。その年は七人でしたが、年々初詣の人が増えて並ぶようになり、一〇年過ぎたころからは消防署が、参拝者の人数を聞きに来るようになりました。二千人を超していましたね。午前二時半ごろまで人出があるのです。消防団も出て、神社総代がかがり火をたくようになりました。

日々の運動としては後援会ニュースを毎週だし、河原の土手で演説、声の訓練もしました。徳川無声さんの『話術』も読みました。お金のかからない弁論を磨こうとしたのです。

支持拡大の運動は、地域の理解ある御年輩もさることながら、とりわけ兄弟と妹の四人がそれぞれ友人、知人に働きかけをしてくれました。岩淵町の大満寺住職の内田永明さんには後援会連絡所のステッカーを揮毫していただきました。

立教大学の学生だった高橋雅博さんは七日間の選挙中、泊まり込みで私の側に常にいてくれました。私が家庭教師をした野崎均さん、彼のお姉さんの多恵子さん、小学校からの友人佐々木義昭さん、電気や印刷に詳しかった高橋敏夫さん、近所の早津竹雄さん・姉のみや子さん、三平たか子さん、吉田正美さん、選挙で知り合って結婚した小林康孝さんと二瓶孝子さん、高校の後輩志垣恵子さん・夫の邦治さん、星野寛子さん、長兄の藤樹、次兄の武彦、のちに区議会議員となる弟の良秋、妹のみゆきなど二〇代前半の力がスクラムを組み、同窓会名簿などをもとに面談して運動を繋げていったのです。さらにその親たちが、子どもに引きずられて、支持をしてくれるといった感じの選挙でした。

選挙の情勢といえば、同じ町会に現職の自民党の国会議員でそれもベテランの浜野清吾代議士の運送会社がありました。加えて同じ町会から前回の区議選では次点だった自民党の人が再挑戦しようとしていて、私の前に高い砦が立ち塞がっているような感じでした。町会は次点だった人で固まっていました。無所属の新人が出馬ということですから町は、大騒ぎだったのです。

政治の土着体質に挑んだ

――前回、次点で落選した人は今度こその闘志、少し離れた人も同情するでしょうから、よく前回次点者は次点バネで当選するといわれます。もう体制が出来上がっている町会、自民党といういわゆる世間を相手にしたわけですね。圧力は感じなかったのですか。

ひたすら街頭で訴える選挙だった

和田　私本人は何も感じませんでした。ですが、私を応援してくださった何人かは、気まずい思いをされました。「荒川を越えていって、足立区へ住め」、と言われた後援者もいました。まだ古い村八分といった風土があったのです。さきほども申し上げたように理解ある年配の方々に対して、当選しなければ、このような人たちの勇気に応えられず、柔らかい自由な社会が作れないと思いましたね。そういった状況のなか、無所属で立候補して、二九一七票をいただき、定数五二人中三四番という結果で当選できました。

無所属という立場であったことが、自由な議員活動を保障してくれた恩寵と感謝しました。当時、一般的に政治に関わるのは年寄りという風潮があったのですね。そんななかで、選挙戦に珍しい若い運動員が多かったことが強みだったのでしょう。

それに加えて、一九六一年にアメリカで四三歳のケネディが大統領就任、一九六八年、石原慎太郎さんが三〇〇万票を取って参議院（全国区＝当時）に当選するなど若い人々の政治への関心が高まってきた時期でした。私と同じ選挙に二五歳の候補者が二人出ていましたから。

選挙が終わって、得票数が、自分たちの予想よりも多かったので、どなたが投票してくださったかいろいろと考えました。そこで当選後、不特定多数の人々に訴えるために、毎週日曜日に街頭に出て訴えようと思いつきました。一週間にやったことなどの政治報告や自分の政策など、報告、演説をするようにしました。決まった時刻に決まった場所、八カ所で一カ所あたり一〇分間程度です。

一カ月ぐらい経って、演説を終えて挨拶に行くとお茶屋さん、花屋さんではお茶を出してくれたのです。レコード店では宣伝用の外に流している音声を止めてくださったり、温かいご協力をいただくようになったのです。

言葉にならない感謝の心が湧いたことは今でも忘れられません。自転車とのぼりとハンド・マイクというスタイルでこれを都議でも続けました。

――若い和田さんが初めての選挙で訴えられたのは、若さや世代交代ですか。地域の政策などですか。現職ではないので何も実績がないわけですよね。新人候補は誰でも、当選できるかという未知の不安を抱え、有権者も候補者の人柄、能力を知らない不確実さをもっているわけですよね。要するに、有権者も候補者も双方が、相手を信じるところから始まる、ということですか。

若さより新しさ、地域課題に着目した

和田　世代交代は主張しませんでした。旧世代が必ずしも障害で、抵抗するとは短絡できませんでしたから。若いことは見れば分かるので、新しい力という訴えを重点的にしました。運動期間という機会を通じて、有権者に政策、人柄を知ってもらうために、体力を含めて自己表現しようとしましたね。

実現したい課題は細かく訴えました。五〇メートルごとに、前もって調べておいた、北区全体とその地域の改善策を説明しました。当時は一九六四年の東京オリンピックに向けた巨大投資が、東京を中心に引き続きなされてきていました。たとえば、東名高速道路建設などの建設ブームといわれる現象が、オリンピックの後も長く続きましたね。

しかし、東京でも都心の千代田区、港区などのいわゆる税収の多い中心区には恩恵はありましたが、北区などの周辺区は急増する住民のために共働きの家庭が増えて保育園不足がいわれ、ポストの数ほど造れという保護者の声があったり、いわゆる行政需要は高まってきていたのです。

福祉政策、中小企業対策はもとより、台風が来ると床上まで冠水し、水洗化されないトイレなど未整備な下水道事業など社会資本は貧困でした。ゴミ焼却場事業が都から区へ移管され、ごみの自区内処理のための焼却場建設の反対、分別収集の開始などその苦情が多かったですね。

北区でも、志茂町の清掃工場建設反対で高い煙突の上に立てこもって、「煙突男」といわれた人が出たくらいです。美濃部都政の下で住民運動が盛んでした。清掃事業が都から区などへ移管される騒ぎの最中でした。このときに改めて学んだのは、将来から現在を想像しての政治、行政を考える逆転の発想ということです。日常生活でも、トイレなど廃棄物処理から考えるということです

――「ゴミ戦争」などという物騒な言葉が日常生活に入ってきたころですね。しかし長く経済成長を続ける体力が日本にはなかった。生活が多様化し、消費が伸び資産が伴って成長してきました。国も輸出が順調、外貨が蓄積されるようになって順調そうに見えたのです。ですが生産、消費の後の廃棄にまで政策がおよんでいなかったわけですね。国も地方も。

３Ｋ問題の住民運動を通じて民意を動かした

和田　私の区議選があった一九七一年には、先にいわれた江東区と杉並区のゴミ戦争という、収集車を止める騒ぎもあったくらいに、民主主義のあり方が話題になったころです。一九五六年、都はゴミをまだ焼却せずに、東京湾の埋め立てに使っていたころに清掃工場建設一〇カ年計画を制定しています。しかし、現実には順調にはいかず、埋め立てが続いていました。二三区から江東区へ一日五千台の運搬車が出入りして、交通公害などの問題が起きていたのです。構造的、人的に膨張する東京都に対して、都民の求める行政需要がそれを上回る膨張ぶりで、廃棄物処理の都市問題が発生したのです。政治も人生も終末から思考すること、結果を予測して、あらかじめ原因を除去する発想が政治の要と理解しました。いまでも確信しています。

成長の陰に増殖していた負の財産です。「住民が反対すれば橋は作らない、加えて、住民は泳いで渡ればいい」という革命家フランツ・ファノンの橋の論理を美濃部都知事が引用したりしましたから。世論の混乱は増幅されました。

住民参加がいわれ始めた時代です。美濃部都知事の支持を表す青空バッジが人気だったこともあります。美濃部都知事の都政に残した功績をあげれば、都民が自由に都政に参加し、その傾向が市区町村の政治にも広がって、意見を言い始めたことでしょう。いまは当たり前になった住民参加ですね。

私の初めての選挙では、地域で問題になっている、私が名づけた〝３Ｋ問題〟を取り上げました。のちに詳しく触れることになる「神谷堀を埋め立てて緑の広場にする」運動の神谷堀のＫ、小学校から二〇〇メートルしか離れていない、鹿島建設の四六〇〇平方メートルの土地に三〇階の独身社員向けの高層ビル建設に反対する運動の鹿島建設のＫ、神谷第二小学校の敷地拡大運動の神谷第二小学校のＫ、この三つの運動の頭文字から3K問題と呼びました。それぞれ環境、教育など都市問題の典型ととらえて訴えました。

のちに議員となってからの、私の激しい議会での質問、住民の反対の声がまとまって、鹿島建設問題は風害、日照問題の無い鹿島出版の二階建て書庫と図書館付きの区民施設になっています。

のちに触れる神谷堀も鹿島も住民運動がきっかけで成功したのです。住民運動の効用は、住民が町のあり方に目を向けるきっかけとなったことで、大事なことでした。神谷第二小学校は一九九五年に閉校になりました。

初当選で全国最年少で学生の交通対策特別委員長に推される

――一九七一年に大学院生で初当選したのが四月で、委員長就任が五月ですよね。あいだが一カ月ありません。当選のあわただしさと委員長就任とが重なるわけです。短期決戦の選挙とはいえ大仕事です。それに交通対策特別委員長で東北・上越新幹線を扱い、反対を掲げるわけですから議会の意見集約が大変と想像します。それにしても北区議会はよく新人の和田さんに委員長を任せましたね。またよく和田さんが受けましたね。自信があったのですか。

冷静に委員長職に打ち込もうと思った

和田　たしかに地方議員になる人の経歴を見ると、多くは地域に関係のある人で、経験豊かな年配者です。大学院に通っている学生が立候補しそれも当選したので、新聞などでニュースになりました。北区では最年少、全国でも学生の政治家で委員長は珍しいと報道されました。立候補するときは無党派、無所属でした。どこの政党、政治団体にも属していませんでしたから、一人で議会活動をするつもりでした。
当選後の初めての議会前に民社党（当時）、自民党員、無所属の七人で、区民クラブを作りました。のちに三人で会派をつくることになる文房具屋で地主の高木昇作さん、区長になった花川与惣太さんもいました。全員が年上で現職がほとんどでしたが、協力していただきました。

四月の選挙後、五月の初議会で新しい議長選任をはじめすべて新しい委員会構成となりました。たまま、想像もしていない交通対策特別委員長に選ばれたのです。手続きは議会内の役職交渉委員会が開かれて、会派ごとに希望の役職を出し合います。そこで配分されるのです。そして要求した会派内で人選するのですが、大きな事案の場合は、他の会派からもその人物で大丈夫かという干渉がされることもあります。

議員経験がないのですから、正直言って私自身も驚きました。当選してわずかに一カ月というときです。まだ区役所の構造も、部署も、もちろん部長、課長、係長の名前も顔も覚えていないときですよ。

ですが当時、東北・上越新幹線が北区を縦断する問題で、区内では賛否両論が渦巻いて混乱していて、対応に躊躇出来ないところに来ていたのです。

――そのような状況下で、どこの会派も渦中の栗を拾おうとはしなかったのでしょうか。

和田　各会派のあつまる運営委員会で、議員経験のない新人の委員長ということで収めたようです。さて、議会そして会派から推薦された私は、自分でも驚くほどに冷静に受け入れました。多くの人々の力で議員になれたのですから、動揺することはなかったですね。そして新幹線に反対の共産党から、積極的に賛成とはいえない微妙な政権党の自民党までを一本にまとめて運動体をつくるためには、どんな方策があるか熟慮しました。これには時間を割きましたね。

――全員協議会の取り扱い、名札で議員、議会の意識を変えることも大切ですが、国政とも関係する新幹線問題の委員長となると目の前に大きな岩が転がってきたようなものですよね、どう受け止めましたか。よく北区議会も新幹線を扱う交通対策特別委員長に、新人を充てたものですね。和田さんもドギマギしませんでしたか。

東北・上越新幹線問題を条件闘争にすると決めた

和田　まったく動揺とか、戸惑いはなかったです。生来が鈍感なのでしょう。（笑）

当時、すでに東海道新幹線もあり、新幹線の利便性も経済効果も住民は知っていました。問題は新幹線による造成時の自然破壊、電波障害、振動などの公害が住民の不安材料でした。その現場を住民も参加して、議会が視察したりして学習しました。

もちろん当時の国鉄（現・ＪＲ）にも運輸省にも行ったのです。その間に北区の町会・自治会連合会、商店街連合会、小、中学校ＰＴＡ連合会、労働組合など区内の団体組織の声をもれの無いように聞いて回ったのです。そして運動方針は「東北・上越新幹線の現在計画反対」でまとまりました。すべての団体が、それぞれの自分たちの考える現在計画への反対を担保出来るものと判断しての結論でしたね。今考えると「現在計画」という措辞が、それぞれの立場の人々の想いを含んだ解釈が可能なものであったからだ、といえます。

それまでは国鉄が京浜東北線、高崎線などで北区を東西に分断してきたために、緊急車輛が踏切で待たされる不便があったのです。踏み切り問題の解消が、北区の長年の要望だったのです。全国の大都市のどこにでも見られる、開かずの踏切です。区内に三、四カ所もあったのですよ。その解消を中心にした条件闘争としたのです。新幹線建設のこの機会を逸すると、全国によく見られる道路、鉄道が地域を東西に分断してきた難問を、北区レベルで解決する絶好の機会は永久に来ない、と判断しての条件闘争だったのです。

――新幹線の評価も政党、企業、個人でさまざまな違いがありますから、絶対反対の動きもあったのではないでしょうか。一九七〇年代は東京オリンピックの成功もあって国も、東京都も上昇志向で勢いに乗っていた時代ですよね。それの反動も考えられますし……。

積年の北区の東西分断を解決した

和田　いや、条件闘争の判断は私だけではなく議員、区の理事者、自治会、町会などの住民組織の大方の合意です。新幹線の時間—距離の利点すなわち一定の距離を新幹線で時間短縮できるプラスですね。それと自然破壊、環境問題のマイナスの衡量で判断するほかありません。とにかく国鉄への不満は長年のものだったのです。

それまではラッシュ時にあたると北区を東西に分断した遮断機がほんの十数秒で閉まるという具合で、救急車、パトカーなどの緊急車輛は遠回りをすることにもなっていたのですよ。国鉄の軌道が区民の生命、財産を脅かす存在でしたから。また新幹線の高架下を、消防団の器具置き場や団員詰所などにも提供させたのです。

議員一年目の委員長経験で、案件に賛成の会派にも反対の会派にも、平等に対応することの大切さを学びました。その後の議会対応に勉強になりました。

何より結論を急がずに、議論百出を歓迎することで、不思議なことに結論が早く求められるという、逆説が通ずるということも知りました。目からうろこでしたね。逆は真なりですよ。

さらに「現在計画反対」という表現技術が、問題解決のカギを握る場面もあると痛感したのです。これは政治宣伝の話になりますが、弁論で説得をするときや文章にするときに書く、言葉の選択の重要性を学びました。

たまたま同じ新幹線問題でご苦労されていて、埼玉県戸田市議会議長を経験された、小林平同市市議には交渉の駆け引きなどを教わり大変参考になりました。小林市議からは、岩手県沢内村が一九六〇年より六〇歳以上の高齢者の医療費無料、翌六一年には六五歳以上、乳幼児の国保保険料無料を打ち出し、国からの訴えを受ける覚悟で実施していることの視察を勧められ、地方自治体の重要性を知りました。ご子息の茂樹さんには選挙の指導をいただきました。

慣例を疑い議会運営を手直しした

——区議会議員になって進められた3K問題などは、それまでの住民運動を生かして、成功した大きな実績といえましょう。自分の政策だけでなく、住民の声、願いに着目したわけですね。一方で地方議会である北区議会の世界、雰囲気は大学院生として外から予想していたものと違っていましたか。

本会議前に予行演習があった

和田　大いに違っていましたね。まず区役所に行って驚いたのは、公務員の多さですね。行政は人、という時代でしたから。区役所の近くの喫茶店には昼休みでもないのにくつろいでいる職員がいつもいました。ですから公務員の正しいあり方や地方自治法、行政法などとは縁の薄い、また知らなくてもすんでいた時代だったのです。議員職も町会長や経験者など、世話焼き活動の延長程度と思っている人が多かったようです。

本会議場にある議員の名札には名前が書かれていないで、三二番とかいう番号だけだったのです。まるで囚人のようでしょう。人権問題ですよね。名前と番号を併記させました。

地方自治体にとっての憲法というべき地方自治法は、一年に四回本会議を開くように求めています。今でもそうですが、首長は本会議に入る前に同じ議案を議会の各会派に示して議事進行の、予行演習のような会議を持つのです。それを全員協議会と呼んでいます。区長を中心とする助役や部長は全員協議会で、議会の様子を見て議案に対する議会の対応を考えるのです。

問題は二つありました。一つは全員協議会の議事録が残されていなかったことです。後で住民などが検証できません。要するに、非公式な本会議もどきの打ち合わせの会議であるから、残さないともいえます。

議案はこの全員協議会に出される前に、あらかじめ首長を支持するいわゆる多数の与党には、事前に打診されていることが普通です。ここで了解されると、よほどでない限り修正はあり得ません。荒ごなしをされた議案は、本会議などに提出されます。非公式の全員協議会で事前了解のようになり、公式の議会が形骸化することになります。このように全員協議会は、議会と行政の緊張感の喪失になります。そこで全員協議会はあくまで理解を深める機会であって、事前了解ではないという意識改革を求めました。

――民主主義はある意味で後世に議事録という公文書の「記録」、エビデンス・証拠を残し検証できるようにしておくことが要諦です。その公の発言記録を残さない会議をするとは考えられませんね。それまで誰も疑問を持たなかったのでしょうか。

全員協議会などの費用弁償を廃止した

和田　このような状態が続いてきて、北区民が後から調べようとしても発言記録がないのですから有耶無耶ということになります。

二つ目の問題はそれまであった全員協議会などの費用弁償と昼食、夕食などの公費負担です。本会議は大体、午後一時からですが、全員協議会は午前一〇時から始まります。全員協議会は本会議の予行演習のような、非公式な打ち合わせ会なのに、一回出席すると一二〇〇円が支給されていました。当時区議は五二人いましたから、多額です。長引けば夜食も公費から出されていました。

私は実力行使に出て、違法な費用弁償と食事なので受け取らないし食べない、と異議を唱え続けたのです。いつまでも埒があきませんから、荒療治でしたが、自治省（当時）に問い合わせをしました。自治省はもちろん違法と答えました。議長にその旨を報告して、即刻、止めさせました。（笑）

一九七〇年代の地方議会は、地方自治法や議会運営規則などを読み込んでいる議員はあまりいなかったようです。

――理屈の多い議員がやってきて、あれこれ指摘するわけですから、それまで何事もなく進めてきて、慣行に沿った議会運営に慣れてきたベテラン議員や役人にすれば、和田さんは異端な存在だったでしょうね。いろいろと中傷などもあったのではないですか。

条例、法律に基づく議会運営を実践させた

和田　あったようですね。ですが私の耳には入りませんでしたが。区長も議会もそれまでの因習で安定していた議会運営に、何かというと法令、規則を出してくる和田を扱いかねたでしょうね。あるところまでは、私は原則、原理で押し通しましたから。生意気な新人議員と思っても、慣行が法律、条例に勝てるわけがありません。

あの学生議員は理屈っぽい、という印象が役人に広がり、情に訴えても、人間関係で攻めても攻略できないとなりました。反面で若手の役人が進んで改善策を提案してくるようになりましたね。大きく区役所の雰囲気が変わり、風通しが良くなってきたという話が広がりました。

どこの自治体でもあり得る、メリアムのいう「実験室の政治（科学）」で「ジャングルの政治」を改善したささやかな例です。これで私は自信をもちましたが。

何よりも区役所の財産となったのは若い役人が、上司の顔色を見ながら古いやり方で仕事をしなくなっ

たことでしょう。さらに役人の中に法律、規則、条例などを研究するグループが自発的に出来たりして活気づいてきました。

一方で私には、法律規則を持ち出す小うるさく、融通の利かない議員という陰口が、議会や役所の幹部からは聞かれるようになってしまったのです。光栄でした。

――当時、北区にとって大きな政治課題となっていた東北・上越新幹線の「現在計画反対」に委員長として携わって、運動をまとめ上げたわけですね。ご苦労でしたね。この経験がのちの和田さんの政治活動に、大きく影響を与えたであろうことは、想像できます。幸運というか、偶然というか一期の一年目という機会です。ご自分で、運命のようなものを感じませんでしたか。ほかに住民の要望を行政に繋げて成果を出された事例がありますか。

議員特権の質問権を駆使した

和田　本人としては、運命は感じませんが、真面目にやらなければと、再確認しました。初当選した、政治学を専門に学ぶ大学院生の眼から見ると、政治の世界は慣習の世界そのものです。めだつ因習、旧弊の塊でもありました。

抵抗もありました。ときには記録に残る公式の場すなわち、委員会や本会議で議員の権利である質問を根気強く繰り返すことで、成果を得ることがあったのです。自分の政治発言を永久に残る議会議事録に残すことが議員の存在価値そのものといえます。

一つ例をあげましょう。現在、埼玉県と東急目黒線をつないで利用されている東京メトロ南北線が開通するにいたる話です。さきに申し上げた３Ｋ問題の一つです。

大手製紙会社が神谷堀と呼ばれている専用運河を使って、材料の搬出入をしていました。その工場が地方に移転して運河の管理をしなくなったのです。すると上流から豚の死骸、机、畳、ゴミなどが流れ込んできて水面を覆い、悪臭が出ます。付近の住民は、非衛生で景観も良くないとして、埋め立てて緑の公園にしてほしいという住民運動を考えました。そして区議会へ請願活動をおこしたのです。必要な紹介議員は私です。

――議会でどのような手法、やり方で実現したのですか。議会は数ともいいます。その数を増やすことに各政党は腐心するのではないですか。和田さんの所属する会派は五二人の北区議のうち七人、それも無所属の人が多いというのですから、そんなに力があったのですか。

区長は共産党より酷いと攻撃してきた

和田　はい、たしかに多数決という原則はあります。しかし多数決をする前に、議論があります。議会に出る、議員になるということは、質問する公の権利すなわち議論をする権利を獲得するためと考えています。わが国の官僚、地方官僚は、聖徳太子の官位十二階の時代から職分の何たるかを鍛えられています。自分の持ち場に対する倫理観、責任感を持っていますから、そこに訴えて、あちらこちらから論理を積み上げていけば、解決の糸口は見つかるものです。

そして役所で接触して情報を取るのは係長からです。課長以上は質問の答弁などで議員との接触も多く、本音を出しにくいのです。係長であれば若く、議会に繋がらない立場で、意見を聞き出しやすいのです。

さらに現職の議員であればこそ使える質問の権利、すなわち質問権をもつことが、私の議会で働く戦略の基本です。

一年に四回ある本会議に四回連続で、この堀の埋め立てと公園としての緑化を要求しました。当時の東京都の特別区の区長は議会で区議会議員によって選任されていました。区議会の多数をとって、自分を支持する与党の提案だけを取り入れていれば、次も議会から選任されるわけです。

　私は無所属で、そのときの小林正千代区長を支持する与党でも野党でもない、区民の求める政策で態度を決める方針をとっていました。区長はのらりくらりと、定まらない答弁を続けました。

　四度目の質問を終えて、控室に帰る途中に、区長が階段の陰で待ち伏せしていて、「和田議員は共産党より酷い」と怒鳴る始末でした。（笑）　それでも最後は根負けして、結局、埋め立てが行われて公園となったのです。

　神谷堀公園と命名されたその地下は、のちに一九九一年に王子神谷駅から赤羽岩淵駅まで部分開通した南北線の車庫となりました。南北線はいま、埼玉高速鉄道線の浦和美園から東京を経て、神奈川県日吉方面に繋がる東急目黒線・東横線との直通運転まで発展しています。埼玉県側では岩槻、蓮田までの延伸を希望しています。交通過疎の地域に喜ばれているわけです。

　埋め立てていなければ、堀は残り、地下鉄は車庫用地探しから始めなければなりませんでした。途方もなく時間がかかったはずです。議員の特権である質問権を駆使して、神谷堀の悪臭の除去、公園建設、公園地下を活用する首都圏の交通網整備などの課題を一気に解決した事例です。

　議員の質問には、住民の願いを実現できる力を籠めることが出来るということです。極論すれば議員は質問する権利を持つために選挙に出て当選を目指すのです。

　区長に「共産党より酷い」と言われた私ですが、共産党の議員が、歳費の値上げに反対しながらも、区議会が多数で決めると受け取り、自分たちの子どもの保育園使用料値上げには反対して、多数で決めても納入しないのは矛盾しているとして、神谷小学校体育館での公開討論会を要求しました。超満員でしたが、彼らは来ませんでした。私にとっては小林区長も、共産党も、矛盾があれば正していく相手だったのです。

懸案問題解決委員長と言われた

――交通対策特別委員長を経験されてから、北区内の政治課題、それまで手付かずの遅れていた、街づくりの懸案問題と取り組むわけでしょうが、北区議会議員ですから、北区全体の問題や課題を処理するわけですね。自分の住んでいる町会や自治会だけを代表するのではなく、区内の公平な開発、環境整備とか区民福祉の充実のための働きが役目ですから大変でしたね。

二度の建設委員長で赤羽駅西口再開発、首都高王子線の都市計画決定をした

和田　当時、私が区議になった一九七〇年代の北区はおおよそ一三万世帯、人口三八万人でしたが、世帯、人口ともそれぞれ増加する傾向にありました。

財政規模は一般会計予算額で約九九億円で、住民は最も多いときで約四三万人でした。区民人口は四三万人から減りつづけて、二〇年後の私が区議を辞めるときには約三五万人、一般会計予算額は約一一二〇億円でした。地方公共団体の行政需要はどんどん膨張していきました。幼児保育、青少年教育、公道の舗装や防犯灯の設置、区立幼稚園・保育所入園、生活保護の申請、中小企業の融資、保健衛生など、区民に関わる命、暮らし、働きの身近な問題はほとんど地方行政が担い、地方政治が寄り添うわけです。

議員で町会長、自治会長を兼ねている人も目立ちましたね。要するに町の世話人的な議員といえます。これも大切です、自治の基本ですから。

私は望遠鏡と顕微鏡にたとえるのです。自分の身の回りから問題、課題を導き出す顕微鏡、北区あるいは東京都を見渡した幅の広い視点で問題などを摘出する望遠鏡です。これらの均衡ある使い分けです。ときには世界という望遠鏡も使って。ある意味ではそれぞれが議員の代理的、代表的役割といえるかもしれ

ません。

私が北区の地域課題に関わる際の姿勢は、区内の生活環境の格差をなくし、住んでいる誇りを育てていくことでした。親子何代も住んでいた人も、今年暮らし始めた人も同じ、自分の町を愛する郷土愛を育成することですね。

一九八一年に一回目の建設委員長で取り組んだ、大きな都市改造は、地元では東京の北の玄関口といわれた赤羽駅西口の再開発です。都市整備公団が手がけました。第一街区〇・八ヘクタールの面積です。のちに、一九八六年に第二街区、二・六ヘクタールが都市計画決定される先駆けとなりました。

――戦後復興という側面もあったでしょうから、営業などの各種既得権、借地・借家権などが複雑に入り組んでいる未整備な状況でしょう。四〇年前ですから、治安も不安定な時代です。再開発の賛否が表面に出る権利変換が、再開発の成否を握るわけです。反対する人々も必死ですから、激しい働きかけが……。

妻は娘たちの通学路の安全を心配した

和田　はい、予想以上の反発がありました。

かつて赤羽駅は京浜東北線といわゆる赤羽―池袋線の乗り換え駅で便利でした。その後、戦後の町づくり、再開発が遅れたために都内の主要駅にもかかわらず賑やかさがありませんでした。商店街も住民も北区も再開発を考えていたのですが、土地、家屋の権利関係が複雑に錯綜しているなどのことから手を付けられませんでした。それまで、戦後の土地、家屋の諸権利が錯綜したままに放置された地域でした。それを整理しなければ、都市計画の決定はできません。自宅に脅しや恨みの電話がありました。

電車通学していた、二人の娘の登下校には、妻が気を使っていたようです。区議時代には、どういうわけか困難な課題のたびに委員長になるのです。

二回目の建設委員長では一九八六年に首都高中央環状王子線の都市計画決定をしました。区役所の廊下を埋め尽くす反対住民が詰めかけました。

反対する議員の声を充分に聴くために、決定するまでに日付が変わる深夜になり、区役所の側の王子神社に機動隊が待機している、という噂も委員会の途中で耳打ちされました。都の関係部局の幹部も傍聴にきていました。この幹部からは、都議会議員になってからお礼を言われました。

——建設、交通問題は規模が大きいので町に影響を与えます。それだけに賛否が分かれるわけです。住民の人生を左右します。民意を汲みつつ地域の社会資本を充実するというか、暮らしやすさなどを追求していくことは矛盾することもありますよね。それだけに悩ましいと思います。他に取り組まれた、地域の課題はありませんでしたか。

都市ガス導入、区歌、保父の採用や中小企業退職金等共済制度を実現した

和田　さらに申し上げれば、現代社会の生活の利便さを追求していくと、燃料問題にぶつかります。薪から練炭、プロパンガスから都市ガスへの切り替えです。

北区と板橋区の境に浮間地区があります。一九七〇年代当時、都営住宅を別にして、一千軒ぐらいの町でした。新河岸川が流れ、北区のほかの地域と浮間橋でつながります。高校時代に浮間の友人宅を訪ねると、家の裏側にプロパンガスのボンベがありました。各家庭が同じです。ほかの区内地域はすでに都市ガスでした。区内でも生活環境整備が遅れているな、と思いました。

区議になり議会で同地区への都市ガス導入を取り上げました。区は新河岸川があるためにガス管は通せません、というのです。

それでは浮間橋に抱かせる形で通せないか、東京ガスと検討すべきである、と提案しました。見事にこ

の提案は実り、遅れていた浮間地域に都市ガス導入が出来ました。プロパンガスで商売をしてきた燃料業者からは、苦情が来ましたね。

生活の改善には、それまでの既得権をもっている人もいて痛みが伴います。政治家の辛い宿命です。新しく北区に住み始めた人も自分の生活とともに、まちにも愛着を持っていただくためにいろいろな提案を区長にしました。

まず「北区の歌」の選定です。いまは区の行事等で、体操と併せて区民が楽しんでいます。自分たちの生活する町、ふるさとを大切にしてアイデンティティを意識していかなければならないという思いからでした。

保父さんについては保母さんと併用できるように選択肢を増やせるようにしました。保育園にも父親の存在を感じられる、男性の保父がいていいという理屈ですよ。

さらに北区は中小零細企業の町で、一人、夫婦、二、三人で夜遅くまで働き、労働基準監督署が驚く労働環境でした。各零細企業では手を出せない退職金、労務、慰安施設などの福利共済を応援しようとして、北区も関与してそれらを充実したのです。

社会体育の面では、無駄遣いの防止と施設の有効活用の観点から、区内で一番広い校庭、二万平方メートルをもつ十条中学校に区内で初めてナイター設備を付けました、周囲が私立大学、公営住宅で、光害もなく、住民も賛同したからです。さらに年に一、二回しか使用しない公認陸上競技場（トラック）を、自由に使えてサッカーもできる運動場にしました。毎年霜後の手当として二〇〇万円も予算がかかっていましたから。いまではそれぞれ学校、地域社会で歓迎されています。

二三区の区長公選を復活した

——国際都市・東京都という言い方は、他の自治体と比べて政治、経済、教育、文化、福祉などすべてが進んでいるように聞こえます。地方の若者が憧れる都市という印象はまだありますから。しかし、日本の首都東京というつま先立ちした虚栄、見栄のある都市であることも認めなければなりません。教育、福祉、営業など問題は多数あります。長い間東京二三区に限って制約されてきた区長の公選について、和田さんが取り組んできた経緯についてお話しいただけませんか。

二三区区民とともに奪権した

和田　はい、東京二三区の住民が、区長を直接選挙する自治権を回復した話になります。具体的には一九七五年に特別区の区長公選制を復活したことです。

経緯からしますと、戦後改革の一環で一九四七年に地方自治法が区長公選制を定めています。しかし一九五二年に特別区は都の内部団体という位置づけから公選制が廃止されました。それからは議会の議決すなわち区議の本会議での投票で区長が決まってきました。区民からすれば自分たちが選んだ議員の投票ですから、間接選挙だったのです。これを元の住民の直接投票に戻したのです。

全国の市区町村で首長を選ぶのに、特別区以外の住民は首長を投票で選べるのです。しかし、特別区に限って、首長を議員が選ぶとする地方自治法は改正すべきとして、活動しました。

私は、初当選以来、この特別区制度調査特別委員会の委員を続けていました。一九七四年には北区の委員長に就任して、二三区の委員長会で、国が重い腰を上げなければ、区民が投票した結果を議会が尊重、あるいは参考にして投票する、準公選の運動を起こすべきであると主張しました。

大田区、品川区も同調しました。新聞なども取り上げて、東京都の特別区の区民だけ区長の投票権がないのは差別であるという輿論が高まりましたね。

そのために北区では、準公選条例の議論までしたのです。首都東京は首都という体面のために、特別区である二三区は一体、都区一体という名分の下で、都を仲立ちにしてとくにばらつきがある固定資産税など三税を都が集め、分配する仕組みをとってきているのです。

細かく申し上げると、各区に入ってくる税金などの基準財政収入額、行政に支出する基準財政需要額を算定し、財政力に応じて二三区に納付させたり、交付したりして調整する、都区だけに通用する都区財政調整制度を設けて都内の区以外の市町村とは異なる財政制度を続けてきました。そのような特異性のなかに隠されていたのが区長の区議会選任問題だったのです。日本中の自治体で、東京都の特別区の区民だけが都内の市町村と異なり、自分たちの行政の責任者を直接投票で選べなかったのですよ。

――選任制ということは、議会の議員が多数決で区長を決めて、住民の投票を外しているのですね。いま行われている住民の直接投票制からすると、とんでもない非民主的な制度だったのですね。日本中で特別区区民だけが、自分たちの行政の責任者を直接選べない差別があったということですか。

区長準公選の準備をした

和田　その通りです。特別区の区長の決め方は、よくいわれる官尊民卑の見本だったのです。

正直申し上げて、その非現代性を存置したまま来た従来の二三区の区議会議員への怒りに近い思いが私にありましたね。区議会議員は自分たちが、限られた百人足らずですが、議場で投票して選任する役割、権利があるわけです。ですから区長に優越感をもって接せるので、痛痒を感じて来なかったというのが本音でしょう。公選になれば、自分たちの区長を選ぶ投票権が区民に行ってしまうわけですから。

加えて地方自治法の改正に国がなかなか同意しないのは、二三区が存在する東京に力のある、すなわち権力のある国会議員がいないからだ、と責任を転嫁する特別区制度調査特別委員長もいたりしました。やきもきしながらわれわれにできる運動を模索しました。

そこで地方自治法には触れない方法として、区民に区長候補になる人を投票で選出してもらい、それを参考にして議会が選挙する方法を考えたのです。地方自治法をすこしも犯していない知恵の対応策です。一種の国への脅しですね。「区長準公選制」といいました。一九七二年に品川区で初めて実施されました。北区を含め数区が、準公選の準備に入ろうと本気で計画したのです。国の煮え切らない、地方自治を忘れた、軽視した態度に自らの権利を奪回しようと身構えました。奪権です。この運動が国を脅かすことになって、動かしました。権利は奪い取ることによって住民が大切にするのです。フランス革命、アメリカ独立戦争を見るまでもありません。われわれの奪権の動きが、一九七四年に法改正をもたらしたのです。そして翌年、一九七五年から有権者が直接投票する公選制が実現しました。

こうして二三区区民にとっての区長公選制、すなわち当面の自治権拡充運動は成功したのですね。最終的に法改正を決定した参議院の地方行政委員会を傍聴して、地方自治が変革される歴史の瞬間を目撃しました。そのときの傍聴券は私の宝物の一つです。

これなども、同じ東京都でも市や町では首長を直接投票しているのに、なぜ特別区だけが議会選任なのかという自然な不公平感に基づく疑問を発展させて議会で発言し、他の二二区と連動して成功した好例です。

――和田さんたちが成果を上げた区長の直接選挙は、戦後、かつて区民に与えられていた区長への投票権を、再び取り戻したわけですね。このような歴史があるとは知りませんでした。時代が進めば、自然と住民の権利は増えていくとばかり思っていました。

さていま和田さんは同じ理念でかつて公選であった教育委員を特別区の区長と同じように公選制にしようと道を開こうと考えていらっしゃるとお聞きしました。情報公開の時代にあって教育委員の選び方の改革を、区長公選の成功体験を生かして目指そうとされるわけですね。

教育を語る前提に教育委員公選制がある

和田　そうです。もともと教育現場には閉鎖性があって、都教育委員会について申し上げれば、都立高校の入学式、卒業式の案内状も地域代表である都議に出すようにさせました。それまでは埒外にしていたのです。都議、教職員組合のなかには日の丸、君が代の点検に来るのかという勘違いの批判もあったようでしたが。都民はかつて住民にあった、もっていた区長公選の権利を奪われた。それを再び取り戻したのです。私が奪権運動だったという「奪権」の根拠はそこにあるのです。大きな権力は、監視していないと住民から権利を奪う性質、体質があるということです。いま私が同じ視点で奪権しなければならないと思っているのは、問題が山積している教育行政を改革するために、教育委員を住民が選挙で決める権利です。住民が直接関与できる教育の改善は、身近な公開された地方教育行政を要求することです。現状の教育委員の選任ではかつての区長と同様に、議会の多数で選ばれ、有権者の関与はあり得ないのです。

さらに重要なことを申し上げれば、教育委員制度は特別区だけの問題である区長公選とは異なり、全国の都道府県から村までの自治体に共通する問題なのです。自治体の大小、規模に関係しないのです。世の中の子どもたちの教育はもとより、一般人の社会教育、社会体育、社会貢献活動などや将来の教育を本当に考えるのであれば、有権者一人ひとりが自分の教育観に基づいた教育委員を選べるような制度を求めるべきです。

子どもと教育の関係は年々悪化の道をたどっているといえます。教育委員が教育委員会の従属物とされている現状では、教育委員が混乱している教育界を自ら正そうとする気概が見られません。

戦後、一九四八年に教育委員会法に基づいて委員の公選制が定められたことがありました。教育委員が選挙で選ばれていたときがあったのです。予算編成権、条例提出権も保障されていたのです。しかし、政争、投票率が低いことなどを理由に一九五六年に廃止され、地方教育行政の組織並びに運営に関する法律ができ、任命制になりました。すなわち議会の同意を得て首長が決めるようにしたのです。

この任命制に対して、中野区が区長準公選と同じ論法で、教育委員準公選を実施したことがあります。ところが一九八一年から九三年の四回で終わってしまいました。当時の民意すなわち有権者の意志が教育の大切さと自分たちの関わりに関心をもたず、他人事として軽く考えていたのです。

具体的には投票率が低かったことが、理由とされました。第一回が四三パーセント、四回目は二四パーセントでした。投票率が低いことと制度を廃止することは関係がないはずですよ。投票率を上げる工夫をすればよいことですから、住民の直接関与の権利を奪う論理のすりかえです。

——戦後行われた教育委員の公選を、投票率の低さだけで任命制にしたとは思えません。ほかに理由があるような気がします。

問題は政治教育の浅い理解だ

和田　政治と教育を切り離しておきたい、教育の場に政治を持ち込みたくない、という時の政府の強い意向が働いたと思われますね。しかしいまとなっては、選挙権の一八歳取得から学校での政治教育が不可避となった現実があります。

教育委員の任命制の根拠となるのは、さきに触れた地方教育行政の組織並びに運営に関する法律です。

この法律を改正して住民の直接選挙に変える必要があります。

何よりも問題なのは、いま行われている、議会が首長が提案する教育委員候補に同意をするやり方には、教育の受益者である住民すなわち児童、生徒、父兄が全く関与できていないことです。直接投票にすることですよ。

首長と議会の恣意や思惑で教育委員が決められてきたこと自体が問題とされるべきでしょう。たとえば首長選挙への思惑で、貸し借りで教育委員の候補に推薦したり、同意したりすることも可能なのが今の制度です。教育政策として教育委員の人選が行われない可能性があるのです。住民の直接選挙にするべきです。突き詰めていえばあらゆる間接選挙は、できる限り直接選挙にしていくのが民主主義制度の根幹であるはずです。

住民が、学校教育、家庭教育、社会教育の監視役、提言者としての教育委員の選任に、自分の意思や願望が反映できる直接選挙への法改正を、国や国会議員に要求してこなかったのです。これが問題だったのです。権利は奪い取るものです。区長公選と同じく奪権です。住民が覚醒しなければならないときが来ています。

住民が、「拠らしむべし、知らしむべからず」の苔の生えた古い考えにいまだに支配されている後進性が問題なのです。教育に物足りなさや、不安を感じている住民が立ち上がるときですよ。絶対に。

国の段階で地方教育行政の組織並びに運営に関する法律の改正が進まないのなら、全国の自治体が一丸となってかつて中野区が試みた、住民が自主的に投票する準公選制に着手するべきときが来ています。またその動きに政府は必ず反応し、改革をせざるを得なくなるはずです。

ここであえて申し上げれば、石原知事の時代に東京都立大学は首都大学東京と改名しました。そしてまた、現在の小池知事が都立大学に戻しています。石原、小池両都知事の無責任きわまりない首長の独断です。この説明は都民に届いていませんでした。都教育委員が公選であれば都民の関心が高まり、「なぜ」という理由が明らかになったのです。

二〇二一年の春、文部科学省事務次官だった前川喜平さんに教育委員の準公選の話をしましたら、現状でも区長の判断で可能だということでしたね。これも検討してみなければならない、重要な取り組みになるかもしれませんね。大事なことですから、詳しく調査して具体的な準公選または公選にもっていきたいですね。

戦後の歴史を償う努力をした

——和田さんは区議のときから日本、東京の戦後処理や、国際的な問題のビルマの民主化に関わってきましたね。戦争中に生まれたわけですから、戦争を体験した記憶はないでしょうに、こだわりますね。

ビルマの民主化は今世紀の民主主義の試金石である

和田　考え方の相違でしょう。戦後の復興期の混乱しているときに五、六歳だったわけですから。食べ盛りに食料がない。世相は子どもどころではない、生きていくことが先の時代です。食べられて、安心して親と話が出来る生活のありがたさを知っている世代です。平和という言葉が痛いほど分かります。日本の近くのビルマで、軍隊が政治をしていることに時代錯誤を痛感して、民主化への支援に力を入れ始めたのです。一九七一年に区議になって以来、いまも引き続いてビルマの民主化運動の応援をしています。

かつての戦争で日本は、中国、東南アジア諸国をはじめ多くの国々に被害、苦痛を与えました。ビルマにも言葉に尽くせない迷惑をかけました。それで日本にいるビルマ人の彼ら、彼女らの集会に参加して励ましの挨拶をしたり、住宅を借りるときなどの保証人になったりして、日本での生活に困っている人々の相談相手になることにしたのです。区議会議員になる前からです。

在日ビルマ人のみなさんは、ノーベル平和賞を受賞したアウン・サン・スー・チーさんを次の国の指導者として頼りにしていました。二〇世紀末当時、ビルマは厳しく人権の抑圧をする、軍事政権でした。一九八八年に軍事政権に反対して起こした自由と人権を獲得する運動の中心には、ヤンゴン大学の学生も多くいたのです。私のビルマの友人のなかにも多くいます。オーストラリア、カナダ、アメリカなどに移住しています。

――かつてのわが国の全学連のような主義を持った運動体だったのですか。学生も暴力的になって激しい闘争といった場面になったのでしょうか。

日本国憲法をビルマに輸出したい

和田　いや、あくまでも自由を奪い強圧的な政治をやろうとする軍事政権への抵抗にすぎません。ビルマは仏教国ですから、国民が力で表現することはほとんどありません。せいぜい投石程度です。

私の知っている限りでは、軍事政権が強硬に弾圧した一九八八年当時、反対運動はまじめな一般国民、青年や女性が中心でした。多くの国民が、アメリカ、カナダ、オーストラリア、カナダなどに脱出したり、なかには何日も歩いて隣国との国境を越えて逃亡した人もいました。彼らは日本にいても、ビルマの民主化のために勉強会を開いたりして、日本人に理解をしてもらう運動を必死に真面目に行っていました。

ビルマでは民主化を目指す政党・国民民主党のバッジを持っているだけで、逮捕されるという弾圧ぶりでした。ひどいですね。水牢に入れられたという人にも会いました。江戸時代かと錯覚しました。

日本にいる反軍事政権運動を支える人々や、国際世論の支持と応援が息長く続き、抗議運動の成果が出始めて、イギリスから帰国したスー・チーさんに対しての期待が高まってきていました。ただ私が集会でビルマの民主化の演説をするときは、必ず警視庁の公安課から二人来ていて密かに監視していましたね。あまり気持ちのいいものではありません。

一九九五年にビルマを訪れて自宅軟禁されているスー・チーさんに会う機会が出来ました。在日のビルマ組織とビルマ本国のＮＬＤ（国民民主連盟）の双方の関係者が計画してくれました。

私は、スー・チーさんに二つの贈り物を用意しました。一つはビデオ、もう一つは英文の日本国憲法です。

ビデオに映っていたのは、スー・チーさんの父親であるアウン・サン将軍が日本に来て、緬田紋次という日本名で、独立戦争の準備をしていたときの友人の杉山さんという方です。私が横浜の家までたずねて行って、話を聞きながら撮ってきたものです。スー・チーさんも京都大学に留学していたときに会っている人で、ビデオを見てすぐに「杉山さん、お元気そうですね」とうれしそうでした。

もう一つは日本国憲法の前文の英語版です。私は北区議時代から、日本国憲法を守るために政治生活をしていて、現実にその精神を生かすために運動してきていたのです。私からすると、ビルマの民主化勢力が政権をとって新しい民主主義国家をつくるときの新憲法の参考にしてほしいという意味もありました。

憲法前文は憲法の全一一章を要約していると解釈しています。私の政治集会では必ず参加者で唱和してきていました。スー・チーさんはにこにこしながら押し頂くようにして受け取ってくれました。

――スー・チーさんは軟禁中どんな生活をされていたのですか。情報を発信出来ませんし、受け取れないでしょう。相当に精神力が強い人とはいえますが。

スー・チーさんのいう二つのDがこれだった

和田　インヤー湖を目の前にした自宅でお目にかかりました。ヤンゴン通りをはさんだビルから二四時間、軍時政権に監視されていると言っていました。彼女は外界の情報をBBCラジオから得ていて、あまり不自由はしていない、とも言っていました。

これからの軍事政権との対応はどうするのかとたずねると、二つのDだというのです。そしてすぐさま一つはダイアローグ（対話）のD、もう一つはデモクラタイゼイション（民主化）のDであると言いました。すなわち対話と民主化です。これにはお金も武器もいらない、と私も同意しました。

私より、彼女は六カ月年下で、和田さんの妹だ、と言って互いに笑い合いました。軟禁という不自由のなかで心の平静を保てるのはどうしてですか、とたずねると、メヂテイション・瞑想だと言いました。

別れには、私の二人の娘にビルマの民族衣装のエンジー・上着とロンジー・腰巻をそれぞれに贈ってくれました。さらに私の持参したビルマのカレンダーに、カタカナでアウン・サン・スー・チーとサインをしてくれました。彼女は京都大学に留学して、日本語を勉強していたのです。普段はビルマ語と英語ですが。

——ヤンゴン空港で帰国の手続きをしている最中に事件が起きるのですよね。

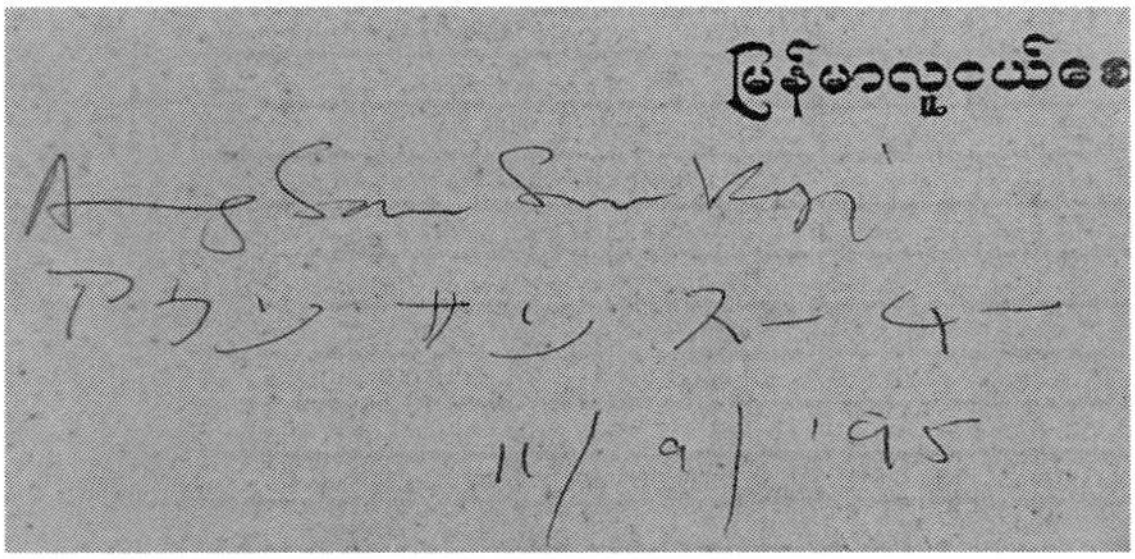

アウン・サン・スー・チーさんのサイン

突然に連行され尋問される

和田　その通りです。帰りのヤンゴン飛行場で起きました。いまの近代的に整備される前の古い空港でした。

手荷物検査を終えて、ベルト・コンベアからバッグを取り上げようとしたとき、係官が制止し、袋の中身を見て別の部屋に誘導したのです。私は「あ、しまった」と臍《ほぞ》を噬《か》んだのですが、もう遅かった。

スー・チーさんとの面談を手配してくれたビルマの医者から、日本の友人に渡してほしいと頼まれた彼女のビデオが入っていたのです。ビルマに来たいきさつを聞かれ、正直にスー・チーさんに会うために来た、と答えました。係官はあちら、こちらにせわしく電話をかけています。

三〇分ほどが過ぎ、搭乗時間が迫ってきました。何しろＮＬＤのバッジを持っているだけでも逮捕され水牢に入れられると聞かされていましたから、凍り付いていました。

逮捕、拘束されるという嫌な予感がし始めたころ、ビデオは没収するが通れ、ということになりました。自由主義の国ではたかがビデオですが、軍事政権からすると目の敵の人物のものです。

なぜ解放されたかはわかりません。「よく、潜り抜けられましたね。ラッキーでした」と帰ってからビルマ人の仲間から驚かれたり、冷やかされたりしました。

「三〇分以上の尋問を受けたのですから、もう当然、軍事政権のブラック・リストに載った。和田さんはもうビルマには行けなくなった」という在日ビルマ人たちの情報もあって、それからずうっとビルマ行きをあきらめていました。しかし、のちに軍事政権が公表した入国禁止者の名前のリストには、お粗末なことに私の名前のスペルが間違って記録されていたのです。申請すればビザは取れたかもしれなかったのです。迂闊でした。（笑）

いずれにしても空港での検査の結果が出るまでの時間は長く、長く感じました。この顚末は月刊『文藝春秋』の随想に書きました。「私のスー・チー・ホリック」というタイトルでした。一字の過不足なく記事が埋まり、全く訂正もなかったので、書くことに自信を持ちました。余談ですが、担当がのちに直木賞作家となる、白石一文さんでした。

――二〇二二年現在、クーデターで実権を掌握した軍事政権はスー・チーさんを拘束し弾圧しています。いま国際社会は、アメリカのトランプ前大統領、ウクライナ侵攻を続けるロシアのプーチン大統領、中国の習近平主席など強圧的な国の指導者がめだってきました。その傾向に便乗するビルマの軍事政権の弾圧政策です。

民主化勢力は自分たちの民主的政府を作ろうとするなかで、軍事政権に抵抗して、日本をはじめ国際輿論に訴えています。平和憲法の国、日本の支援が民主化勢力に必要でしょうね。

ビルマの国づくりを、国外に脱出した元の学生に協力してもらう

和田　まったくその通りです。もちろんスー・チーさんが二〇一二年に国会議員の補欠選挙に出馬したときもビルマに行って英文の日本国憲法を手わたしました。

そのときはさらに、アメリカ、カナダ、オーストラリア、日本に留学していた一九八八年当時の学生で、国外脱出して世界中で活躍している人材を、ビルマに呼び戻して、身に付けた知識と経験を祖国の民主化に生かしてもらうようにすべきである、との要請書を置いてきました。たとえば、私の友人でスー・チー女史も知っている、いまワシントンにいるタン・テン・セン氏などがあげられます。

スー・チーさんもいままた軍事政権の力が厳然とある議会のなかで、唱えてきた民主化と対話の実現を目指して努力しています。少数民族への対応など軍事政権の後始末もあり苦しんでいます。ジャングルの政治に少しでも実験室の政治を生かそうと、経済問題、ビルマの近代化、民族問題に奮闘中です。応援していきます。

二〇二二年二月時点で、スー・チーさんは不当にも軍事政権に収監され謂われない容疑で裁判にかけられていますから、釈放を国際輿論に訴えていきたいですね。何よりも日本政府の軍事政権への抗議がないことに、怒りをもちます

――和田さんは戦争の後始末として旧厚生省から遺骨収集に派遣されていますよね。現在でも行われているのでしょうが、あまり聞きません。これこそ戦後処理といえる典型的な国の行事でしょう。いつごろどこへ行かれたのですか。その延長線上に、都議として玉砕の島、硫黄島の宿泊施設の建設を都に要求したのですよね。

ペリリュー島の遺骨収集で戦争の残酷さを知った

和田　一九八五年に当時の厚生省から、パラオ共和国ペリリュー島の遺骨収集団の団員として派遣されました。現地には川、湖沼がないので、戦争当時は、雨水を貯めて飲むしかなかったのです。兵士にとって、水は命でした。それから私は水を大切にするようになりました。野ざらしにされている御遺骨を集めて、荼毘に付して千鳥ヶ淵戦没者墓苑にお納めしました。

上陸するアメリカ軍を日本軍が迎え撃って、流された血が海水と混ざり、オレンジ色に染まった海岸の説明を受けましたし、生き残った三四人の兵士で三十四会を作って慰霊を続けていると聞きました。

ペリリュー島の遺骨収集で戦争の不条理を痛感したことと、平和を守る手段として日本国憲法の大切さを、現地で友人と話し合い、平和の大切さを知りました。また先の天皇（現・上皇）御夫妻が二〇一五年にペリリュー島を訪問されて、戦没者の碑に献花されたことも忘れられません。

——現実を生きているわけですから、過去を振り返っても何も生産的ではない、というあきらめもあるでしょうし、変化している社会では過去に目をつぶって生きていく方が楽です。関東大震災、敗戦の日、阪神・淡路大震災、福島原発事故などを見ても、年ごとに経験者が少なくなっていきます。そしてマスコミは新しい話題に集中するようになります。現実がこれです。しかし、過去が気になる人、国家の犠牲になった人々や平和にこだわる人がいるのですね。そのために和田さんも協力したのですね。

硫黄島の宿泊施設が建設された

和田　はい、そうです。過去にこだわる私の思いが都議になって実現できたのが、東京都の小笠原諸島の硫黄島に建てた墓参のための宿泊施設です。硫黄島は第二次世界大戦の激戦地で、日米両国の三万人近い犠牲者が出た島です。島民は強制疎開となったのです。

アメリカのアーリントン墓地に、島を征服した証でしょうか、勝利の星条旗を兵士が立てている大きな像があります。見て複雑な思いがしました。島民が強制的に島外退去をさせられた硫黄島には、いまは自衛隊がいます。

飛行場はかつての滑走路が火山帯にあるため、地熱があって軟弱で使えません。港もありません。いまでは高齢になった旧島民が墓参のために船で時間をかけて島の仮桟橋についても、宿泊施設がなかったのです。滞在する時間がないので島の変わりようを見て回ることも出来ず、あわただしく帰るだけでした。第二次世界大戦で島を強制的に追い出された島民は時間を取って、ゆっくりと墓参も出来ずにきていました。せめて一泊出来る宿泊施設が出来ないものか、という陳情がありました。

私は都議会で、「東京の戦後は、硫黄島の遺骨収集が終わらなければ終わらない」と石原知事に質問をしました。知事も理解したようでした。

民主党の菅直人政権のときに、二万人を超す戦死者の遺骨収集の基礎調査をしました。二〇〇二年になって小笠原村が中心となり、宿泊施設として硫黄島平和祈念会館ができ、旧島民とともに喜びました。

誰もが選挙に出られる努力をした

――一九九四年の春に、フィンランド人であったツルネン・マルテイさんを神奈川県湯河原町会議員選挙で応援しています。日本で初めての青い目の議員として議席を得ました。地域に保守色が強かったわが国の地方自治、地方政治の変革という点で、政治風土に大きな影響を与えたと思うのですが。

ツルネン選挙でお金をかけずに地方議員になれる事例をつくる

和田　一九九四年三月の朝日新聞朝刊に、日本に帰化しているフィンランド生まれのツルネン・マルテイという人が神奈川県湯河原町の町議会議員選挙に出る準備をしていて、妻と二人だけの選挙運動で戦うというのです。そして、すべてに目途が立っていない、という記事が出たのです。

すぐさま朝日新聞に電話番号を聞いて、湯河原町吉浜の彼の経営している英語塾に出向いて、その日の午前中に会いました。源氏物語をフィンランド語に翻訳しているという、日本人に心底なりたがっている人でした。そして私の条件を呑むなら手弁当で応援させてもらう、と言いました。

それは、一人ひとりの住民に話を聞いてもらうために車は使わないこと、町をよくする具体的な政策を三つ訴えること、「当選しても議員バッジをつけない、先生と呼ばない、呼ばせない」というものです。

彼は了解しました。私は民宿に泊まりこんで、まったくのおせっかいな完全無償ボランティアで応援して、彼は当選しました。交通費、民宿代、打ち合わせのコーヒー代も私の自前ということです。

歩いて訴えるだけの選挙で、ガソリン代もいらないのですから、彼の選挙費用はほとんどかかっていないはずです。私のいう票単価すなわち一票にかかった選挙費用でいえば、いまでも日本で一番お金のかからなかった選挙といえましょう。誰もが選挙を考え、出る機会をもてるようになれば、政治は普段着を着たことになります。

山裾のだんだん畑で、ツルネン夫妻と私が持ち込んだ揃いのジャンパーやハンド・マイクで訴える風景が、ＮＨＫの「首都圏'94」で放映されて、わが町でも話題になりました。彼はその後、民主党（当時）から参議院議員になり、農業問題などで活躍しました。自分の存在を生かして、国、地方を問わず公の立場に立つことで、住民の生活が良くなると思ったら、選挙に出ればよいのです。

それまで官僚、労組、地方議員などが国会議員への道であったものを広げたのは、一九七七年にできた革新自由連合（革自連）とその流れの無党派市民連合でしょう。作家、芸能人、芸術家で構成されていました。参議院議員になった中山千夏、横山ノック、青島幸男をはじめ、関係者には五木寛之、田原総一朗、野坂昭如、岩城宏之、永六輔などがいます。永さんからは、一九八三年の参議院議員選挙に出馬することになったときに絵葉書をいただきました。のちに私の知人でタウン誌の編集者に矢崎泰久が、それまで選挙に積極的だった五木が選挙直前に海外に行ってしまったと明かしたので、若いころ読んだ『青春の門』の印象とはかけ離れた世渡り上手な作家と思いました。

私は出来る限りの応援をしようと心がけ全国へお手伝いに行きました。もちろん完全無償ボランティアです。岐阜県御嵩《みたけ》町の町長選挙、青森県青森市議会議員選挙、福井県美浜町町議会選挙、三重県御浜町町議会選挙などに出向きましたね。

当然のことですが、ツルネンさんのように以前は外国人であっても、いま日本国籍があって、立候補の要件さえ満たされていれば、誰でも候補者になれます。

自由な選挙について申し上げれば、普通、どこの自治体でも二〇歳の成人式のときに、選挙管理委員会からは棄権をしないように働きかけがありますね。だがこれだけでは不十分です。同時に被選挙権が地方選挙と衆議院選挙では二五歳、参議院選挙では三〇歳からあることも知ってもらって、選挙や政治と自分との距離が近いと理解してもらうことが大事です。

有権者として、もし私が議員であったならば、という仮定を前提に政治問題への批判や見解を持つことが大切ということを伝えたいですね。

むかし評論家の大宅壮一さんが「一億総評論家」と皮肉を言われましたが、それでは創造的ではありません。自分ならこうするという代案を持って批判することで、耳目が集まって政治家になれる可能性が出てくるのではないですか。

政治教育こそ民主主義の源泉である

――二〇一六年から一八歳からの選挙権行使が始まりましたが、投票率は五〇パーセントに満たないのです。どういうわけでしょうか。若い人がこれほどまでに、政治に無関心だとは思わなかったのですが。

和田　まず投票率が低いのは、選挙権が若い人が要求して得たものではなく、国から与えられたものだからでしょう。かつての普選運動、婦人参政権運動のように、選挙権すなわち民意を直接あらわす権利を自ら奪い取るという、私の言ってきた奪権したものではないからといえます。政治参加、すなわち投票権に対しての渇望感がないのです。ひとえに政党、政府の思惑からの一八歳選挙権賦与なのです。

端的にいって、その心は政府をはじめ各党が投票者の増えることにもろ手を挙げて賛成したからです。主客を転倒させて施行した経過に問題があるのではないですか。

それはともかく、政治教育の話ですが、教育基本法は第一四条一項で「公民として必要な政治的教育」

の尊重を求め、学校教育に政治教育は不可欠と言っています。一方で同じ二項で「特定の政党を支持、反対するための政治教育その他政治的活動」を禁じています。この、いわゆる教育の政治的中立性が、学校管理者の校長や教育委員会から、政治教育に取り組む意欲を奪っている元凶となっているのです。政治的中立とは何か、という議論をせずに棚に上げているのです。この議論を急ぐべきです。

同じように教育に新しい考えを入れるとすれば、学校の児童会、生徒会の選挙をいまの形骸化された有り様から変えることです。要するに現実の選挙に近づけて規則を設け違反をしたときの注意などを決めておけば、人を選ぶことと自分たちの代表との関係を理解できるようになると思っています。

会長や役員の候補者となった児童、生徒は学校内での生活、教員、学校関係者や生徒間の秩序の保ち方などを、自主的に討議、判断し決めて守る意識をもてるように公約し、一般社会の選挙に準じた選挙を行うのです。候補者の立会演説も行い、人を選ぶ模擬選挙をするように経験させて選ぶこと、選ばれることの大切さを学習すれば政治教育となります。

民主主義の基本である、投票の大切さ、投票される責任を知る機会を政治教育として設けることです。小学生から高校生まで模擬議会を経験したり、ときには地方議会、国政選挙の後に実名投票させても良いと思います。臨場感をもって教育することが大切でしょう。それが将来の議員になる方法、議員を支持する有権者の心構えを知ることにもなるでしょう。

さらに、今の保護者と教師の集まりであるＰＴＡをＰＴＳＡに変えることも必要だと考えます。すなわち生徒（student）のＳを加える。いままでは当事者のいない会議で、児童、生徒を埒外において社会、おとなの考えで見当違いな学校経営をしていました。まさに教育を児童、生徒に義務として押し付けていて、上から下へ向けた権力に満ちた形式にとらわれていたといえます。

児童、生徒の声、彼らの意見を聞かずに庇護の対象のままで置くことは、許されない時代となっています。かつて私を応援してくださった方の息子さんである加地良光さんが福岡県小郡市長になっています。彼はこの考えを実践しようとしています。

政治家、有権者の態度、意識を変えていきたい

――いままでお聞きしてきた対応策から見て、和田さんのおっしゃる政治風土の改革ということから、私たちの選挙にも新しい政治風土をつくる立場からの考え方の改革が必要ですね。

女性議員のクォーター制への疑問など

和田　そう思います。また環境が用意されていなければならないと思います。ですから選挙そのものと選挙に出たい人との関係についても、もっと自由でいいでしょう。そのためにも、制度としての改革をして立候補のための供託金を高くするべきではないのです。

いまの供託金制度は、失礼にも、泡沫候補が出ないようにする意図が見え見えです。泡沫すなわち票が集められない泡のような頼りない候補、という決めつけです。資格要件が整っていれば、誰でも出馬できるようにしなければならないでしょう。

またよくいわれる、あらかじめ女性議員数を確保しておく女性議員のクォーター制なども、最初から女性を有利に扱うような言い分で、賛成できません。男女の性、属性を超えて、すなわち平等な人間として誰もが公平に扱われる社会、経済的な環境を整えることが大切でしょう。住民が選びやすいように、誰もが候補者になれる機会を公平に与えることです。その環境をつくることです。

選ぶ側も学歴、美醜、男女などを超えた、政治家としての信頼性を選択する能力を身に付けるべきです。

私がそのことを考えて、先にお話しし、実践したのがツルネン選挙であったといえます。

――和田さんは一九七一年に二七歳三カ月で北区議になります。議員になりたかった自分と議員になった後の自分で気持ちの切り替えというか整理が出来ましたか。世間というか社会を知る前に政界に入ったわけですね。

議員バッジをつけず、先生と呼ばない

和田　無所属で当選しているので自分一人で活動するか、同じ考えをもつ集団・会派に入るかの問題が出ました。私はどこの政党にも入っていませんから無所属系の会派に入りました。いまの北区長の花川与惣太さんも同期生でしたし、高木昇作さんという名望家もいたり多彩でした。全員が年上で、気おくれしないように気を張っていましたね。

いままで学んできた実験室の政治と、現場でのジャングルの政治の予想もできない闘争が始まると緊張しました。分かりやすくいうと実験室すなわち理論、ジャングルすなわち現実といっていいでしょう。私はフランス革命のときに権謀術数を駆使し、したたかに生き抜いたフーシェの伝記小説である『ジョセフ・フーシェ』（シュテファン・ツヴァイク）を愛読していて、想像の世界では政治の奥深さを心積もりしていました。がしかし、現実は別です。

この相克を一人で調整して、可能な限り実験室に近づける努力をすることは、相当に困難な仕事になると予感しましたね。議会に入って感じたことは、空気というか圧力に押し返されないようにするには、ものわかりのよい素直な人では務まらないかもしれないということでした。

私は政治学を学ぶ学生であり、同じ人間が政治もやる。理論・実験室と現実・ジャングルの綱引きになると思いましたね。覚悟していました。

まず私が手を付けたことは、簡単なことからです。今までの政治風土を変えること、すなわち、習慣となっていた議員を「先生」と呼ぶのをやめ、議員の象徴と考えられてきている議員バッジをつけない、と会う人ごとに説明しました。それまで続いてきた議員像を打ち壊すことの第一歩として決意しました。祖父は、先生というのは、教員、弁護士、医師だけをいうのであって、政治家はあくまで住民の代表だと言っていました。私もそう思ったのでそう決めたのです。

「先生」については「さん」あるいは○○議員と言えば、特権階級をあらわす時代錯誤の「先生」は不要と考えました。和田が、違う人間になったように錯覚する気分になるからです。

——われわれ住民からすると議員の呼び方、議員バッジなどは些細なことのように思われるのですが、古い政治風土の分かりやすい具体例ですよね。議会はしきたりや慣習の世界ですから、批判もあったでしょう。

議員バッジをつけない委員長のエピソードがある

和田　いや。大切なところですね。習慣というか長く続いた風土は、すぐには改まりません。

一期目の交通対策特別委員長のときです。東北・上越新幹線建設問題について、当時の国鉄、運輸省、関係団体に現在計画反対の要請書をもっていったのです。すると国鉄でも運輸省でも委員長の私を通り過ぎて、バッジをつけて、貫録のある副委員長に名刺を出して挨拶するのです。世間や現実は、見た目で人を判断するものだと思いましたね。

二度目からはバッジをつけない委員長として待遇してくれました。都議会でも和田議員のノー・バッジで通せたのですから。世間に異を唱えようとしたら、覚悟して退かずに続けることだと自覚しましたね。

——ご自分の選挙の体験を本にしたり、イギリスの選挙の本を翻訳して日本に紹介していますね。選挙のあるべき姿を求めて、海外まで知識と工夫を求めていかれるのは政治に期待しているからですね。選挙の関門を通らないと政治家として政治に関われないですから。

一九九二年、英国の統一地方選挙で戸別訪問を体験する

和田　そうですね。選挙について誰にも聞けず、自分でも苦労しましたから。選挙で候補者も有権者も民主主義を身に付けていくのです。イギリスの民主主義の基本である地方選挙を個人、私費で、勉強に二度ほど訪英しました。最初は一九九二年でした。イギリスは毎年五月の第一木曜日を全国統一地方選挙とさだめているのです。

一度目の訪英のとき、保守党のロンドン選挙区の候補になりたいという希望者の面接に立ち会わせてもらうことが出来ました。とても日常的な感じで、その選挙区ではダメでも、ほかの選挙区に挑戦することは普通ということでした。

片意地を張らずに党の役員と希望者が考えをぶつけ合っていたことが印象深かったですね。その実態を見聞して、候補者の募集を当たり前とするイギリスの政党と立候補希望者の関係が、すっきりと理解できました。事前運動で、街なかに、公であるべき政治家になろうとする人が、ポスターを乱雑に貼るのを許しているわが国の選挙は、私があって公の無いいびつな形です。イギリスでは考えられません。

また大事なことですが、戸別訪問は日本では禁止されています。贈収賄の機会が増えるという、人間の性悪説をとる国が、残念ながら日本なのです。寂しい国民性だといわなければなりません。いつまでたっても国民の政治行動に信頼を置かないのが日本なのです。

その点で私の見たイギリスの候補者選びには、政治を語り批判し、場合によっては政治家になる、応援する融通無碍な政治環境がありました。政治家を特別な職業と見なしてはいません。もちろん議員の側も

バッジもつけていませんし、先生と呼ばない政治風土があります。

――現地に行かれることがそんなにためになりますか。インターネットの利用とか本とかでは情報が不十分ですか。

有権者を信じて戸別訪問を解禁すべきである

和田　そうですね。インターネット時代で、現場に出向いて手に入る情報を軽く見ている傾向があります。インターネットはあくまでも仮想の情報ですよね。視察でその場所で関係者の声を聴き、目で確認できる情報ほど確かなものはありません。当事者のいる場所に出向くことで得る情報が大切なのです。

選挙中に候補者と有権者が対話することを日本では売買収の恐れがあるといって、公職選挙法で個別訪問として固く禁止しています。そここそ政党や、候補者の政見の話ができる格好の機会なのですが。

イギリスのカンヴァシング（canvassing）すなわち戸別訪問のやり方を現場で観察しました。わが国では、選挙を候補者や有権者が常に売買収の機会を期待しているかのような前提で見ているのです。両者を性悪説で捉えているのです。世界の選挙事情から見て遅れています。選挙の自由化を進める必要を痛感しました。

カンヴァシングでは有権者から政党や政治家の取り組み方への注文や疑問、提案が出てきますし、候補者からは説明、反論ができます。そう考えれば、町にも政治は溢れています。

ロンドンのスコットランド・ヤードの近くにある政治専門書店「ポリティコ」は、ビル全体が政治関係の本のデパートといった、日本にはない本屋でした。「ポリティコ」で日本でも参考になると思った *TO BE A LOCAL COUNCILLOR* を買い求めて、一九九九年に『英国の地方議員はおもしろい』（はる書房）という題名で翻訳、出版しました。

「ポリティコ」で買った本を翻訳して、ポリティコで売る

後述の『サクセス選挙術』（日本地域社会研究所）も『英国の地方議員はおもしろい』も、両方とも選挙関係者とくに候補者に読まれたようです。二度目の訪英で地方選挙の視察のときに「ポリティコ」に立ち寄って、翻訳した『英国の地方議員はおもしろい』を書店員に見せましたら、私を覚えていて「売ってあげる」と言って本棚に置いてくれました。時には「参考にして選挙に勝てました」と声をかけられることもあります。

政治専門書店「ポリティコ」で『英国の地方議員は面白い』と、その原書“How To BE A LOCAL COUNCILLOR”を手にする著者

二度目の訪英のときは、イングランド南端の保養地・ブライトンを訪ねました。サッカー場建設反対の住民投票と重なりましたが、それは静かなもので町にポスターは貼られていないし、宣伝カーも動いていませんでした。有権者を駆り出すこともなく、日常生活の中に選挙があるという感じでした。

それでも投票率は七〇％を超し、サッカー場建設反対は支持されなかったようです。有権者を投票に駆り出すといったわが国とは違うということが、現地で納得できました。デンバーの冬季オリンピックのときと同じ住民自治を学びました。

帰国してからの私の選挙でのこと

です。宣伝カーで、ある道にくると、背の高い外国人が道に飛び出してきて両腕でバッテンを作っているのです。すぐにマイクを切りました。ブライトンの選挙視察を思い出したからです。

それから選挙のやり方も変えました。要するに、大きな声で絶叫したりあるいは派手な演出で、有権者に感動、感激を訴えて支持していただくのではなく、静かに説き理解、納得して支持していただくように手法を変えました。

大きな音量で名前を連呼して中身のない運動を競うのではなく、いまの政治や行政をこのように変えていくことで住民の生活はこう変わると説明することが大切で、そのための演説の上手、下手が競われるべきでしょう。大前提として、候補者の演説の内容が、有権者に媚びた擬態ではなく、客観的資料と自らの信念に基づいていなければならないでしょう。私はそれを選挙の場面に引き寄せてみて、聞く人本位で、できるだけ音量を落とし政策や選挙の意味などを解説し、一カ所一政策五分演説という方針をとるようにしたということです。

――和田さんは全国の地方議員の組織を設立されましたが、そのきっかけと目的はなんでしたか。

「地方から政治風土を改革する会」を設立する

和田　一九八八年にリクルート事件が起きました。区議会に出てから一七年がたっていました。自分なりに政治を日常の普段着で話せる風土を目指して活動してきたと思っていましたから、裏切られた失望感がありました。

お金と政治の問題が国民の怒りの対象になりました。この年に私はそれまで政治改革を語り合ってきた地方議員に声をかけて「地方から政治風土を改革する会」を設立しました。熊本県や青森県から賛同者があり、結局、町会議員から国会議員まで三四人が集まったのです。

そのときに長い間私が実践してきた「先生」と呼んだり、呼ばれたりしない、さらに議員バッジをつけない、などを会の規則として約束しました。もちろん政治と金銭を絡ませないことは当然です。外見からも議員を特別な存在にしない、ということを議員自らが示す必要を会として打ち出しました。

また国民の関心や価値観を、時間をかけずに短期に出す世論（せろん）と時間を多少はかける中期の輿論（よろん）とに使い分けて評価する習慣をもつようにするために、自分たちが率先して使い分けるように提案しました。さらに政治家、候補者、政党を判断するのに、回答する有権者の表面的な数をあらわす支持率と同時に、有権者の政治感覚の質すなわち支持質を高める運動を提言したりしました。

この「政治風土を改革する会」が取り組んだ運動の一つに、一九九二年に起きた前自民党副総裁（当時）の金丸信が関係した、五億円脱税事件があります。金丸前副総裁には、会員の連名で辞職勧告文を送付しました。

香典は本人以外は、選挙違反になる運動を展開した

会員同士の交流を頻繁にして、それぞれの選挙地盤の政治風土を勉強して改革に生かす努力もしました。お金をかけない政治、選挙を実践するための分かりやすい運動は、議員が現金を、香典という形をとって遺家族に送る風土を変えることだと考えました。

人の死という厳粛な場面に、香典という現金が介在することで有権者の心を拘束する働きをします。日本人の精神風土に大きな比重を占める、死や弔いに対する厳粛さと結びついてきます。そこで付き合いのない、あるいは薄い故人であっても香典さえ持っていけば、弔意をあらわすという名目で会葬できます。

遺家族は、恐縮して恩に感じてありがたく思い、選挙のときには投票で応えるような雰囲気になります。それが集票に効果があるので、政治家は自分だけではなく、妻、娘、息子、秘書などを使って香典を持っ

て弔問に行くのです。

手ぶらで行くことはありません。五千円、一万円の香典です。当然お金がかかります。どこからかお金を持ってこなければなりません。自分になければ企業などからの紐のついたお金に手を出すことになることは、火を見るより明らかです。そこで「地方から政治風土を改革する会」は、政治家本人以外は、香典の持参は選挙違反であるという公職選挙法改正の署名運動をおこしました。

私たちの運動はメディアも取り上げ、他の運動体、輿論も盛り上がりついに一九八九年に政治家本人以外の香典は選挙違反となったのです。最近では二〇二一年に現職の菅原一秀経産大臣が辞職に追い込まれるというように、選挙の風土が変わってきました。

――和田さんはなんの縁故もつてもなく、議員になる環境は順調ではなかったのに議員になれました。その考えや技術を、広めようとされました。議員になるだけではなく、何をするためになるのかという理由、動機が大切ですよね。でも、まずは当選しなければなりません。そこでどうやって議員になるのか、という選挙の本を書いたのですね。

見てくれの権威、権力を認めないようにする

和田　選挙に出て当選した議員は、住民の代表なのか、代理なのか。日本では議論されることもなくきました。アメリカではこの論争に結着がついていません。代表はひとたび当選したら、有権者いわゆる地元、支持母体に拘束されない。代理は常に有権者の意向を確かめて行動する、という区別があります。はっきりと分けることは困難です。ですが、有権者との関係を自覚することは必要です。

いまわが国では町中で見る政治家のポスターは全部といってよいほど左の襟にバッジがついた写真が使われています。これは議員の意識にこのバッジこそ私である、という主張が込められているわけですね。

テレビに出る議員が、みんなバッジをつけている姿に国民も疑問を持つべきです。

イギリス、アメリカなどの議員は、バッジをつけません。議会内外でバッジを義務づけられていると聞いたことがありませんでしょう。日本独特の権威づけの演出、小道具といった演劇の世界の産物です。形から人を判断する、日本の悪い文化の象徴といえますね。バッジは、自己顕示欲や権力欲の象徴であって、選挙のときに「皆さんの手足となって」と言って深々と頭を下げる、屈辱感の裏返しともいえる醜態と捉えるべきでしょうね。

すべて選挙の当選第一主義が、当選のためには、すなわち分からなければ買収を含め手段は問わずに票になることは何でもする、という悪い面を助長しています。当落の結果にいたる過程を評価し大切にする気風が、政治の浄化には必要なのです。すなわち、政治のあり方や動かし方、何のために誰のために政治家になるのか、そのための基本とする自分の立場を住民と議論、討議しておく時間をもっていなければなりません。その過程をいっているのです。

――過程、過程とおっしゃいますが。選挙の過程とは具体的にどんなことでしょうか。「猿は木から落ちても猿だが、議員は落ちればただの人」、という揶揄がよくいわれています。当選するためにはどんなことでもしろ、というのが、一般的ですよね。要するに結果を出すということでしょう。それを否定するような、過程というのは、どういう意味でしょう。

誰もが選挙に出られるようにする

和田　選挙は当選しなければゼロ、結果がすべてである、というまことしやかな言い方があります。私のいう過程というのは、地域、宗教、慣習、人間関係などの束縛から自由になって、有権者と政治家、志望者が時間をかけて対話する場のことですね。この過程こそが政治であって、いうならば政治教育であって、結果はついてくるものだ、と理解することです。投票箱に書いて入れる行為だけを選挙と思わないことでしょう。

さらに申し上げれば、政治も選挙も、短い時間で受ける感動、感激よりも、時間をかけた理解、納得を心がけるべきでしょう。この場合は送り手の政治家も、受け手の有権者も。過程を大切にすることで、すなわち有権者と候補者の政治についての対話、日常の生活で感じる政治の有り様を通しての価値観の共有が可能になると思うのです。相互教育といってもよいでしょう。

一つの例を申し上げますと、選挙のときの候補者本位の、宣伝カーの割れるような音量のマイクの出番がなくなります。夜勤で帰って休んでいる人や、病気で臥せっている人などを無視して選挙運動を行う候補者は、住民の役に立つ議員になる資格はないということです。

選挙の訴え方から候補者の政治感覚がわかるのです。当選した後の議員生活もそこから予想できます。選挙の過程に着目すると、候補者が議員になった後の言動も類推できるというわけです。

このように考えるのはどうでしょう。全国のどこの自治体でも一八歳や二〇歳で成人式を行います。大方はその場を利用して投票権について説明をするのですが、選挙のときには棄権をしないでくださいと、選挙管理委員会は挨拶します。この挨拶では百点満点中の五〇点です。あとの五〇点は被選挙権を得た二五歳、三〇歳のときに、自分ならこの政策で社会をよくするために選挙に出る、という気持ちになってほしい、といって被選挙権を考えさせることで、初めて選挙管理委員会の役割が果たせたとしなければならないのです。

別な面から選挙について考えてみれば、供託金の政治的戦略をやめるべきです。戦略というのは、供託金が少ないと泡沫候補が増えるというように選挙管理委員会は見ているのです。

そもそも泡沫という言葉が民主的ではありません。これまでに、多くの人に立候補してもらえるように減額したことは一度もありません。誰でも選挙に立候補できる環境が望ましいと誰もが思いますが。村議の一五万円から国会議員の衆議院選挙の三〇〇万円まであります。これを供託しないと立候補できません。そして一定の得票がなければ没収となります。誰もが出られる選挙、出たい人も出したい人も自由に政治に関われる社会が望ましいです。選挙の風通しを良くしたいですね。

いまでも残っているでしょう。選挙は得体の知れない、近づかないほうがよい存在として考えられてきました。事実、テレビ・ドラマでも議員が善人で描かれることはほとんどなく、権力を笠に着た悪役ばかりです。このマイナスの政治宣伝は政治と、政治家を侮辱していると思いませんか。青少年にも良い政治教育になっているとは思えません。プロ野球選手に憧れるように、政治家に憧れる青少年が出てくるようにはならないでしょう。

――政治家は何か胡散臭いものという警戒心と同時に、何でもできる、してもらえるという依頼心との両極端が、私たちの心にはあるような気がします。この複雑さが人々を選挙から遠ざけている大きな原因ではないでしょうか。

『サクセス選挙術』を書いて選挙を身近にした

和田　政治の側に正直に選挙の実情を求めて、もっと国民は声を上げるべきでしょうね。投票も立候補も本人の意識が大切です。政治教育の場としての選挙を軽視してはなりません。

私は自らの区議立候補にいたる六カ月間の準備、選挙の戦い方とそれまでの政治学の勉強と議員になるまでの経験とを生かして、一九九八年に年齢、性別を問わず、地方政治家になるための心構え、手順、教科書ともいえる『サクセス選挙術』を出版しました。私が選挙に出る六カ月前からの選挙の準備から、選挙終了までの過程を明らかにした本です。

　政治学を学んだだけではなく、政治の現場である選挙に出ていきたい人が出ていけなければ、ただの学問で終わってしまうわけです。政治学という理論と政治家になれることを繋げなければならない、と考えてこの本の出版となったのです。それまでの本にはなかった事務所の作り方、仲間の集め方、公職選挙法の理解の仕方などについて述べ、具体的に古い、今までの選挙の組み立て方と違う方法を開示しました。有権者、候補者双方の多くの方から参考になったという便りをいただきました。

一二〇〇億円の都税の増収から水道料金の据え置きまで、やればできた

――私たち政治の現場から遠い者から見ますと、政治家は都営住宅建設や橋を作り替えるとか、お金を使う注文を行政に要求します。当然、その原資は税金です。税金をどう集めるか、は政治家の仕事でしょうが、それを言えば有権者に人気が悪くなります。政治家にとって歳入は鬼門というかタブーですよね。都行政のタブーを改革したトレヴィア（あまり知られていない珍しい話）などをお聞きしたいのですが。

都税の徴収率の向上で一二〇〇億円の増収

和田　おっしゃる通りです。各家庭も自治体もいろいろな声を聴いて、お金や税金を使う支出については関心がある。自分の目で確認でき、満足が得られるからでしょう。ああしたい、こうしてほしい、という要望には限りがありません。
　しかし税金を集めることには、使うほどには関心が高くはないのが家族の気持ち、国民感情でしょう。東京都は都民の生活のために使う歳出のお金に不自由していません。東京都に入る税金が支出する経費より多いからです。

この均衡がとれない赤字の自治体は、国から地方交付税交付金をもらって財政運営をしなければなりません。東京都は黒字団体であっても、集めると算定した調定額の一〇〇パーセントを目指して徴収しなければなりません。

私は初当選した一九九七年に、財政委員会でこの徴税率問題を取り上げました。それまで都は黒字の自治体だったせいか、九二％と都税の徴収率が低かったのです。大阪府と数年間を比べた徴税率で、三％ほど低かったのです。この徴収率を最低でも大阪府と同率になるように強調しました。一％といっても金額にすると大変な額になります。

当時、都の固定資産税などの税収は約四兆円でしたから、一％は約四〇〇億円です。三％では一二〇〇億円となります。一般会計が一二〇〇億円といえば、特別区二三区のなかで人口、財政などが中規模の標準的な自治体でした。莫大な金額です。

質問では具体的に徴税方法の変更を求めました。それまで一人で督促していた職員を、二人にして互いに牽制できるようにしました。何回も訪問して催促することも求めました。その結果、二年間で九七％が達成され、一二〇〇億円の増収となったのです。やればできるのです。

全国から改善方法などの問い合わせが、引きも切らない状態となりました。都から出向く方法では人手が足りなくなりました。そこで、二〇〇四年には都議会の一階にある大会議場に、徴収率向上に関心のある全国の自治体に集まっていただき、第一回徴収サミットを行うようにしたのです。

税金は国や自治体を動かす必置の発電機のようなものです。行政が政策に沿った税金の使い道を住民に説明し、その後の成果を正しく公開することでそれぞれの立場の納税者が納得するはずです。この信念で、税金の徴収は行われるべきです。

決算委員会は前年度資料の提出に改善した

都の財政の歳入、歳出の改革に関係してですが、都議会では歳出の結果を検討する決算委員会は、それまで予算執行から二年後に行われていました。これでは最短の予算には反映できません。

そこで「都議会のあり方検討委員会」で取り上げ、翌年の予算委員会に提案、審議できるように一年、短縮しました。使い終わった決算資料から、すぐさま予算を考える大切な知恵がなおざりにされていたのです。都の長い間続いてきた予算重視、決算軽視から、予算、決算を平等に重要視していくように切り替えていく過程への改革でした。決算を重要視する視点は、監査委員会の出す監査報告が、議会が参考にするべき最善の資料である、ということと同じです。

スポーツ・ヴォランティアを育成し、新しく運動参加を広める

石原都政の二〇一三年に、二〇二〇年の東京オリンピック・パラリンピックが決まりました。それを受けて本会議で質問しました。スポーツ・ヴォランティアの考え方を普及し、住民に参加してもらうためです。またボランティア活動の有力な選択肢にしたいと思ったからです。いまの行うスポーツ、見るスポーツのあり方に、支えるスポーツを加えるべきであるというものです。行う競技者と見る観客の間に立って、安全に円滑に競技が終わるように冷静な態度で協力するものです。いろいろなスポーツが楽しめるようになり、第三の楽しみ方としてスポーツ・ヴォランティアを志向する人が増えるようにと思ったからです。

都もスポーツ・ヴォランティアを募集して講習をしたりして準備をしたのですが、コロナ禍のために一年延期して二〇二一年に開催されたオリンピック・パラリンピックでは無観客だったため出番はなくなりました。都は何万人もが集う大競技場を使ったアマチュア・スポーツの大会、東京マラソン、屋内の大規模大会などの際にも募集をして、スポーツ・ヴォランティアのせっかくの盛り上がった意欲を生かしてい

くべきでしょう。

ようやく都立公文書館条例が制定された

都立公文書館条例制定については、こんなことがありました。港区にあった古い館を視察しました。入るとかび臭い匂いが鼻をつきました。係の人に聞くと議員が見に来ることなど全くないというのです。公文書などには関心がないのでしょう。行政の記録は住民、自治体の履歴です。しかし地方では当時これが一般的な状態だったのでしょう。

ですが当時の福田康夫総理は二〇〇九年に公文書管理法を全会一致で成立させました。公文書の保存、管理に関心をもっていて国立公文書館などの建設を強く主張していました。私は国、福田総理のご努力に先立って、二〇〇三年に都の公文書館を視察したうえで改善すべき四点を質問しています。

公文書館が存在しながら条例に記載がないのは法律違反である、と質問しました。都の答弁は一九八七年、国が公文書館法を制定する前から、すなわち一九六三年に職員研修所と併設されたときからあり、条例は必要ない、という答えでした。それでも、条例に書かれていない施設などあってはならない、というのが私の主張です。

のちに公文書館は世田谷区に移りますが、そのときも条例は出来ていません。都にも時代に合わせて改良しようとする動きが鈍い部局があったのです。

曖昧であった都立公文書館は、ようやく二〇一九年に条例化され、二〇二〇年四月から改正公文書条例が施行されて、国分寺市に公文書館として運用が始まっています。都行政と公の記録の関係に鈍感な姿勢に、憤りを感じました。

私学助成審議会を公開した

都の私学助成審議会は私立学校に出す助成金を審議したり、保護者の経済的負担の軽減などの私学行政を行っています。審議会は私学の経営者、学識経験者、都議会議員などで構成されています。公立の小、中、高が私立学校の経営を圧迫しないようにという配慮も垣間見られる施策です。

その助成金を審議する委員会が非公開だったのです。私立学校教職員組合からは公開するべきだ、との陳情を受けていました。一九九九年に審議会委員になりその場で公開を指摘するとともに、総務委員会で公開を要求して質問して、実現させました。それからマスコミ、私立学校の教職員組合、父兄などいろいろと関心をもつ人が傍聴するようになりました。

もともと助成金は税金です。透明性は公開することで担保されます。

パスポートの受理日、時間枠を広げた

一九九九年の都議会での質問で、パスポートの受理日、時間の枠を広げて勤労者などの便宜をはかるようにすべきだと述べました。その結果、新宿、池袋、有楽町、立川の事務所が日曜日も開設するようになりました。観光立国をいいながら、パスポートの発行にお役所の硬い姿勢は、馴染まない。もっとパスポートの受け渡しに柔軟になるべきだ、ということです。

青島都知事の不出馬が「子どもの権利条例」を幻にした

――子どもの権利については、途上国の子どもはもとより、世界中の子どもの置かれている環境は健全とはいえない状況です。国連で子どもの権利条約が制定されて、わが国でも批准しています。ところが、各国はもとより国内でも、貧富の格差が広がってきている現状です。子どもの未就学、労働者として働か

されることなく、自ら収入を得られない子どもの健康や命を大人、社会、国が守る必要があります。子どもの多くいる都は、首都東京を言い立てるならば、とりわけ子どもの権利に敏感でなければならないと思うのですが。

二度目の質問で青島知事は条例化を答弁した

和田　この条例は成立の直前まで行ったのです。ところが達成できなかった残念な思いの残る条例です。国際的な子どもの権利条約・児童の権利に関する条約は、一九八九年の国連総会で採択され、一九九〇年に発効しています。

日本は一九九四年に批准しています。一八歳未満の子どもに対し、権利をもつ主体として、おとなと同じ一人の人間としての人権を認め、保護や配慮を受ける権利が定められています。東京都の子どもはこの権利条約に沿った生活をしているのでしょうか。家庭、社会の子どもを取り巻く環境は、子どもの保護、配慮に十分な政策が準備、機能しているのでしょうか。世界の大都市、国際都市・東京というだけで、子どもたちを見捨てて大人の東京になっていないでしょうか。

議会も投票権をもち、普段、接触する大人の要望、不満を聞くことには慣れています。子どもは大人の意見や考えに従っていればよい、という硬直した思想がまだまだあります。たしかに「わがまま」という表現はあまり大人には使われません。心身の発達途上の子どもが、大人から見て「わがまま」であるのは当然なことでしょう。それを許容できない大人には問題がないのか、という見方ができないことにこそ問題がありはしないか。このことがわからない大人がいます。いわゆる「大人・子ども」です。

八〇〇万世帯を有する東京都です。いろいろな家庭、いろいろな子どもがいて当然です。とりわけ経済の動きに沿うように、子どもへの虐待、育児放棄などひどい環境が東京都にも増加傾向にあることは、誰もが認めるところでしょう。この状況を各家庭に任せるにはあまりにも大きすぎる問題です。

このような視点から、当時の青島幸男都知事に質問を続けました。一九九八年の二度目の質問のときに、青島知事は「来年度、東京都の子どもの権利条例を議会に提出します」、と答弁したのです。私は、青島知事の改選期が一九九九年七月ですから、その前に条例を提案することで、自分の知事選を考えた判断であると受け止めていたのです。ところが突然、青島知事は年明けに不出馬を表明したのです。正直なところ愕然としました。

石原知事の子ども観は家父長的であった

これで青島都知事の下での条例成立はなくなりました。次の石原慎太郎都知事にも、青島前知事の条例を提出するという答弁を前提に改めて質問したのです。彼は「子どもには権利がない」という一言で私の質問を一蹴しました。

『太陽の季節』で芥川賞作家となり、古い時代を打ち破った新時代のヒーローのような印象の人でした。しかし政治思想の根源は、家父長制の権化のような政治家でした。まさに保守の頑迷な地盤を打ち破る、保守の新しい反動の力でしかなかったということなのです。その後の、石原知事の重度身体障碍者に対する、「生きている資格があるのか」という発言、第三国人発言などからもそういった姿勢はうかがい知れます。それぞれ謝罪、弁解はしましたが。

石原知事は、政治の対象を、切れば血の出る人間ではなく、あくまで想念、抽象としての人間としてしか扱わない精神構造の人だったということがわかりました。

首都機能の集中は痴漢犯罪を生む

――東京をはじめ都市は、大きくなり便利になり賑やかになればいいというものでもないですよね。外部不経済という公害、たとえば大気汚染、交通事故、犯罪などをもたらす場合がありますから。

混雑は痴漢犯罪の元凶である

和田　東京は超過密都市です。道路、電車の朝、夕の混雑は日常となりました。京浜東北線、山手線、私鉄、都営地下鉄など時差出勤を呼び掛けても効果はありません。

かつて高度成長時代にはダッシュ・コートというナイロン製のコートがはやりました。滑る素材なので、満員電車の乗り降りに都合がよいというアイデアでした。朝の満員車輌に、乗客を押し込む押し屋というアルバイトも登場したほどです。混雑度が四〇〇％以上というのが当たり前でしたから、人間の乗り物ではありません。上げた手は下げられず、持ったカバンは手を放してもそのままの状態という有り様を、何とも思わなくなった麻痺感覚の恐ろしさが東京の通勤、通学の実態でした。

いわゆる人、物、金が集まることから町は成長、増殖していきます。ところが限界を過ぎると生活や生産に不都合が出てきます。これが外部不経済です。都市周辺の田畑や里山が、団地や工場になり自然は後退していきました。日本でこの傾向を、最も強くあらわしてきた自治体は東京都でした。常に世界の先頭に立つことを意識してきた首都東京の宿命でした。

どういうわけか歴代都知事は、「世界の首都東京」の名称におぼれて、日本よりは世界でも飛びぬけた大都市にするべく政策を訴えてきました。いわく国際都市、いわく金融都市、いずれも世界に冠たるという形容詞がつきます。都知事に就任すると、皆が皆、何かにとりつかれて、躁状態になるのかもしれないと思うほどで、その結果何でも日本一、世界一を目指すことになるのでしょう。町中に、混雑が生まれる。特に朝の移動である通勤、通学の電車の混雑は、覚悟を決めて乗り込む必要があるほどです。

――通勤、通学の混雑の電車の空間からすぐに連想するのは痴漢行為です。過密都市の宿命といえますが、過密であるから痴漢は仕方がないとは、決していえないわけで。

痴漢行為は曖昧な迷惑行為ではなく犯罪である

和田　おっしゃる通り、混んでいようと人気のないところだろうと、痴漢は痴漢で、犯罪です。

私の二人の娘は小学校から電車で通いました。通勤、通学の七時三〇分前後の時間帯は、一台見送ることもまれではないと言っていましたね。都心に向かう混み具合は、地獄のようだともいいます。

一歳違いの二人の娘が中学生になるころ、教室で朝の電車での痴漢の話が出始めたそうです。実態を知ろうと、私の知り合いの女子高の経営者二人に、痴漢についてのアンケートを生徒にとってもらうように頼んだのです。高校生に学年を問わず一〇〇人をサンプリング対象としました。二校に多少の差はありましたが、実に両校の平均で八三％が何らかの痴漢被害にあっていることが分かったのです。

――痴漢被害が多いとは聞いていましたが、八三％とは驚きの数字ですね。

和田　早速、都庁で痴漢対策シンポジュウムを開きました。元警察官、痴漢に会った女性団体の代表、普通の女性等の意見が発表され意見が交換され、対策も語られたのです。そのシンポジュウムでは東京の、町の過密による電車の混雑、痴漢の罪の軽さ、被害女性を正しく見ない社会風潮、痴漢の冤罪なども発表されました。

私はこれを受けて都議会での質問を数度にわたり行いました。痴漢は迷惑行為ではなく犯罪であるという、強い輿論を作るためですね。現在、痴漢を取り締まるのは都道府県の迷惑防止条例であることから軽い印象を与えますが、完全な犯罪であると訴えたのです。痴漢行為が原因で表に出られなくなった女子学生や、電車に乗れなくなった女性がいるのです。最後には警視庁も「痴漢は犯罪である」と正式に認めたのです。

いまは駅、町のポスターに大きく「痴漢は犯罪です」と書いてあります。都においては当然、罰金、懲役刑などの罰則も数倍重くしました。早く各自治体の定める迷惑防止条例ではなく、国の刑法で取り締まるべきでしょう。

――罰則、罰金の重罰化による痴漢の抑制だけにとどまらず、女性の通勤、通学などの環境改善に挑むことになるのですね。

女性専用車輛は苦肉の策、首都機能移転に手を付けるべきだ

和田　さらに関連して過密都市東京の通勤、通学事情を改善するために、女性専用車輛を、通勤、通学時間に設けるべきであるという質問を都議会でしたのです。かつて戦前、戦後に取り入れられたことがありましたが、途絶えていました。二〇〇〇年一二月から京王電鉄が初めて導入して、男女とも利用者に好評であることからＪＲ、他の私鉄、都営地下鉄も続くこととなったのです。

このように過密都市東京の負の象徴としての痴漢ではありますが、全国に共通した刑法で取り締まっていません。いつまでも東京都、あるいは各自治体の迷惑防止条例で取り締まることでよいのでしょうか。地方都市もいわゆる都市化してきて、快適な生活とは程遠い混雑と共存するところが増えてきています。地方の痴漢事件が報じられることは、珍しくありません。

議員、議会の姿勢にも問題があります。都議会議員が一二七人いるなかで首都機能移転に賛成なのは私ひとりでした。飽くことを知らない、獣のように人口、情報、経済を東京に集めようとする貪欲さは、尋常のものではありません。日本の都市が持ち味を生かして、均等に発展していくことを東京都が率先していく気概がなければ首都とはいえないでしょう。都は、首都機能移転に賛成の政府と話し合い、まず手始

めとして国会を地方移転して範を示すべきです。

田中角栄総理（当時）の日本列島改造論の発案者ともいわれた、かつての国土庁長官下河辺淳氏が都議会での講演の後に、移転論者の私に「貴重な勇気ですね」とおっしゃられたことがありました。

加害者は牢獄で守られ、被害者は置き去りの行政を変えた

――人間が町に集まると明るく楽しいことだけではありません。いろいろな欲望も集まってきます。東京もシカゴもワシントンも政治、経済、文化に富んだ素晴らしい大都市です。一方で、大都市だからこそ生まれてくる犯罪があります。そして匿名性が大都市の魅力でもありますから、何ら謂われ、根拠のない犯罪に遭遇することになります。

人権問題としての犯罪被害者対策を応援する

和田　犯罪の被害にあうことは、誰でもあります。特に都市化の進んだ東京都のような大都市では、田園の牧歌的な生活は失われてしまっています。都市の便利をとるか、田舎の不便をとるかといったところがあります。

ひところ一世を風靡した、「あゝ上野駅」の歌詞にある時代が今も続いています。人が集まって作る町は明るい希望が集まるだけではありません。善意だけではない悪意も集まる。そして犯罪が生まれる。たとえば二〇〇〇年当時、東京都で起こる殺人、強盗、強姦（当時の名称。現在は強制性交）、放火などの凶悪犯といわれる犯罪は年間約一四〇件でした。全国では、殺人、強盗、強姦、放火などで約七二〇〇件発生しています。

動機にはいろいろなものがありましょう。ところが、一人の人間が殺されることによる、家庭的、社会

的な絶望、混乱、動揺は数字にはあらわせません。このような悲劇のなかで大都市の日常が繰り返されているのです。そして傍《はた》で傍観する人々は、また自分の関心事だけにもどるのです。被害者本人、家族には目もくれない。たとえ関心を向けても、加害者の動機、刑期の長さくらいでしょう。

傷害事件、殺人事件が起こると、被害者本人は当然ですが、周辺や家族は突然、頭を殴られたように呆然となります。理屈では割り切れない、納得できない事態に襲われるのです。いままでは犯罪被害者は運が悪かった、と泣き寝入りあるいは諦めるだけでした。

ここに日本で初めて、被害者の側からの権利を主張した岡村勲さんが立ち上がるのです。いうならば私憤を公憤に止揚し、また犯罪被害者の集まりである組織を作り、国を動かし法制化した運動の提唱者なのです。

ご本人は一九九七年一〇月に、証券会社の顧問弁護士をされていてその関係からか、奥様が自宅玄関前で殺害されてしまいました。その後、二〇〇〇年に犯罪被害者たちが岡村弁護士を中心に、「犯罪被害者は訴える」シンポジュウムを開き、犯罪被害者の会である「あすの会」設立総会が開催されました。私も一都民として参加し、受付などのお手伝いをしました。その後、諸沢英道常盤大学教授の講座も受講して多くのことを知りました。

さらに全国犯罪被害者の会を支援するフォーラムが、発起人・石原慎太郎氏、瀬戸内寂聴氏（作家・僧侶）、樋口廣太郎氏（アサヒビール元会長）などによって設立されました。会はドイツ、フランス、イギリスへ調査団を派遣して訴訟参加、付帯私訴、被害者補償の研究もしたのです。その後も海外の事情の研究調査は行われました。

運動は少年法の一部改正、犯罪被害者等給付金支給法改正、犯罪被害者支援法改正、など国に対し犯罪被害者の権利と被害回復を求めて根気強く続けられました。そしてついに、二〇〇四年に犯罪被害者等基本法が成立したのです。

そこにいたるまでの過程で私は都議会の場を生かして、犯罪被害者対策について人権問題の立場から支援を行うべきであると、発言を繰り返してきました。具体的には東京都に犯罪被害者条例を制定し、犯罪被害者の権利を自治体の問題として受け止める姿勢を明確に示すことでした。

「あすの会」は国には犯罪被害者給付金の実態に沿った見直しを求めて、それを実現しました。

性犯罪の現場検証の際に、それまでは事件の模様の再現を本人がモデルとなって実施していたのですが、私は人形で行えるようにしました。屈辱の再現を避けるためです。人形は都内すべての警察署に配備されました。遺族の待合室になる部屋の作りも変えました。壁紙や机の上のシーツの色を明るいものに変えるとともに花瓶に花をいけるなど、被害者の心に寄り添う気配りを求めました。

二〇一二年一月二三日に「あすの会」の代表幹事、岡村勲弁護士から感謝状を授与されました。その趣旨は、犯罪被害者等基本法の制定や犯罪被害者の刑事司法参加に努力し、生きる希望と勇気を与えた功績によるもの、と書かれています。

「隅っこ気になる症候群」の精神を大切にする

――和田さんは、自ら社会の隅にいる人々が気になってしまう、「隅っこ気になる症候群」だ、とおっしゃっています。東京都という、巨大な怪物、捉えどころのない組織の財政、人権問題などに取り組んでこられたわけですが、一方で「隅っこ気になる症候群」の和田さんが取り組んできた課題解決があればお話しください。

都立公園にドッグ・ランを建設した

和田　『メリアムの教育』第一期に出てくる犬のカルロは、メリアムの人生に大きく関わる存在だと書きましたから、都立公園のドッグ・ラン建設からお話ししましょう。

時代が進んで、だんだん生活が豊かになると同時に、住民も犬の管理をしっかりするようになってきました。友人のマルコ・ブルーノさんは、愛媛県新居浜市で動物愛護運動をしています。日本の動物愛護行政や日本人の無責任な犬、猫など動物の飼い方に注文を付けるために国会まで出向いています。国会議員の理解の無さを嘆いています。

都議になってから、野犬などを集めた管理事務所を視察したのですが、犬たちのいる部屋には七つの檻があって、一日ごとに犬を移していって七日目にはガス室で殺処分していました。犬の管理されている部屋に入っていくと、すべての犬が檻の中で立ち上がって一斉に「助けてくれ」とばかりに吠えます。犬を一時の思い付きで飼い、捨てる無責任さを痛感させられる瞬間でした。

そこで都と交渉して、殺処分の日を九日目に延長しました。たった二日間ですが、その間に元の飼い主や、新しい飼い主が出てくるかもしれませんから。犬も猫も他の動物すべて、殺処分ゼロにすることは私たち人間の生物に対する最低限の責任でしょう。

二〇二〇年の記録では神奈川県平塚市は、殺処分ゼロということです。市民、行政、動物売買業者の協力があったからでしょう。平塚市の姿勢を、都を含めて各自治体も見習うべきです。やれば出来るのです。たとえば学校でのクラブ活動に動物飼育を取り入れたり、老人ホーム、介護施設でも動物と触れ合う機会をもてるように施設や社会が推進したいものです。

ドッグ・ラン運営に成功しているニューヨーク市のセントラル・パークの例を視察してきました。そこでは利用者がニューヨーク市から提供された公園敷地に、簡単な囲いがありました。利用者や通りすがりの人からの声を聴くと、誰もがドッグ・ランを歓迎していました。利用者が自発的に組織を作り管理していました。もし事故があったとしても、利用者の間で解決することが利用規約に書かれていました。住民の自主管理です。

――セントラル・パークの視察を生かして、さっそく東京都でも行動に移されたわけですね。

和田　このときの私の取材メモや写真を、東京都立公園にドッグ・ランを導入するために公園課に提供しました。検討させた結果、二〇〇四年に都立駒沢公園、同神代公園に同時に第一号が建設されました。駒沢公園の開所式には参加しました。それからは環境の許す限り、都立公園に付属してドッグ・ランは建設され、利用者の自主管理となっているニューヨーク市方式で運営されています。いまでは一二カ所の都立公園に付属して建設され、多くの都民に喜ばれています。

ついでに、犬に関連して馬について申し上げると、都議会で東京セントラル・パーク構想という質問をしました。東京駅からの行幸通り、日比谷公園、千鳥ヶ淵公園、皇居などの一帯をそう名づけて公園にしたらどうか、というものです。管轄が宮内庁、厚労省、東京都と分かれますので都が調整するというものです。その構想のなかに、夏の暑い盛りはやめるが、観光のために馬車を周遊させるという提案を入れました。公園の連携については東京農大の進士五十八名誉教授が唱えています。

――東京都が抱える都市問題の一つにホームレス問題があります。和田さんが応援してきた実践の事例がありますね。ホームレス対策で大阪府からスタートした週刊誌『ビッグ・イシュー』の販売を東京都でも支援したことです。和田さんとの繋がりはどのようにしてできたのですか。

大阪発の『ビッグ・イシュー』を東京都に定着させる

和田　そうなんですよ。ホームレス問題は世界共通の大都市問題です。一九九〇年代ごろから、新宿駅から現在の都庁までの地下道に夜になるとホームレスの人々がびっしりと寝袋で寝ている風景が見られるようになり話題になりました。都は障害物を造って場所をふさぎました。当時の都のホームレス人口は、七千人を超す勢いだったのではないでしょうか。年末の炊き出しは恒例となっていました。

どこから縁が繋がるか分かりませんね。一九九三年からイギリスに留学していた長女が、一九九八年に一時帰国して、翌日、池袋に買い物に行きましたら街頭で『ビッグ・イシュー』が売られていたというのです。「ビッグ・イシュー」はイギリスが発祥の失業対策の民間組織で、日本には組織がないと思っていたので驚いた、というのです。長女と応援しようということになって、すぐさま大阪の責任者・佐野章一さんに電話をしました。

翌日、彼は私の事務所にきて「現在、大阪では定着していて、東京に進出し始めたところなんです」と言う。私が応援することはないかと聞くと「販売者が、立ち止まって本を売ると道路交通法に違反するといって、警察官に脅かされるのです」とのことでした。

何とか自力で生きていこうとする人に、行政が力を貸すのは当然です。社会の変化についていけない人はどこにでもいます。さらに家庭・家族の事情は同じ人は誰もいない。労働環境が変われば、町に放り出される人はいつの時代でもいます。明日はわが身です。

いま私たちの周りでは、公園のベンチに横になれないように、座席に桟を打ち付けたり、外に面した水道の栓を外し、通りすがりに水が飲めないようになっていて、かつての優しいまなざしの町は消えつつあります。『ビッグ・イシュー』の販売者が町に立つことで人と接し、着るものも整え、髭も剃り身なりを意識して、本を売るために会話をすることで社会に参加することになるのです。このような連帯の下で社会からドロップ・アウト、脱落していく人々を無くしていこうとしているのです。日本ではまず大阪で定着し、東京に進出してきて多くのホームレスを救済しようとしている人がいたのです。

『ビッグ・イシュー』の主義に賛同して買う人も増えてきているのに残念だ、ということでした。その日のうちに佐野さんに都庁に来ていただいて、関わる部局に訴える機会をもちました。

東京都の行政区分から見るといわゆるホームレス対策は都の福祉局、取り締まりは道路交通法の警視庁なんです。二部局にまたがりますので、まず福祉局から自立支援対策の必要性と現状を警視庁に詳しく説明してもらいました。双方の話し合いによって、ホームレスの人たちが自立のために立ち止まって本を打っても取り締まらないことで落ち着きました。福祉局の熱意は頼もしかったですよ。

二〇二〇年四月当時、一冊四五〇円でしたが、売れると販売者には二三〇円が入ることになっています。この件で知り合った都庁前の販売者が、取り締まりの心配もなく元気に活動して、それまで受けていた生活保護を返上した、と報告してくれたときは政治家として嬉しかったですね。東京都福祉局の路上生活者の取り組みにも、かすかに一条の光が差してきたように思えました。

――ほかにもあまり目につかない、しかし改める必要を感じられて、実現した施策はありませんか。和田さんは、中学校の弁当事件の当時から自ら、「隅っこ気になる症候群」にかかっているとおっしゃっているくらいです。記憶されているところをまとめてお話ししていただきたいのですが。

婦人警官を女性警察官に、ミニ・パトカー以外の勤務も可能とした

和田　「隅っこ気になる症候群」というのは自信がなかったり、物おじする人が気になって話しかけたりしたくなる、おせっかいな性格を自己分析して名付けたものです。また「神は細部に宿る」という視点もありますしね。

人権というか労働に関わる仕事では、警視庁の規則で「当分の間、婦人警官は交通政策としてパトカーに乗る」と決められていたものを、女性警察官と改め、パトカーの枠を取り外しました。これによって女性警察官はミニ・パトカーにこだわらずに、広く警察業務につけることとなりました。逆に男性警察官がミニ・パトカーに乗ることもあるようになったのです。ゆくゆくはジェンダー・フリーの警視庁にしたいですね。

風営法の解釈を変え、ダンスはスポーツであるとした

和田　しばらく前から学生、女性、男性に流行しているダンス・スポーツは、世界選手権もあるとても激しい運動で、全身が汗みどろになるほどです。

最近まで、ただ「ダンス」というだけで戦後の飲食を伴う（男女交際の場としての）ダンスを指していた時代が変わり、幼児でも町のスタジオに通い、汗を流しているのが普通となっているのです。テレビの宣伝でもダンスの振り付けで踊っているのを見るのが日常です。純粋にダンスを楽しみ、さらにスポーツとして健康維持の役割も公認され愛好者も増えてきているのです。現状に無理解な遅れた認識が、取り締まる警視庁にあったといわざるを得ません。時代に即応するように、警視庁に規制の解釈を外させました。

被害者のなかにもあった差別をなくした

和田　精神障碍者、身体障碍者、知的障碍者は、行政から平等に対応されていると思っている人が多い。だが実情は違っていることもあります。

精神障碍者は、同じ都民であってもほかの二つの障碍と異なり、移動に必要な都営交通のパスの発行が無料ではありませんでした。なぜ、精神障碍者だけが有料なのか交通局に聞いても納得のいく回答はなかったのです。別に深い理由があったわけではなく、すぐに一〇〇〇円の手数料は廃止されました。こんな矛盾も指摘しなければ、それからも続いていたことになります。

知り合いの精神障碍の青年は、平等に扱われた嬉しさで、王子から浅草まで都バスを乗り継いで行ってきたと報告がありました。足を踏んでいる人には分からない痛みを、踏まれた人は感じているということなのです。

古い都営住宅にエレベーターを設置した

北区は以前から、二三区でも都営住宅が多い自治体でした。当時は階段を使って問題の無かった、若かった入居者も高齢となりました。階段が登れない人も出てきてエレベーター設置を求める声が上がるようになりました。特にベビー・ブーム世代の七〇歳を超す、高年齢世代から一斉に声が出始めました。

現場を視察すると、手すりを頼って、息を整えつつ時間をかけて上がる人、買い物かごを持って階段を一段ずつ上がるのに時間のかかる女性、なかには階段を這って上がる人までいました。エレベーター設置を急ぐ必要を都市整備局に伝え、滝野川、浮間の都営住宅などに設置しました。現場で階段を這うように手をついてよじ登る残酷な姿を目撃して、住宅行政の鈍感さに怒りを覚えました。

旧都立産業技術研究所の太さ五〇センチの木立、約一〇〇本を残した

北区に所在し、二〇一一年に江東区青海に移転した旧産業技術研究所跡地には、敷地の四方を囲むように五〇センチ近い大木が二〇〇本近く茂っています。国立オリンピック科学センターの隣地です。移転後には、選手は好成績を出しながら絶対的に練習場が不足しているアイススケート練習場の建設を都に要求しました。さらに大木の伐採をせず残すことも併せて指摘しておきました。

科学センターの周囲は、選手はもとより一般人もジョギングを楽しめるようになっています。時間を問わず走っている人を見かけます。公園もあり緑の多い地域で桜並木もある地域です。二〇〇本の逞しく育

った木立は、これからもスポーツと健康のシンボルとして残されるべきでしょう。

東京都人権施策推進指針を改めた

「東京都人権施策推進指針」は、それまで主に部落問題を想定したものであったのです。この指針に多種多様な人々が集まる東京の今日的な状況認識を加味して、現実的なものにしたいと考えました。扱う問題の範囲を広げ、性同一性障碍の団体、各自の性的指向、性自認を認めるＮＰＯ法人「アカー」などから実情を聞いてこれから多様化、複雑化する社会に即応できる、先進的な指針にすべきであると考えました。

二〇〇〇年にご本人も障碍者であった保険福祉局の幸田昭一局長の理解で、ＨＩＶ感染者、犯罪被害者とその家族なども対象とする今日的な取り組みを可能とする内容に改正できました。画期的な改正は、施策に手詰まり感のあった全国自治体のジェンダー・フリーの施策に、東京モデルが大きな刺激となって、急速に伝播していきました。

この指針改正を考えるとき、私の人権意識を育ててくださり、日本のかつての同和対策すなわち人権対策に力を入れられた都市社会学者で東洋大学学長をされた磯村英一教授が忘れられません。

「和田さん、奥様を家内と言わないことです。家の中・家内と決めつけるものではありません。妻と呼ぶべきです。女性も男性も平等ですよ」と優しく諭されました。また「高齢者とは言わずに、高年者と言うべきです。高齢とは馬齢の齢ですよね」とおっしゃる神経の細やかな人権対策の先達です。

地方から政治風土を改革する会編の『出直せ　地方政治』（はる書房）への推薦文をいただきました。お母様はＮＨＫのドラマ「はね駒」のモデル磯村春子さんで、明治期の女性新聞記者として八人の子育てをしながら働かれました。

その長男の磯村英一教授はあくまでも優しく、一九九〇年に地縁、血縁、国籍、宗教不問で会員制の合葬墓の「もやいの会」を創り、初代会長として活動を続けられたのです。

北朝鮮の小さな命に粉ミルク一六〇〇缶を届けた

――北朝鮮というと独裁国家でつかみどころがなく、国民のすべてが統制されている国家、いつも国民が飢えている国という印象です。拉致事件を起こしている国ですが、二〇〇〇年四月にその国に粉ミルクを届けられた経緯を伺いたいのですが。

ユニセフ・国連児童基金の報告で人道支援のために動いた

和田　国家や大人はそれ自体が責任の主体です。しかし自立できない乳幼児、子どもは保護、保育されるべき存在です。国際連合の内部に、国連児童基金・ユニセフがあります。子どもの生命、権利を守り、栄養の改善、予防接種、安全な水、環境不良の改善などを提唱して世界の子どもの現状に警鐘を鳴らす機関です。

一九九九年四月にユニセフは、北朝鮮の子供が貧困のため栄養不良で命の危機状態にある、という発表をしました。当時、私は、都議会の日朝友好議員連盟の役員をしていました。連盟などは人道支援の立場から粉ミルクを送ろう、ということを決めました。拉致問題がしきりに取り上げられていた時期です。

横田めぐみさん拉致事件のように外国の国民をある日、突然に自分の国へ連れ去るなどということはあってはならないことは自明の理です。しかし、一方で、かつて韓国の政治家金大中さんが、日本のホテルから国外へ連れ去られる事件もあったのです。昔ならともかく現代にも人さらいがあるという事実に、国際政治の闇というか恐ろしさを知らされていました。

私は戦後処理の一環からも、総合的に北朝鮮とも交流していく必要があると思っていました。趣旨に賛同する義援金は二〇〇万円を超しました。貴重な義援金で粉ミルク一六〇〇缶を購入し、新潟港から船で元山に送りました。私ともう一人の都議は北京経由の飛行機で行くことになりました。

四月一八日、私たちは順調に北京経由で平壌空港から入国しました。ところが肝腎の粉ミルクが到着しません。北朝鮮側がいうには、粉ミルクは日本の宮崎県でその年二〇〇〇年三月に口蹄疫問題が発生したので検査のために、元山港に留め置きとなった、加えて平壌に車で輸送するつもりが大雨のため道路が崩れて、平壌到着の予定が狂って大幅に遅れているというのです。

粉ミルクは、いつ平壌に着くのかも分からないというのです。やきもきして日を過ごすうちに一週間後の私たちの出国の日になっても、粉ミルクは到着しません。平壌から北京は週一便です。「国際問題になってもよい、元山港の粉ミルクはすべて新潟港に送り返してほしい」と大声を出していました。

――北朝鮮に入ってからの予測外の出来事ですから、混乱しますね。まして乳幼児の栄養問題で、政治とは切り離した人道支援ですから。和田さんの判断がすべてでしょうしいろいろな決断が求められましたでしょう。

行方不明にはされないと思ったが、不安はあった

和田　北朝鮮側は自分たちが、責任をもって粉ミルクを配るから、安心して帰ってよいというのです。何回も執拗に言いにきました。この国では、当時から政府すなわち軍隊が支配する、国民の自由を制限する強引な政治を行っていることは国際的にも周知の事実でした。したがって国際輿論も強く非難していました。私もそう思っていました。国際協力の物品などもすべて政府が没収してしまうといわれていました。

私は北朝鮮という国が国民をどう統治しているかという政治とは別に、ユニセフによる情報で北朝鮮の乳幼児が現在置かれている、命に関わる極端な栄養不良の状況を少しでも改善しようとして訪朝したのです。粉ミルクを配るために来たのだから、保育園などへ自分で配るまでは絶対に帰国しない、と言って妥協しなかったのです。彼らはわれわれを信じて予定通り帰国してくれ、と言うのです。

北朝鮮側との間に微妙な空気が漂いましたが、私は譲らず話の一回目は決裂しました。同行したもう一人の都議は予定通り帰国するといいます。だが、私は残る、と言い張りました。このまま帰って粉ミルクの配布を彼らに任せたら、協力者の善意に応えられません。北朝鮮はますます強圧的な態度に自信をもつことになると思いましたね。かねてから自分が外交の場にいると想定して、考えていた場面そのものが目の前に現れたのです。

すなわちある問題で、私が政治家として折衝していて、帰国予定の時間が来た場合に、成果が得られないまま帰る道をとるか、妥協して相手の言いなりになるのかという判断に迫られたとしてのケース・スタディです。

相手の国にあって交渉する場合の不利な点は、こちらの持ち時間と手持ちの情報に限りがあることです。この不利な交渉事を打ち破るヒントを与えてくれたのは、大学時代に読んだ女優の桃井かおりさんのお父様で防衛研究所の幹部であった桃井真さんの本でした。イフ・アイ・ワァー、アイ・ウッド「もし自分だったら」で常に考えろ、というのでした。

実際は自分がそこにいなくても、自分の問題として受け止めて対案を考えておく訓練をいつもしておくことが、交渉にあたっての秘訣だ、というのです。危機管理の専門家であるから当然の指摘です。それと同時に、交渉の時間を稼ぐために仮病を使ってでも、残らなければと思いました。粉ミルクを乳幼児に届けてこの目で確かめるまでは、絶対に帰国しないと覚悟しました。

北朝鮮の栄養不良の乳幼児たちはもとより、献金して粉ミルクを託してくださった方々の期待を裏切ることはできないという思いがありました。結果として、とうとう私の粘り勝ちのような形で残れることになったのです。

——予定では一週間で帰国でした。ところが北朝鮮の言い分が正しいとして、ミルクの口蹄疫検査や道の崩壊などで予定が狂ったのですね。でも次の平壌から北京までの航空便が出るまでに、粉ミルクが着くか不安だったでしょうね。

粉ミルクは北朝鮮にではなく、小さな命に届けた

和田　同行者を平壌空港に送った後、ホテルに帰ったのは、当然、私一人でした。訪問する前の情報から、北朝鮮には疑い深くなっていて、室内が盗聴、盗撮をされていないか不安でした。

朝、昼間は大通りを歩いたり、公園で休んだり、とにかく人目に付くところで時間を過ごしました。夜は一歩も外出しませんでした。横田めぐみさんをはじめ拉致問題についても知っていたので、緊張した日々でした。また商店街の品物の量や質を観察したり、物価を見たりして時間をすごしました。

予想していなかったことですが、携帯電話を持っている人も多く見ました。このまま情報化が進んでいけば、国民が外国の事情を知って自国の異常な統制に気づき独裁政権に反発の運動が始まるだろうと楽観的に思ったりもしました。同行者もいたので私の平壌までの足取りは分かっているはずだ、と自分に言い聞かせたりしました。

あとは私が行方不明になったように処理されないように、機会があるたびに盗聴されていることを前提に、日本にいる町田市選出の河合秀二郎都議にしばしば電話をして情報交換していました。そのようなときに、突然、石原知事が韓国、北朝鮮を想定した第三国人発言をしたので、日本から来た私に北朝鮮から何か反動がないか、と東京では心配しているというのです。ですが、はっきりと民主党は謝罪させるべき、

と私は伝えました。私も北朝鮮の関係者にたずねると、「粉ミルクを届けてくれた和田さんに、非難文書を持って帰ってくれとは決して言えません」、というのです。ひと安心しました。結局、私の帰国後に石原知事は謝罪したのです。

夜は本を読んだり、書き写したりして自分を鼓舞しました。食事は外出せずに、ホテルの食堂のソバをよく食べました。北朝鮮側は、一日に一回は連絡にきて粉ミルクがどこまで来ているか報告をしにきました。ほかの会話はあまりしません。

ようやく帰る便の二日前に、粉ミルクは平壌に着いたという報告がありました。到着した粉ミルクを確認しました。一六〇〇缶をすべて幼児施設に送り届けて、給食、おやつにという条件をつけて手配を求めたのです。

帰国前の一日を使って、私が粉ミルクを引き渡す保育園の確認を要求しました。時間の関係で平均一〇〇人規模の四園を出してもらって、一〇〇缶ずつ渡したいというものです。四園はすぐに割り当てられました。

保育園を訪問すると、園児たちは特に痩せたりしているようには見えず、身に付けている服も清潔そうで日本の園児と変わらない様子でした。外国から来た私に配慮していたのかもしれません。

粉ミルク、子どもたち、保育士そして私との集合写真をそれぞれ四園で撮りました。帰国してから、寄付をいただいた関係者、団体に報告し、東京新聞に保育園と子どもの写真を載せた訪問記を書きました。

帰国してしばらくは、人権の立場から賛同する、拉致をするような国に支援をするのは反対という、それぞれもっともな声が届きました。

人道、人権援助の難しさは今回のように、自ら声を上げられない子どもの人権とその国の政治体制が絡むと理屈、理論通りには進まないことです。

ユニセフの発表した北朝鮮の子どもの健康被害、生命の不安の解消のために、他国からの支援が大切なことは当然です。しかし、ビルマの国のように国民に自由を与えない殻の堅い国の場合、人道上の問題については、外国からの関与、干渉を行いつつその国の国民が立ち上がれるようにあらゆる支援を行うことも必要でしょう。

ミルクを待っている間に、北朝鮮側が板門店の軍事境界線を見せてくれるというので車で行きました。平坦な道路が一直線に淡々と続いていましたが、両側の低い丘は赤銅色で明らかに鉄分の多い地味であることがわかりました。一本の草も木も生えていません。土地が農作物には合わないのでしょうか、慢性的な食糧不足は、地味が原因だと思いました。

板門店からの帰りにわが国の筑波万博のときに披露された、一本の茎から何百個となく育っていたトマトの水耕栽培の話をして、研究するように助言したのですが、いまだにニュースにならないところをみると、私の助言は空振りに終わったのでしょう。

二〇〇二年、都議会の海外視察を再開する

――議員を誤解する一つの事例に、国会議員の外遊という報道の仕方があります。〝外遊〟すなわち「外国へ遊びに行く」と読み取れます。国会議員も地方議員も陰で不実な行いをしているのではないかという連想が働きます。

百聞は一見にしかずの姿勢で、真面目に行う

和田　議員が公務で海外視察に行くには二つの方法があります。一つは委員会として、一つは所属会派

からです。どちらも公費が使えます。

委員会の場合には議会関係の職員が随行しますから、住民から批判を受けることは少ないですね。随行職員が監視役を担うわけです。問題は、会派のときです。議員だけですからタガが緩みやすいのです。そこで視察とは関係のない醜聞の起きる機会が出てきます。

国内外での議員の視察に対する住民の印象は良くありません。かつて宿泊は近くの温泉で、夕食は広間で職員も入れた宴会であったことも経験しました。誰の眼にも触れない海外ではとくに、何をやっているのか、海外旅行と同じという見方さえ出てきます。

たしかに都議会でも海外視察から帰ってから出す報告書が、内容の乏しい旅行案内のパンフレットのようなものだったり、短すぎて報告になっていなかったりして、都民の批判もあり中止していた時期があったのです。しかし、視察が無駄であるかどうか、都民に納得していただけるかどうかは視察をする議員の姿勢であって視察には罪はないのです。

私は他都市の進んだ施策を見聞して、自分の都市に取り入れることは奨励されるべきと思います。物まねであっても、都民の生活が進歩するからです。

問題とされるべきは、議員の不真面目な態度です。公費を使う以上は私的に浪費せずに、視察の効果が自分の自治体に還元されれば何の問題もないはずです。諸外国の優れた政策を見聞することはわが町、わが国の政策、制度の見直しと確認の良い機会です。海外視察が悪いのではありません。視察をしている間の行動、態度、帰国後の報告書やその生かし方が真面目でないと非難を受けるのです。

報告書の大部分を他の文書から盗作したり、随行した職員に書かせたりして批判を受けて問題となるのです。そうなると視察本来の役割が生かされなくなるのです。

東京都議会も継続していた海外視察を中止していた理由があったのです。高額な視察費の割には都政に生かされていないとか。それまで中断していた海外視察を再開させる第一陣に、都議会民主党が手を上げました。

二〇〇二年のことです。私を含めた三人がオランダのワーク・シェアリングと多自然型堤防、イギリスの健康保険制度、低所得者の福祉、口蹄疫対策などの調査を組んだのです。

当時、ワーク・シェアリングは耳慣れなかったでしょうが、仕事を分け合うことです。都も仕事がない都民が多かったのでその方面の先進国・オランダの労働政策を参考にしようとしたのです。

――公費には使っていい限度額があるのですか。公費を使って、海外にまで行って見聞するのですから、現場に行くことの意味が問われますね。いまは情報社会ですから、パソコンなどから情報はとれますよね。これは公費を必要としません。それでも公費をかけて現地に行くことが大事なのでしょうか。

海外視察が悪ではなく視察のやり方が問題である

和田　はい、あります。交通費、宿泊費などに上限があります。帰国後の報告書の提出義務があります。公表されますから、いま、どなたでもご覧いただけます。私たち都議会民主党が再開された、第一回の海外視察に行ったのは、当時、東京は練馬区などで局地的な大雨が発生し始めた時期でした。一気に床上浸水して、コンクリートで囲ったカミソリ堤防の水害が問題となっていました。

そこでオランダで効果を上げているといわれている自然の土や岩などを巧みに生かした多自然型堤防を視察して、職員や住民から直接取材しようとしたのです。現地で得られる情報は、パソコンとは違う次元です。

イギリスでは、「ゆりかごから墓場まで」の福祉をうたい文句としているイギリスの医療、福祉がどうなっているかをこの目と耳で調査しました。また当時、わが国の厚生労働省が恐怖に思っていた、伝染力の強い、牛が狂い死ぬといわれた口蹄疫がはやり始めていたので、イギリスの対策を調べようとしたのです。とくにイギリスのケンジントン・ガーデンでは、亡くなられたダイアナ妃に山のような花が捧げられているなかで、三人で一〇〇人に健康保険制度の医療アンケートを行ったのです。

たまたまロンドン大学に留学中の長女にも手伝ってもらいました。彼女が公園でのアンケートなど聞いたことがない、見つかると逮捕されるかもしれないということでみんながおじ気づいたのですが、手早く決行しました。

アンケートで保険制度への満足度を聞いたところ、大いに不満が多数だった。簡単な病気で病院にかかりたいのに、診療日がとれないので、フランスの病院へ行くというのです。

外国から見ているイギリスの医療、福祉は、目の前で見聞きしてみると全く違いました。まさに福祉国家の本家イギリスの医療の実態をアンケート調査によって自分たちで確認できたのです。

私たちは観光旅行でないことを実証するためにも毎日、夕方にホテルに帰るとそれぞれが報告書を書いてホテルから、都議会民主党の事務局へファックスするまでは、夕食をとらないこととしていました。

その報告書は、私たちの視察を調査したい方のために都議会民主党事務局から都民、メディアに公開されていたのです。帰ってから、都議会の会議室で視察費用の開示をはじめ質問を受ける報告会を、自由参加で行いました。新聞にも載りました。当時、行革を専門とする税金の使い途に厳しい後藤雄一都議もいたのですが、隙のない視察だと言っていました。

直後の本会議で三人が視察を踏まえた質問をしました。オランダの自然重視を参考にして、東京湾から都心に吹き付けていた風が無計画に林立する高層ビルで遮られないようにする「風の道」を保存するべき、と提起するものです。石原知事には、イギリスの刑期を終えるころの囚人が社会と関わりのもてる「パートタイム・プリズン」の考えを質しました。私たちの海外視察を皮切りに他会派も始めるようになりました。議員は税金を使って活動するとき、いつも議員の使命を自覚できているか、自問自答する習慣をつけておくことが大切です。

住民は選び出した後にこそ、議員に監視する目を向ける努力が求められます。権力をもった議員は放っておくと自分勝手に動き出す玩具のようなもの、と思っていればよいでしょう。住民には議員の日常活動を監視して、月に一〇〇万円払う従業員を、すなわち議員を自分たちの代わりにどう動かすか、という高い見識と根気が求められることになります。

都議会史上初の議長不信任案可決の真相はこうだ

——二〇〇九年は都民、国民にとって、大きな政治の潮流変化に遭遇した年でした。当時の民主党は七月の都議選で大躍進、二カ月後の九月に衆議院選の結果によって政権奪取に成功します。その後、三年三カ月間、鳩山政権、菅政権、野田政権と続いたのですね。和田さんのいた都議会民主党は大いに沸き立ったでしょうね。

築地市場移転と再整備委員会の継続は可否同数となった

和田　いわゆるブームというものでしょうか。私も二〇〇九年の都議選は返り咲いた選挙です。自分個人だけではない、組織の勝利がもたらす異様な雰囲気は不気味でした。私たちの都議会民主党は、五四議席を獲得し、それまで第一党であった自民党の三八議席を抜いて、都議会第一党になったのです。

都議会では比較多数の第一会派から議長候補を立て、第二会派から副議長候補を立てて本会議で選挙します。七月の本会議選挙で杉並区選出の田中良都議が議長になりました。

都議会の新しい体制が整って一カ月もたたないころに、都議会にいた私にすぐ議長室へ来るように、という電話です。行くと、田中議長と三人の民主党の会派役員がいました。聞くと、中央卸売市場・築地市場の移転、再整備を検討する委員会を廃止するか存続するかについての水面下の話し合いが自民、公明両会派と続いているが、委員会を廃止する方向に押し切られそうだ、というのです。民主党は存続の立場です。そこで和田のこれまでの石原知事との関係を生かして委員会を存続できるように、直接交渉してくれというのです。

そして一年後の二〇一〇年七月に田中議長は、杉並区長選挙に出られるために議員辞職します。そのあとに和田が議長に選ばれました。

――都議会民主党は、和田さんに石原知事と直接交渉を依頼してくるほどに、行き詰まっていたわけでしょう。打開策を持ち込まれても、肝腎の和田さんが石原知事と高度な交渉が出来る関係があったのですか。

かつて石原知事の参議院選挙のヴォランティアであった

和田　私は大学院生のころ、石原知事が初めて参議院選挙に出られた一九六八年に、たしか銀座のローマイヤの入っていたビルの石原さんの選挙事務所で、ヴォランティアをしたことがありました。

これ以前に石原さんの支援団体の「日本の若い世代の会」というのがつくられました。会員ではありませんでしたが行事には参加していました。そのような古い、細い繋がりからでしょうか、私から申し入れをして、石原知事と二人だけで交渉することとなりました。石原知事を説得できないときは都議辞職をすると決めて、辞職届を内ポケットに入れて行きました。余計なことですが、議員がここ一番というとき、辞職をする覚悟をもつことが重要です。また出馬すればよいのですから。いつもそう心得ていました。

私と石原知事が、知事室で話し合いました。知事はしきりに私の立場を心配して「和田さん、あなたは大丈夫ですね。大丈夫なのですね」と念を押すのです。結果、知事も委員会を残すことに同意することでまとまったのです。石原知事は私の目の前で、佐藤副知事に電話をしました。「和田議員と話がついた。委員会は残す」とあっさりと言って、受話器を置きました。

それでホッとしたせいでしょうか、どちらからともなく、昔話になってある芸能プロダクションの社長の賭け事の話になって、大笑いしました。「ご苦労さまでした。よろしく」と言い二人だけの話は終わり、握手をして別れました。四〇分ほどの話し合いでした。正直言って、話がまとまらなかったときの議員辞職もなくなり、ホッとして肩の力が抜けました。

しかし先に触れましたように、実はそれまで水面下で、委員会を残さない方向に傾いていた、主要会派間の非公式な交渉があったのです。そのようなときの知事判断でした。議会で知事与党ということならば、与党と知事とで同じ政策判断がなされなければならないはずです。知事と与党の間で委員会の存否に対する合意がなされていなかった、と考えられます。

また、石原知事はディーゼル車の排ガス規制などには厳しい姿勢を取られていました。それからすると、豊洲跡地の土地がかつて、進駐軍の大規模な衣料品の洗濯施設の化学薬品の影響や東京ガスの跡地で、土壌汚染の可能性があることに抵抗があったのではないかと思われます。全くの想像ですが、知事の本心は健康被害に関わるかもしれない豊洲移転市場には、もろ手を挙げての賛成ではなかったのではないか、とも推察するのですが。

私の想像、推測にすぎませんが、このとき、自民、公明の会派は石原知事と和田の話し合いでそれまでの会派間の動きが阻止された、と思ったかもしれません。水面下での自民、公明、民主の間では委員会廃止の方向が強かった。それが反対の継続になったのですから、とくに自民、公明両党の議員は唖然としたというか。石原知事にはともかく和田には強い反発とか怒りを感じたかもしれません。これがのちの議長不信任の大きな伏線となったともいえるでしょうね。

たしかに以上の知事と私の話し合いの経過がありました。

――石原都知事と和田さんの中央卸売市場豊洲移転、再整備に関する特別委員会を存続するというトップ会談があって、ひとたびは委員会の継続すなわち移転の是非を含めた委員会の検討が続いたわけですね。

和田　そうです。そうしてほぼ一年後の二〇一一年七月一一日、田中議長の後任として私が議長を務める本会議に、東京都中央卸売市場の移転、再整備に関する特別委員会の調査継続の議案がかかります。調査継続に賛成は、土壌汚染などの調査を委員会で続けることを、反対は委員会の廃止を意味します。委員会を残すか廃止かの投票が行われました。投票数が偶然にも同数となったのです。議長席の隣の事務局長から可否同数の報告がありました。

私のまったく予想しなかった可否同数となったのです。戸惑っている時間はありません。議長の手元には議事進行のシナリオはありませんでした。このようなとき、地方自治法第一一六条一項は「可否同数のときは議長の決するところによる」と記しています。私は法に従い委員会を残す判断を宣告しました。

その瞬間、議場は異様な不平、不満の声と満足した明るい声で騒然となったのです。各党それぞれ予想外の結末に興奮した、熱っぽい雰囲気のなかで、すべての議案を議了して、閉会を宣言しました。

まさに議会の一寸先は闇である

――誰もが予期していなかった可否同数の投票結果ですね。可否同数の際の議長の判断すなわち和田議長の委員会を残すという議決は、豊洲に移転したいと思っている会派、移転反対の会派のどちらの議員にとっても寝耳に水でしたでしょうね。

躊躇なく委員会の継続を宣告した

和田　驚いたのは議長席にいた私も同様です。普通の本会議の運営では、各委員会に諮られた決定の賛否をもとにした、最終決定の場なのですね。ですからあらかじめ議会事務局は各政党会派の意向を案件ごとに調査して議事進行の台本・筋書きを書いて議長に渡しておくものなのです。しかしこの件については議会事務局も投票の結果までは調査できなかったのか、私の手元にある台本には何も書かれていなかったのです。

そこで私の可否同数のときの議長判断、すなわち委員会を残すという決定が出るのです。まさに条件反射そのものでした。

議長室に戻るや否や、すぐさま委員会の廃止を求めてきた会派の幹部が詰めかけてきて、「なぜ本会議を休憩して議会運営委員会を開かなかったのか」という強硬な抗議をするのです。そこから始まって委員会を残すことに反対の側から、議長不信任決議案が出され可決されたのです。一〇月一八日です。

これ以前に、いろいろな事情から委員会を継続する側の会派から離脱して廃止に回る議員が出ていましたから、本会議で不信任決議案は通りました。

ところが決議には法的拘束力はありません。私は、可否同数のときは議長決裁という地方自治法第一一六条一項を根拠に、当然の議長権能の行使をしたまでだと主張し通しました。さらに複雑なことに石原知事から、和田の言っている地方自治法の解釈は正しい、という激励も入ったりしました。

また廃止を求める側の会派すなわち自民党のなかからも、密かに議長室を訪れ、「頑張れ」と言って励ましにきてくれた議員が何人もいましたね。当時、石原知事のご子息である石原伸晃代議士が自民党の東京都連合会会長で、幹事長を務めるのは、マスコミで都議会のボスといわれている自民党の内田茂都議でした。二人の間はあまりうまくいっていない、という噂もありました。いろいろな要素が絡まり合って不信任が成立したのでしょうね。

地方自治法では四年、運用は二年の矛盾を突いた

不信任議決には法的拘束力すなわち強制力はありません。辞任せずに議長にとどまり、都民に都議会の実情を知っていただくことも考えました。私の経験からしても、都政も都議会も都民から見てわけの分からない、巨大な組織に映っているように思えました。ですから実態を知っていただくとともに、問題を根底からあぶり出すために辞職しないで関心をもっていただく機会にしようと思ったのです。私は辞任を拒否し続けました。

その間にこんな意見を言う自民党の議員もいました。「今まで都議会は二年ごとに正副議長を更迭する人事でやってきていた。だからその慣習に従うべきだ」というのです。この意見は、私の前任の田中議長と合わせると二年になる、だから辞めるべきだというのです。田中前議長に、「二年交代は自民党との約束なのか」と確かめても、「そんな約束はしていない」というのです。私はこう反発しました。

「これまで圧倒的多数を占める都議会自民党は第一会派としてやってきていた。議長の正規の四年任期では議長人事の回転が悪い。そこで二年で議長が自ら辞表を出す便法でやりくりしてきたのではないか。辞表を出す方が異例なのだ」と言い返しました。根拠は地方自治法第一〇三条二項にあって「議長、副議長の任期は議員の任期とする」とある、と応酬しました。この解説書に従って、全国では議長は四年任期の

自治体が圧倒的に多いことも反論しました。

辞めずに輿論に期待する覚悟もあった

――不信任議決をものともせず、というか地方自治法を根拠に泰然としていられる態度は、経験、武道から来るのかもしれません。最終的に議長辞職となるのですが、その間の事情はどうだったのですか。

土下座で議長辞職を求める姿に落胆した

和田　こちらが地方自治法などを引き合いに出して頑張っていれば、石原知事と都議会自民党の関係はぎくしゃくしてきます。加えて自民党のなかからも、頑張れ、という応援もあったのです。私が頑張って辞めないでいると都民やマスコミもなぜ、どうしてと疑問や興味、関心をもつようになるでしょう。それが国政や市区町村政と異なり、もう一つ都民に関心の薄い都議会がなぜ混乱しているのか、都民に近寄って知っていただく機会と考えました。

さらに私が辞任を拒否している理由として、都民、マスコミなどに自民党などの言動は議長の裁量権を侵すものである、という認識をもっていただこうという目論見もあったのです。すべての公職はひとたび選ばれれば、支援を受けた議員、会派に支配されない代表である。支配される代理者ではない。というのが私の主義です。

このような考えで貫こうとした矢先に辞任することになりました。辞任の経緯を申し上げれば、都議会民主党の問題となるのです。私が自民党などと交渉しているときに、自分が議長をやりたいという、同僚が出てきたのです。まさに自民党の二年説に乗る形です。都議会の自民党の主導するやり方に変化をもたらす、またとない機会だと前を向いて頑張っている後ろから、思いもよらない話です。

私は理由を話して、納得しませんでした。しばらく問答が続くわけですが、あるとき、会派をまとめる幹部が床に正座して「是非やめてほしい」というのです。時代劇で観る土下座です。土下座という行為の陳腐で封建的で時代がかった仕種で同情をかおうという卑劣さにあきれました。新しい政治を作ろうとして集まったはずの、私より若い議員のこの態度に失望もしたのです。旧弊といえる都議会の支配体制を打破する好機でしたが、誰にも相談せずに自分の意思で、自分の思う時期に辞職することを密かに決めました。議長辞職の日は一二月一四日。議長不信任議決が一〇月一八日でしたから七五日目の辞任でした。その後たまたま仕事納めの二八日、エレベーターに乗ると内田都議が乗ってきて目が合うと「悪かったな」と一言。

ここで都議会の議長職について、触れておきたいことがあります。一九六五年の議長選挙で自民党都議一五人が関係した贈収賄事件があったのです。同年六月に国会で地方議会解散特例法が成立し、それを待って都議会が自主解散しました。そのため、都議会議員選挙は統一地方選挙と二年ずれる日程となった経緯があったのです。

――議長でいる間は、自分の仕事はあまりできませんよね。東京都という大きな組織の都知事とは別な面の顔ですから。

二〇一〇年、全国の二三万人を超す民生児童委員の大臣委嘱を守った

――話はもどりますが、都議会議長になられてからのお仕事についておたずねします。二〇〇九年の都議選で和田さんは返り咲きを果たし、所属していた都議会民主党が都議会第一党になった直後、民主党が総選挙で大勝し、政権をとって三年三カ月間続くわけです。地方分権をうたい文句にした政権の改革方針

に国民の期待は集まりました。ところが誰もが反対できないと思っていたはずの地方分権が、とんでもない矛盾をはらんでいたのですね。日本の大きな福祉問題の転換を目指す民主党と和田さんが衝突したのですよね。

民主党の間違った地方分権を正した

和田　政権と衝突とまでいえるかどうかはともかく、政権の意向に反して国の権限をそのまま残すということでは、地方に分権しないままの状態を守りました。民生委員児童委員制度についてです。長くなりますが、制度についてお話しします。

いま全国の隅々まで整備されているこの制度も、その先駆けが地方にあったのです。民生委員児童委員は岡山県で一九一七年に始まったのです。当時の名称は済世顧問制度でした。

一九一四年に第一次世界大戦が始まり日本も参戦し、戦勝国になるのですが、産業優先政策のため国民生活は追い詰められていきます。生活困窮者が増えました。当時の岡山県民の一割が極貧生活をしていたといわれています。県は一九一七年の五月一二日に済世顧問制度の設置規定を公布したので、現在、この日を「民生委員・児童委員の日」としています。この制度は、地域の優れた人材に顧問を委嘱して、防貧活動を行い潜在している自立能力を開発して、人々に自立の機会を与えて支援するとしています。

翌年、一九一八年に大阪府で方面委員制度が創設されました。東京府（当時）でも同年に、設立されています。一九二八年には方面委員制度は全国の委員数が一万五千人を超すほどとなったのです。この方面委員は公的救済制度を定めた「救護法」を成立させ、一九三二年から「救護法」は実施されるようになりました。

戦後、一九四六年に民生委員令が制定され、方面委員は、「国民の生活、生計」という意味である民生委員と改められたのです。さらに委嘱者は都道府県知事から、当時の厚生大臣になったのです。

一九四七年、児童福祉法が制定されました。児童委員制度が創立され民生委員が児童委員を兼ねることとなりました。

——民生委員児童委員は、もともと岡山県の独自政策から始まっていたのですね。報酬とか手当ては出ているのでしょうか。

民生児童委員の誇りは厚生労働大臣の委嘱状である

和田　まったく無償のボランティアです。一枚の委嘱状、それも厚労大臣からの委嘱状に誇りをもって地域と密着して、高齢社会の幅広い福祉課題に尽力してきたのです。

いま私が長々と民生児童委員制度の経過を話してきたのは、日本の戦前、戦後の福祉政策の歴史と、岡山県という地方から湧き上がってきた、福祉の担い手たちの運動の経緯を申し上げたかったのです。毎年、五月一二日を「民生・児童委員の日」として全国連合会は決めています。

その民生児童委員制度が民主党政権のときに危機に陥ったのです。民主党政権のなかに、地方分権の名のもとに地方に権限を移す委員会が出来たのです。そこで今まで続いてきた民生児童委員の厚労大臣委嘱を、都道府県知事委嘱にしようとする動きが、強まったのです。

そんなとき、二〇一〇年一一月に文京区の文京シビックホールで民生児童委員東京大会があったのです。私は都議会議長として出席しました。東京都連合会会長は、挨拶のなかで、「いま、民主党の委員会で知事委嘱の方向で強力な動きがあって、きびしい……」と苦しい訴えをされたのです。

その会長挨拶のすぐ後の来賓挨拶で私は、「たまたま今日、首都圏一都三県の議長がさいたま市の大宮に集まりますので、各議長に今ここで聞いた会長と皆さんの思いを伝えます。もうあまり時間がないと会長がおっしゃるけれども、一回大臣委嘱が都道府県知事委嘱に変えられると永久に国には戻りません。全力で大臣委嘱を守るように努力することを約束します。それには一都三県の議会から大臣委嘱のままにするように、議会をまとめて国に意見書を出すことが当面出来る対策です」と表明したのです。参加者から大きな拍手をいただきました。

――とっさの発言でしょうが、よく言葉が出てきましたね。多分、会場は満席でしょう。その前での約束ですから責任がありますし、都議会の議長の立場を考えると戸惑いはなかったですか。

首都圏の議長たちが大臣委嘱の存続を働きかけた

和田　いいえ、ありませんでした。確信のある閃きとでもいえる勘ですね。実態を知っていれば知事委嘱など考えられませんから。

事実、その日の夕方、大宮で埼玉県、千葉県、神奈川県、東京都の四自治体の議長の会議が予定されていました。そこで私の提案から一都三県の議長が合意して、各議会が国に向けて大臣委嘱を守るように意見書を出すことで一致したのです。この会合で数時間前の都民生児童委員会連合会会長の「自分たちの仕事は無償ではあるが、厚労大臣からの委嘱状だけが誇りであり、名誉である」という必死な言葉をそのまま三人の議長に伝えたのです。みんな快く承諾してくれました。文案は私が書きました。

厚労省は、もともと委嘱を大臣から都道府県知事に変えることには、積極的ではなかったようでした。この意見書に力を得たかもしれません。

当時、新しく政権に就いた民主党は、新奇さを求め、政治主導を掲げ、政党や政治家が政治の主導権をとって官僚を動かす政治を創ることを目的としたのです。政治が官僚に引き回されていると思い込んだ、短絡だったのです。前政権を担っていた自民党のやり方と、民主党との違いを国民に印象づけるための政治主導でした。

二三万人余の無償の行為にお応えできた

一都三県の議会からの意見書は、民主党政権の検討委員会に届き、当事者の民生児童委員や、地方の議会の声が通りました。実態を知らずに、なんでも地方分権にすればよいという頭でっかちの政治は負けたのです。結局、全国二三万八千名の民生委員の大臣委嘱は守られたのです。

後日談があります。旧厚生省出身で内閣官房副長官を長く務められた古川貞二郎さんが、長年にわたって東京都社会福祉協議会会長をされていたのです。民生児童委員にも深く関係されていて、大変感謝されました。

そのご縁から都議会にお越しいただいて、民主党政権の政治主導について都議会で忌憚のない論評をしていただきました。「官僚の行政能力を生かさず、長い蓄積を利用しない政治指導はおぼつかなく見えます。官僚は声がかけられるのを待っているのですよ」という卓見をいただきました。たしかに古川さんのおっしゃる通りで、民主党政権は、官僚を恐れて使いきれず、政治主導という名前に逃げ込んで独りよがりな面が出ていました。官僚を使いきってこその政治主導のはずです。

結局のところ、官僚を遠ざけ誤った政治主導でせっかくの政権を先細りさせ、東京都などの地方選挙で定数の半分を党公認すると強弁した小沢一郎代議士、「なぜ二番ではいけないのですか?」の蓮舫参議院議員などの思い上がりと視野狭窄ともいえる、政治主導ならぬ両国会議員などの高圧的な政治家個人の主導で輿論の支持もなく、党勢も減退していくことになったのです。改めて推古天皇の官位十二階制にみられる、長い日本の官僚制の長所を勉強すべきでした。

東日本大震災の慰問、小笠原諸島の世界遺産指定、議長室の公開などなど

――和田さんが議長のときに東日本大震災があって、東京都、都民も大きな影響を受けました。そのあたりについて何かありますか。

都民と議長の距離を縮めようとした

和田　いろいろと忘れられないことがありました。二〇一一年三月一一日の東日本大震災が起きたのは、議長として本会議を終えて控え室にもどったときでした。建物は異常に揺れ、職員も動転していました。剣道で精神力を鍛えて、平然としている私に驚いていました。すぐに石原知事に電話をして、都民の安全確保と都の施設の被害を把握するように注文をつけました。さらに東日本大震災に傷ついた宮城、青森、岩手の三県に都議会からの義援金を、直接手渡しながら慰問しました。同じ年の小笠原諸島の世界遺産の決定の直前に、投票権のある国々の大使館を三日間に分けて訪れて、夏の暑い最中にロビー活動をしました。

さらに東京代表の日大三校の全国高校野球選手権大会（甲子園）優勝、夏の恒例となった俳句甲子園で二年連続優勝の開成高校の生徒五人と先生、剣道日本選手権上位入賞の内村良一選手のそれぞれの嬉しい報告を受けました。

議長交際費から歳時記、記念の盾などを贈呈しました。私の使った議長交際費の使い道はこんなところです。そして新しく行ったことは、私の執務時間以外は議長室を誰にでも開放すると決めたことです。

夏休みになって、議長室を訪ねてきた家族連れが、元気に議長の椅子に座り、興味津々で明るい顔をして家族で写真をとっていた姿を思い出します。この風景を都政、議会の日常にしたいと思っていましたか

ら嬉しかったですね。

さらに議長のホームページを新設し、一週間の活動の記録を乗せるような情報公開の工夫もしました。都民が近づきやすい都議会を創ろうとしました。

他方で残念だったことがあります。私も所属した全国都道府県議会議長会は議決機関ではありません。各議会間の連絡と地方自治の発展を目的とする組織です。全国知事会などがつくる地方六団体の一つです。そこが菅（直人）政権を批判する要望書を政府に出そうとしたのです。私は会の主旨にもとるとして、反対しました。私以外は自民党所属の議長たちですから、強引に役員で決めました。数の横暴ですね。地方自治、地方議会が未成熟といわざるを得ません。このようなことを続けていれば地方自治は硬直化して自壊していくでしょう。

新しい時代の都政改革に向けて

――和田さんのいう実験室の政治が登場というところですが、法令、規則がもととなって政治が行われるのは民主主義の現代にあっては当たり前ですね。ところが、閉鎖された政治の世界では、私たちの知らないところで、現実がまかり通ることが常識となります。慣習にもなっているのですね。有権者の知らないところで。何か改善の腹案がありますか。

議長、副議長は立候補制とし秘密投票で選ぶ

和田　おっしゃる通りですが、悪しき現実、旧弊は改めなければなりません。さらに地方議員が教科書ともしている荻田保先生の自治省（当時）の後輩の事務次官であった長野士郎の『逐条地方自治法』にも四年が好ましいと書かれています。加えて、たとえ慣習とはいっても、決まって二年ごとに辞表を出して

辞任をすることは好ましくないとも解説されています。まさに都議会の現状はこの逐条の指摘通り問題のある状況なのです。

私には、かねて区議会のときから考えてきた地方議会の正副議長の改革案があるのです。全国の地方議会では、都議会のように慣例で、最大議員数を有する第一会派から議長、第二会派から副議長という数の論理で選ばれてきています。私の改革案では、一定の数の議員の推薦を得た候補者が、本会議場で議長、副議長として議会のあり方、議会運営などを訴えて議員全員の秘密投票で選ぶようにするというものです。すなわち会派と所属する議員の拘束関係を緩めるべきというものです。その前提として徹底した議論をするというものです。

――都議会内の民主主義とでもいいますか。和田さんにいわれてみれば、いままで都議が自分たちの議長の政治理念や信条を分からずに選んできた形式に疑問をもつべきでしょうね。議会内民主主義の徹底ですね。

和田　形式論にすぎないという人もありましょうが、本来、議会は形式そのものです。都議会の議長が最大会派から選ばれなければならないという根拠はどこにもありません。第二会派から副議長という根拠も同じです。

都議会議員に議長、副議長の識見、人柄を確認できる機会が、議長、副議長の候補としての演説を聞くことと投票という形で与えられるべきです。都民も傍聴したり、テレビで都議会の正副議長候補の都政運営の考え方などを確認できるようにすべきなのです。

これらは都議会が都民に近づき理解される手法の一つといえます。

忘れられない言動がありました。都議会議長辞任騒動の最中に湧き上がった自民党などの抗議と非難のなかに、「和田は地元では集会で憲法前文を参加者全員で唱和している。その人間が不信任議決に従わないのは矛盾している」と決めつける自民党議員もいたのです。全く見当違いな意見です。たしかに、私は地元では区議会議員のときから日本国憲法の大切さを、一人でも多くの住民に知ってほしいとして前文を唱和してきました。憲法を守るという意味では、保守の人間です。変化のなかに安定を求め、安定のなかに変化を求める姿勢ですね。半世紀になろうとする地方議員生活を通して守ってきた理念です。

——正副議長の本会議場での選挙は、議会の公開性、独自性からもぜひ実現してほしいですね。都議会が取り入れれば全国に広がる議会の民主化ですね。

ところで、なぜこの場面で憲法前文唱和と和田さんの議長辞任をかみ合わせようとするのでしょうか。わかりませんね

通年議会で首長の専決処分の機会を減らす

和田　まさに論理破綻しているのです。憲法前文には日本国憲法一一章すべてが集約されています。さらにアメリカから与えられた屈辱の憲法だ、日本文になっていないという石原元知事のような人もいます。だから自前の憲法を創るべしというのです

そのような人に私は、古事記、日本書紀は難解な文章を解読して初めて理解できます、古事記の原文を残さずに現代文だけにするべし、などという理屈を聞いたことがありません、と答えるのです。

憲法が外から与えられたという解釈もありましょう。自主的に創るべきだという自主憲法制定論は、中曽根康弘元総理などが有名です。しかし今日までの日本の平和の源は、現憲法にあることは誰も否定できません。

さて話を議長の不信任の議決にもどしますと、辞任の義務はないのです。地方自治法に書いてあります。

もう少し議長を辞めずに都議会の内部や輿論に訴えることが出来たら、地方自治法に違反するような都議会の旧弊、権力構造は随分と是正することができたと思っています。

一般的に、議会という権力の磁場が強く働くところでは、常識ではあり得ない、水が低いところから高いところへ流れるようなことを諦観しているところがあります。改革論は書生論であるとして退けられがちです。しかし、首都東京と自負している都議会が手を付けていない地方自治の手法を実施している自治体が多くあるのです。

たとえば、わが国の地方自治体でも、議会を一年間開いておくように改めているところもあるのです。地方自治法では、年四回の議会開催を義務づけていて首長が召集権を持っています。そこでたとえば都の場合、都知事に都議会を一月に召集させ、会期を一二月までとします。するといつでも議長が本会議を開けるようになり、事前の議会招集の手続きが省略できます。通年議会ともいわれます。

知事には議会を開く時間がないという理由で、職権を使って議会に諮らないで行える専決処分がありますす。専決処分は首長の禁じ手であって、住民の代表である議員が審議をしないのに首長が決定できる制度です。議会は自らの権能を行使するためには、何よりも専決処分を避ける工夫をしなければなりません。さもなければ議会制民主主義は死にます。都議会の現実の問題について目を転ずれば、地方自治法の予定しない議長の二年交代に象徴的にうかがえます。一年間議会を開いておく、通年議会にすれば都議会の扉が開かれていることにもなるので、情報の伝わる機会と量が増えてきて都議会、都議が都民の耳目に触れる機会も増えることになります。

それと将来は、都知事は都議会議員からも出る政治風土にするべきでしょう。東京都以外の自治体では、県会議員が県知事に立候補することはよくあることです。各政党の国、都の組織が都政に詳しい都議から知事の候補を選出すると決めればよいのです。これまでの上意下達の官僚、著名人といった、当選しやすい候補を出すのではなく、地方自治の要諦である地方のことは地方で解決する視点があれば可能です。地方自治、地方政治の出発点です。

——ところで和田さんの議長就任と辞職の演説を、都議会の議事録で見ますと、それまでの門切型のものと違って異色というか、変わっています。自分の意見というかある意味では、自己主張の強い表現になっていますね。意識していたわけですか。

政治は過程を大切にし、言論、弁論の大河のなかにある

和田　それは自分で原稿を書いたからですよ。区議会時代から質問もすべて自分の調査、検討で書いてきましたから。議員は自分の言葉で、考え、方針を有権者に、また議会に誤解なく伝える義務があると信じてきていました。

就任のときはたまたま以前に、オックスフォード大学出版会の『ポリティカル・パワー』を『政治発言』として翻訳し公にしてありましたから、そのなかのヴォルテールの「私はあなたの言うことには同意しない。しかしあなたが発言する権利は死ぬ覚悟で守る」という文言が記憶にあったので使いました。

辞任のときは東京市長、後藤新平を取り上げ、日本の自治の改革に先駆けて、関東大震災の後にビーァドを招請した改革精神を評価しました。現在の都議会の旧弊を打ち払うべきという批判をし、最後に「東京都議会、万歳」を壇上から唱えて終えました。衆議院の解散のときは、恒例とかで議員が万歳をしますが、都議会では、異例といえばいえるでしょう。

それと議長職について申し上げれば、就任してすぐに議長公用車の不使用を議会事務局に申し出たのです。埼京線を使えば、一時間かからずに新宿の都庁へ着きます。ところが、使わないと、議会局の庁舎管

理に所属する運転手が失業する、という事情の説明がありました。生活が懸かっているというのです。それで私は使用を極力控えることに努めたのです。

――かつて都議会は議長選挙で問題が起こって、議会の解散をしたり、この度の和田議長のこともあり純粋な都政の政策論争だけではない、醜聞や権力闘争の歴史があったのですね。

都議会初めての樺山都議の自殺の原因は不可解であった

和田　私の議長時代を語るとき忘れられない出来事が起きているんです。二〇一一年七月に自民党都議の樺山卓司さんが自殺したのです。私と同じ下町の出身でユーモアを解する元気な人でした。人形を集める趣味がありました。声帯模写などを披露して明るい雰囲気をつくる、気配りの政治家でした。

ニューヨーク市で、アメリカの同時多発テロ事件の緊急事態体制を視察したときのことですが、スターバックス・コーヒー店に創業記念の人形がありましたよ、と言うと飛び降りるようにして、走って買いに行った、無邪気なというか純真な姿が微笑ましかったですね。

議会には利害が関係する各種の団体からの圧力や、同じ会派のなかからも統一行動をとるための常識や理屈では割り切れない圧力や、力がかかることがあります。自分の考えがなければ、その流れに乗って行けば何の問題もないのです。しかし自分の考え、信念が強ければ強いほど、圧力との軋轢に悩みます。

自殺した議員と私とは党は違いますし、日ごろの付き合いもありませんでした。しかし同じ委員会の行き帰りの廊下で会えば、必ず冗談を話しかけてくる人でした。都議会始まって以来の、現職議員の自殺です。日常生活からは何の予兆もうかがえなかったようです。

後日、差出人の書かれていない封書が届きました。そのなかに自殺した本人が書いたという遺書のコピーが同封されていました。都議会自民党の実力者の名前が書いてあり、恨んで死ぬという文言がありました。議長時代の忘れられない傷ましい奇怪な事件です。

私の辞職の圧力とどう関係するかは不明ですが、同時期に都議会に起こった事件であることには間違いないのです。

大学の非常勤講師を一〇年間務めた

——和田さんは若いころから区議会のときは学生議員として活動し、都議会議員になってからは学者政治家も経験したのですよね。政治一筋というわけではなかったのですね。メリアムと重なるところがありますが。

真似のできないはずのメリアムを真似ていたのかも……

和田　あることに一筋、何年というと聞こえはいいのですが、私はとりません。政治一筋というとわき目もふらずという真剣さがあって美辞ですが、生きた言葉ではありませんでしょう。剣道も、俳句も、座禅も政治には役に立ってきました。区議会のときから議会の無いときは、娘たちの通った聖学院小学校の剣道クラブの教師で二〇年、金曜日の午後教えていました。都議会にいってからも。ですから悪評だった、都議会の議長室のシャワーも使いましたよ。（笑）

二〇〇四年から都議会議員をしつつ文京学院大学の非常勤講師を一〇年間務めました。政治の現場である都議会と政治学を教える学校の両立は、メリアムを知ろうとする私にとって目標でした。

議会の開かれる委員会の曜日は大体決まっていましたから、それを避けて講義の日を取りました。東武東上線あきる野駅まで行きました。週一回、月曜日の午後四時三〇分から九〇分間の授業で政治史と政治権力論です。受講生は年によって変化がありますが、平均六〇人でした。毎年の講義の冒頭に学生といくつかの約束をします。

1　時間厳守すなわち午後四時三〇分に始まり六時まで九〇分間の授業である。ただし途中に五分間の休憩を入れる。授業中は、携帯電話と私語を禁止する。

2　毎回課題を出すので、次回までにレポートを提出する。それを和田が添削、批評してもどす。双方の緊張関係を保つための方策でした。

授業は現在の政治、社会問題の解説も取り入れました。東京新聞などの記事、雑誌などの記事、谷川俊太郎さんの詩などからも検討課題を出したのですが、肩が凝らないと好評でした。

このころからの傾向のようで、大学も学生に授業の評価を求めるアンケートをとるようになりました。授業についての教師の準備の具合、資料の新しさ、分かりやすさ、などが五段階で調査されます。一〇年間を通じて私への学生からの評価は五段階で平均四・三でした。もともとは女子の家政を中心にした歴史のある大学です。いまは幼稚園から四年制共学大学まであります。

駅から大学までの行き返りの専用バスで学生と話す楽しさもあり、現代の若者の感覚を知る大切な機会でした。とくに意識した授業の目的は、政治教育でした。輿論と世論の違い、この使い分けをする学者、評論家は信用できる。さらに視聴率よりも視聴質を問題にする志向を大切にするとかを説きました。

――何か独自の考えを工夫して教えられたのですか。大学も、政治学の講座枠を初めて取り入れたのですから、期待していたのでしょうね。

約六〇〇人全員にAを評価した

和田　成績表は一〇年間で全員、約六〇〇人にAをつけました。政治は結果よりも過程が大事という信念でした。長い間人生も学習、勉強も努力している過程が大切と考えてきていたからです。それを実行したまでですね。非常勤講師になったときから、二つの約束を守った学生の成績評価をそうしようと決めていました。

しかし大学からは一度も成績のつけ方で意見を言われたことはありませんでした。学生との緊張感のある契約を結んだ結果でしょう。教育はまず信頼関係を作り、励まし合って進む地道な作業であると体験しました。

この間に私が現代語訳した幸田露伴の『一国の首都』(はる書房)が工学院大学の入試問題に採用されたこともありました。試験問題のせいなのでしょうか、事前には了解の求めはありませんでした。事後に試験問題が送られてきて気が付いたというわけです。

森鷗外も都市論を書いていて、幸田露伴の都市すなわち東京が成長していく過程での両者の違いについての授業も行いました。鷗外の面的拡張と露伴の立体的拡張の相違など、明治期の作家が都市問題までに自説を展開している教養人としての姿を講義しました。授業でも取り上げ、学生に鷗外の言い分、露伴の言い分のグループに別れてもらって、それぞれに主張と反論をディベイトしてもらいました。

原発都民条例は賛成したかった

——二〇一一年の東日本大震災とそれによって引き起こされた福島第一原発事故で、いまでも住まい、暮らしの拠点を失った人々がいます。たまり続ける処理水、復興の障害となっている漁業、農業の風評被害、あの三・一一の震災と原発事故で人生を失ってしまった人々の生活再建は何年たっても出来ていません。

和田　申すまでもなくその根源は震災と原発事故です。甚大な被害を受けた三県を中心に今日まで混乱が続いているのです。二〇一二年になって、東京電力管内の原発稼働の是非を住民投票する直接請求の住民運動がありました。

――詳しくお話しいただかないと分かりにくいのですが。三・一一の福島原発事故の後の全国の原発反対、稼働停止の運動にも関係する深刻な問題ですね。

反対した理由は条例案の不備である

和田　民主党政権で菅総理のときの、津波と原発事故の複合災害といえますね。震災のときは、本会議が終わって議長として閉会を宣言して、控え室にもどったときに激しい揺れがあったのです。立っていられないくらいの揺れで、耐震建築のはずの都庁舎の破損が心配になるほど揺れました。それと同時に都庁内にいる都民に落下物などの被害がないか、すぐに庁舎管理に連絡しました。

すぐさま、議長として都民の被害状況、各局の施設の破損状況を調査して保護、改修を急ぐことを指示しました。その後、都議会に諮って福島、宮城、青森の三県に義援金を持って慰問に行きました。

いまだこのお話をしている最中の二〇二二年の現在でも、一〇年以上にわたって日本中に混乱がつづいています。お話の三二万名以上の署名を集めて条例案が提出されたのは二〇一二年の六月の議会でした。この運動はマスコミも、脱原発の具体的な住民運動として取り上げていました。都民の関心も高かったと思います。

所管をするのは総務委員会です。私は委員でした。首都大学東京（当時。現・東京都立大学）の社会学者である宮台真司教授などが中心となって動いた住民の直接請求運動でした。都内の永住外国人、一六歳以上の住民に投票権を与えて、東京電力管内の原発の稼働の是非を投票するための条例を都議会で成立させるべきだ、という趣旨です。同じ趣旨の直接請求運動は全国的に行われたのです。

条例案の欠陥はこの二点であった

都議会民主党には、原発賛成の議員がいて、条例案に賛成するなら離党、会派離脱する動きがあるということで、条例案に対する賛否を各議員に任せるという生ぬるい処置を取りました。

私は、かつて核科学の専門家で、原子力資料情報室代表の高木仁三郎さんをお招きして勉強会を開いたりして知識を得ていて、原発には反対でした。当然のこととして、使用済みの核エネルギーの安全な処理が不確実な現在、原子力発電に拠らないエネルギー政策に切り替えていくべきだ、という主張でした。またその姿勢で委員会に臨みました。条例案で私が問題として質問したのは二点です。

一点は東京電力管内という、区域です。もう一点は一六歳以上という年齢です。条例ですから法律と同じように、解釈に極力、曖昧さは避けなければなりません。正確さが求められます。

すなわち東京電力管内というと一都六県と山梨県、静岡県の一部という広さです。都域を越えて管内は広がっています。都以外の八県に都条例をあてはめることは出来ません。提出された条例案では、この広い区域の一六歳以上に選挙権を与えてその賛否を投票させせようとしたのです。失礼ながら無茶な要求としか言いようがありません。

そして一六歳以上の投票権は、各種選挙権が二〇歳（当時）なのに、一気に四歳引き下げる理由の不自然さと、何よりも肝心なことは、都選挙管理委員会が一六歳以上の名簿をもれなく確保できるかという問題があります。

宮台教授も、当日は委員会を傍聴されていたようです。失礼ながら運動を指導されたであろう教授に話しかけているようなつもりで、質問とともに意見も申しあげました。それはこういうものです。

運動の代表的な立場と大学教授という立場でこの条例案を読んだら条例案の瑕疵すなわち欠陥、不備は一目瞭然なのに、提出してしまっている安直さは、教授に大いに責任があるのではないかというものです。私はこの二つの瑕疵がなければ賛成していました。それが残念でなりませんでした。委員会で都議会民主党は原発反対の議論をしてきましたが、自民党、公明党などの反対多数で手詰まりの閉塞状況でしたから、実のところ住民運動は局面打開の救いの神でもあったのです。とくに強く意識しましたね。

こうして条例制定運動は好機を逸した

私は委員会で政治家として趣旨には全面的に賛成だが、肝腎な条例が不完全なものであるから、賛成するわけにはいかないという歯切れの悪い弁論をせざるを得なかったのです。委員長は条例案の賛成、反対を採決しました。

申し上げた理由で私は反対しました。すると条例案に賛成する議員と反対する議員が同数になったのです。可否同数は委員長の決裁となります。委員長は自民党です。否決と判断しました。とたんに委員会室は、傍聴者の落胆のため息で埋まりました。不満をもたれた住民が三〇人ほど廊下に出た私を取り囲み、抗議をし始めました。

大人数で立ち話も出来ませんから、都議会民主党の会議室で意見交換を一時間ほどしました。そのときも不備な条例案にはどうしても議会人として賛成できなかった、という返事を繰り返しました。二点の瑕疵がなければ賛成した、ということも強調しました。

繰り言ですが、条例案に二つの不備がなければ私は堂々と賛成し、条例案は委員会を通過していたはずです。そうなると東京都をはじめ全国に輿論がおこり、本会議では多数の自民党、公明党にも変化が起きて条例案が通過して、地方議会にも反対運動が伝播し、わが国に新しい原発廃止の局面が東京から始まったかもしれません。東京が全国の先駆けとなって、日本は原子力発電政策から省エネを基準にした新エネルギーに移行するきっかけができたかもしれません。条例案の単純な不備で直接請求運動が生かされなかったことは、かえすがえすも残念です。

政治は技術、それも編み出すものだ

――実験室で終わらせない、という和田さんの政治姿勢、政策、活動を伺ってまいりました。今までお話に出なかった政策、仕事のなかで、特にご苦労されたり工夫が必要だった案件がありましたらお聞かせください。

頭と体を使って情報をつかみ徹底的に考え抜く

和田　私は、理念や政策を大切にする立場ですが、政治はそれだけでは動かないと思っています。動かすのは技術、技ですね。したがって政治家は、ある面で職人、技術者ともいえます。

私が技を意識して政策を実現した事例を三つあげましょう。それぞれ考えの基本となることは、一、住民が不満、不安と思っている事柄を自分で見聞する。二、その事柄と区、東京都、国との関わりを調べる。三、区や都の大きな計画、方針との関係を調べる、です。これが私の歩いてきた問題解決の道です。

一つ目は防犯対策の砦である交番を移転した

はじめに北区上十条五丁目交番の移設についてお話ししましょう。環状七号線に、かつて排気ガスの大気汚染公害で悪名高かった姥《うば》ヶ橋交差点があります。そこから二〇〇メートルのところに借地の交番がありました。地主が返還を申し出ました。そこへたまたま三〇〇メートル北区側に都の下水道局事務所があり、足立区に移転するという情報を耳にしました。下水道局は移転後の利用計画はないこと、警視庁は板橋区の区境から遠くなる下水道局用地なら大歓迎ということでした。

そこで財務局に話をすると、下水道局と警視庁で話がまとまれば問題ない、という結論になりました。それまで三〇平方メートル程度の狭い交番でパトカーが停められなかった問題も解決し、二階を地域の会合にも開放できるようになりました。残った用地は財務局がスーパーマーケットに貸して消費者に重宝がられています。

二〇〇三年に交番が移設されて、夜、十条駅からの帰り道の子どもや女性に安心感を与え、地域の犯罪の発生件数も減ったと報告を受けました。

二つめは北区田端二丁目の区画整理事業を完成した

田端は小説家、芥川龍之介や室生犀星、陶芸家の板谷波山も生活した落ち着いた街です。ここの田端二丁目の区画整理事業が一九四七年に都市計画決定されてから、長年進まずに膠着状態になっていました。北区の懸案問題でした。かつて住民主導の計画を考えてきたのですが、長い時間の経過のなかで地権者などの問題があり手詰まりとなっていました。住民代表と話し合い、都の主導での区画整理事業に切り替えたい、という意思を確認しました。そこで同じ区画整理問題を抱える足立区の三原将嗣都議、江戸川区の大西英男都議などの都議と区画整理事業推進の議員連盟を結成し、副会長を務めました。

議員連盟が財務局、都市整備局などに圧力をかけました。偶然に私が都市整備委員長のとき、二〇〇四年に田端二丁目の事業は加速しました。住民も都も過去のいきさつにこだわらない考えで一致したことと議員連盟の結成が事業の成功に繋がったのでしょう。二〇一六年に完成しました。

三つめはJR京浜東北線、東十条駅北口のバリア・フリー化

私がまだ小学生で、六五年前に家族で神谷町に住み始めたときは、今の東十条駅は下十条駅という名称で北口改札口は高架で屋根のない急な階段の上にありました。のちに屋根は付きましたが雪の日などは手

すりに縋《すが》っても、滑って本当に危険でした。高齢化が進むなか改善を考えました。その種というか核となる政策を探した結果、見つけたのです。

都の福祉政策で町の段差解消などを進めるバリア・フリー政策がありました。しかしバリア・フリーを地域で面的に改善する条件に叶わなければなりません。そこで北口の東側周辺の施設を繋げば面になると思いました。

調べると病院、小学校、商店街、幼稚園などが半径三〇〇メートル内にありました。バリア・フリー化が好ましい地域ということとなり、福祉保健局からの三五〇〇万円の支出が確認されました。その後に、JRと交渉してエレベーターとエスカレーターを併設できたのです。二〇〇四年のことです。バリア・フリーの駅になって、それまで階段の登り下りが出来なくてタクシーを使っていた人が、JRを使えて交通費が安くなった、と喜ぶ声がありました。西側もエレベーターが設置されています。

この場合は、福祉保健局の政策を調べて、JR東日本を動かすという工夫をしたことが目的の達成に繋がったわけです。

――新党さきがけ、民主党など政党人でもあった和田さんがご苦労されたことは。

統制のきかない政党は弱体

和田　新党さきがけ、民主党のそれぞれ東京都の幹事長を経験しました。政治資金、人事の責任者です。どちらもどっしりとした政党ではありませんでした。自民党の対抗勢力ということの限界がありました。一時は政権を取りましたが。

そんななかで「これではだめだ」という瞬間がありました。それは一九九二年に石原都知事が誕生したときから、勝ち馬に乗ろうと、民主党が推薦する候補を応援しないで石原都知事を支持する都議が増えてきたのです。これについて当時の民主党都連会長海江田万里代議士、岡田卓也代表に注意を要請しても動かないのです。残念なことに指導力のない事なかれ主義でしたね。

結局は国政に向いていなかったということ

――区議と都議をされている間に、二度挑戦された国政選挙すなわち衆議院選挙について伺います。

政党などの組織力を利用しなければ、国政は難しい

和田　衆議院選挙に二回落選しただけでなく、都議選にも二回落ちています。一回目の衆議院選挙は、一九九三年で無所属の立候補。当時の東京第九選挙区で、範囲は北区と板橋区です。

かつて河野洋平さんからは議員の心構えとして、有権者の信託は重要である。したがって任期途中に別の選挙へ乗り換えるのは有権者の負託を裏切ることになる。違う選挙に出るならば任期をまっとうしてから出るべきだ、と言われていました。

区議会は五期二〇年と決めていましたから一九九一年の区議選には出ませんでした。それから国政への準備を始めました。

国政選挙での無所属の大変さを知りましたね。区議会、都議会とは違う選挙です。地域の広さはもとより組織すなわち政党の力が前面に出てきます。有権者に無所属を説明するところから始めなければならないのです。

なぜ政党に入らないのか／入れないのか、から始まって保守なのか革新なのかということです。この説明に時間、エネルギーがとられました。選挙中は街頭演説が中心でした。一日に五〇カ所での街頭演説を続けたりしました。

選挙は好きですし、正直、楽しかったです。

二度目は一九九六年で、国政に参加するには政党に入ることが必要だ、という一回目の反省から政党選びをし、新党さきがけに入党しました。党の代表は鳩山由紀夫代議士で、東京の代表は菅直人代議士でした。私は東京の事務局長を務めました。

新党さきがけの権力に抑制的な政策に同調できましたし、お二人とも気さくな方でいろいろと人間的にも同調できました。まず、政治家らしくないところが信用できましたね。

新党さきがけは発展的解消により民主党に変わり、わずか四カ月足らずのうちに事務所の看板をはじめ、ポスターやチラシすべてを塗り替えることになりました。

しかも一番大変だったことは、この選挙を境として小選挙区制が導入され、私の選挙区は東京第一二区で北区と足立区の西側一部となりました。自民党公認・八代英太氏、新進党公認・沢たまき氏、民主党公認・和田宗春。結果は八代氏が当選で和田は三位でした。

準備期間があまりになかったことも大きな原因ですが、二度にわたる落選経験から知ったことは、自分の組織を作ることと政党を選ぶことの重要性です。そしてもし生まれ変わることができたなら、やはり政治家になりたいです。望遠鏡と顕微鏡を使って宇宙、地球、生物全般のこと、餓死寸前の乳幼児、高齢者、自活のむずかしい障碍者のことなどでアイデアを出して関わりたいですね。それにはいまの妻とまた結婚することが条件ですが。

衆議院選挙は中選挙区制にもどす

私の国政選挙の経験からしてみると、選挙制度についてはわが国の民主主義のために、今の小選挙区制は中選挙区制にもどすべきです。

自民党の派閥本位の立候補者が金を使って選挙をしてきた弊害のため、自民党の事情で選挙制度を変えたのです。後年、小選挙区制度を創った当時の細川護熙総理と自民党の河野洋平総裁が、小選挙区制にしたことは誤りであったと本人たちが認めていることが何よりの証拠です。自民党を例にとれば、総裁は総理大臣になるわけで、党の幹事長も選べますし、一人の候補者の公認権も握ることになります。絶対の権力者になります。また税金である政党助成金を受け取る以上は法人の献金を廃止し、個人献金だけにするべきです。

有権者が投じた一票が、選挙費用で換算するといくらになるのかという票単価を公表するべきでしょう。お金のかからない選挙のために、有権者が候補者の清潔度を判定する参考になります。

ついでに地方税制について申し上げれば、現在、総務省が進めている「ふるさと納税」は国民に人気があってもあくまで寄付とすべきです。納税はあくまで義務なのですから。

公と関われる喜びがすべて

――今日まで惨めさを撥ね返すエネルギーを、社会、政治に転嫁してこられました。国政と都政で四回頓挫したのですが、困難にも迷いにも挫けない心の支えとなるバックボーンを何かお持ちですか。

続け通す意思力を鍛える

和田　敢えて申し上げれば、精神力でしょうか。私の精神力の源は、続ける意思です。

たとえば俳句ですね。一〇年以上になりますが、毎日、五句作ります。そして推敲します。新聞、雑誌に投稿します。

スポーツではスキーですね、中学生のときから父と始め、燕温泉スキー場の全日本スキー連盟のデモンストレーターでもあった宮沢英雄さんのところで一級をいただきました。冒険家、三浦雄一郎さんの猪苗代ドロフィン・スキー学校にも行きました。

現在まで続けているのは武道で、剣道です。昭和の名剣士といわれた大島治喜太先生の道場が近くにあって、ご子息の日出太先生が館長でした。そこに入門しました。地域の剣道クラブの会長を引き受けて、名前だけの会長は嫌でしたから学び始めたのです。

いま剣道、錬士七段ですが、居合道五段、杖道四段です。

武道というと厳めしい、力そのものと解釈する人はいまだに多いですね。江戸時代初期の剣客、針ヶ谷夕雲は剣の極意を相抜けであると言っています。相抜けとは、戦わずに互いに力量を認め合って、通り過ぎることを意味します。まさに平和の思想です。

春夏秋冬、長年にわたって稽古を続けて来て、武道の技だけでなくむしろ、心の有り様を修行することが大事と思えるようになりました。勝っても相手を慮って、気持ちを表に出さない、憐憫の情の大切さが身に付けられます。

武道の教育的側面である、恕の精神といえます。思いやりの心です。随分と政治に生かすことができました。ですから大相撲の白鵬（二〇二一年引退、現・宮城野親方）の横綱にふさわしくない張り手、勝った後の素振りなど、敗者を思わない態度は武道家の姿とはいえませんでした。

母校旧王子中学校で体育の授業やクラブ活動の剣道指導も行いました。教授方法を学ぼうと筑波大学の香田郡秀範士・有田祐二准教授が開かれている剣道講座を受講し、いまでも続けています。それは剣道で教育するのではなく、教育の一環としての教育剣道という思想に共鳴しているからです。全剣連の指導員資格をもっています。

――おやりになってきたゴルフ、スキー、武道、とくに剣道と聞きますと、剛直で寄り付きがたい、大きな声で相手を威嚇する虎やライオンのような、といった感じです。その武道と和田さんの目指す政治には何か関係するものがあるのでしょうか。

目標とする人に近づく鍛錬をする

和田　そう思われるようでしたら、まだまだ修行不足です。私は体の鍛錬はもとより、精神的なよりどころとして剣道を修行しています。三五歳のときに、地域の剣道クラブの会長を引き受けてからです。とりわけ一刀正伝無刀流開祖の剣道家で、聖徳太子を祖とするといわれる入木道を継承する書家、臨済宗居士で佐賀県参事などを務めた政治家でもある山岡鉄舟を研究しています。

私は江戸無血開城にいたる西郷隆盛との応酬を中心にした、使命感と勇気の有り様を山岡から学びました。山岡の無刀流は「剣道は我も打たれず人打たず無事に行くこそ妙とこそ知れ」であり、究極は争いのない世界を求めることに繋がるという極意を唱えています。

山岡は維新後、静岡県、佐賀県、茨城県などの幹部役員となって県政の立て直しに尽力しています。政権から離れ失業した幕臣を集めて富士山麓の静岡県牧之原の開墾をし、茶畑として日本のお茶を海外貿易の稼ぎ頭としました。また、明治天皇の要請を受けて、一〇年間の期限を前提に天皇の側に勤めて、近代国家にふさわしい皇室の改革をしています。

山岡や榎本武揚のように、旧幕臣が明治政府に協力するのを快く思わなかった福沢諭吉は『やせ我慢の記』を書いて皮肉っています。しかし山岡は意に介さず、新生日本のために明治天皇の輔弼を西郷隆盛との約束通り一〇年間務めています。近代剣道の確立に貢献したということから、全日本剣道連盟から現在、日本武道館に顕彰されています。

私は山岡が創建し眠っておられる谷中の全生庵で座禅を組むこともあります。毎年、七月一九日は鉄舟忌ですが、牧之原からも鉄舟を慕って、関係者が参加されています。

——私は中学校の授業の剣道しか知りませんから、雲をつかむような遠い話に聞こえます。体を使った実技を繰り返していくうちに、精神にまで変化が出てくるのでしょうか。

文科省が剣道授業を導入した

和田　そうですね、私程度の修行ではまだ言い切ることはできません。求めるところは山岡の歌、「晴れてよし曇りでもよし富士の山もとの姿は変らざりけり」という、周りの環境に影響されず、泰然自若とした姿が目標です。独善的とか独りよがりではなく、柔軟な心をもちつつ信念を忘れない姿勢ですね。

都議に初当選後すぐに、政治風土の会の仲間であり空手愛好家の日野市の古賀俊昭都議らと都議会武道議員連盟を創り、武道の振興と中学校の武道必修化を目指し、取り組んだのです。武道必修化は、二〇一二年度から全国で実施されています。

三五歳から始めた剣道から大きな影響を受けた

必修化には全日本剣道連盟の田口榮治範士八段、岡村忠典剣道八段のお力添えは大きかったのです。田口先生は警視庁の師範をされた。岡村先生は元都立高校の校長で生涯剣道を主唱されて、教育剣道の理念を継承する旧東京高等師範の高野佐三郎の遺志を継いでおられる。

高野は山岡鉄舟の門下生でもあるという奇縁に繋がっています。必修化は全日本剣道連盟の社会体育指導員制度が、地道に地域に指導員を増やしていったことによる、剣道人口の確保と技術の普及がもたらした成果ともいえましょう。

趣味である俳句は、武道専門学校を出られた中村伊三郎範士九段のお話がもとです。範士が学ばれた武道専門学校の国語の先生に、鈴鹿野風呂という方がいらっしゃって俳句をよくやられたということでした。野風呂という句号で歳時記に載っています。

そう考えると、俳句を始めて、東京新聞の鍵和田秞子選の二〇一五年の年間賞をいただいたのも剣道がきっかけということになります。

——驚きましたね。和田さんにとって政治から、C・E・メリアムの『シカゴ』、『社会変化と政治の役割』の翻訳、そして今度の『メリアムの教育』の出版へと繋がっています。加えてスキー、俳句、剣道、杖道、居合道、それから七〇歳を過ぎてから学芸員の資格を取り、本阿弥光悦などの記録である『本阿弥行状記』（はる書房）の出版もおやりになっている。すべてが連鎖反応を起こしているように広がっていったのですね。

一カ所を深く掘ると地下水脈で連結する

和田　全日本剣道連盟では「剣道とは剣の理法の修練による人間形成の道である」といいます。剣の理法とは刀法（竹刀）、身法（身体）、心法（精神）の合理的に集合した状態です。これを素直に実践したいのです。

剣道の話が出たついでに剣道五段だった三島由紀夫さんの話もしましょう。一昨年、二〇二〇年は三島没後五〇年にあたりました。五二年前の一一月二五日、市ヶ谷の陸上自衛隊駐屯地（当時。現在は防衛省の敷地となっている）で自刃しています。

翌年の四月の区議選に向けて運動している最中の事件でした。事件の直後、週刊朝日の記者二人が、三島さんとの関係を聞きに来ました。私の発言はZの仮名で記事になっています。

耐え忍んで目的に向かう姿勢を学んだのは武道だけではありませんでした。私にとっては全くの異分野の人間関係ですが、登山家、冒険家の植村直己さんからも学びました。

一九七八年に犬ぞりで北極大陸横断をされるのですが、その前年に北極大陸の距離を体感するために日本中を歩いておられたのです。その最中に二度お話を聞けました。大変に謙虚な人で「自分はただ山に登るだけの人間です。山に登っていないときはスポンサーを探しているのです」と笑顔で言うのです。周りから日本人で初めてエヴェレスト登頂に成功した登山家、世界で初めて世界の五大陸最高峰単独登頂の登山家、と騒がれていることにまるで無頓着で、次の自分の夢に没頭しているという風でした。純粋に目標に向き合い、打算の無い姿は宗教家のようでした。マッキンリー登頂後の事故は、今でも信じられません。

このような人々も忘れられません

政治を続けてきて、改めて思います。私の生き方、考えを支えてくださる人々がいなければ、社会に結果として何も残せなかったわけです。お顔とお名前が浮かぶのは千人ではききません。そのほかの方々の期待で私が存在したということにつきます。感謝です。

政治課題を解決するために多くの方々にお世話になってきました。たとえば石原都政の目玉政策の新銀行東京の新設には、一橋大学の竹中平蔵教授、城北信用金庫の大前孝治理事長から冷静なご助言をいただきました。東京大学名誉教授小田島雄志さん、国際写真家石元泰博さんの、それぞれ『政治発言』『シカゴ』の出版へのご協力も忘れられません。ヤマト運輸の小倉昌男社長が、応援されていたスワン・ベーカリーの会合で、「障碍者も税金を払えるような社会をつくりたいですね」と話しかけられたことに感銘しました。都税制調査委員会の同僚で、スウェーデンの中学教科書『あなた自身の社会』をくださった神野直彦東京大学教授の柔軟で幅広い発想にも感心しました。

医療と人権に関して申し上げれば、都議会で初めてＡＤＨＤ（注意欠陥多動性障害）を取り上げるために都立梅ヶ丘病院の市川宏伸医院長を取材しました。先生は論文を多く出された権威者ですが、テレビの取材には応じない、と言われました。その理由は障碍の正しい実情が伝わらず、誤解が広がることもある、というのです。マスコミ迎合の時代に尊い姿勢と思いました。

人権問題といえる人の一生の終わり方に「平穏死」を提唱している、世田谷区にある特別養護老人ホーム「芦花ホーム」の石飛幸三医師の分かりやすい考え方も理解しました。胃ろうによる延命をしない終末の迎え方を提起されています。高齢社会に入り、死が身近になり、本人、家族の終末医療の受け止め方は、一人ひとりまた各家族でも違いがあって当然です。

医療の多角化では、都民が求める医療の分野で、漢方の治療法を取り入れていた都立大塚病院での再開を求めました。患者の選択肢を増やすために慶應義塾大学病院の渡辺賢治先生にアドバイスを受けました。国際的な医学界にあってはアメリカの方が漢方の研究、実績が進んでいるというご指導に驚きました。

竹内達夫王子保健所所長には薬害エイズの実態と、生活の国際化、都市化、複雑化による公衆衛生、薬学のあり方に示唆をいただきました。コロナ感染のもたらした公衆衛生の重要性を再認識したいですね。

私の長年の健康アドバイザーの吉村哲規先生も大切な人です。

先生方はどなたも斯界の最先端を行かれる尊敬する方々でした。感謝してもしきれません。

また大学教育の機会を与えていただいた文京学院大学島田燁子学長の恩情にも感謝します。

都議になって二年目のころ、当時としてはまだ珍しかったインターンシップで数名の学生が勉強がてら和田事務所でボランティア活動をしてくれました。なかでも藤沢烈さん（当時一橋大学生）は学生たちのリーダー格として議員活動の記録集をまとめてくれました。地方議員になった学生も数人います。

まだまだお名前をあげればきりがありませんが、和田宗春後援会の山口芳之助さん、三平敏雄さん、小林政美さん、小野田勤さん、中村憲治さんなど歴代会長や多数の会員の皆様、現役中はもちろん落選中も応援し続けてくださった北区民、足立区民、板橋区民の方々、票はなくともさまざまな形で応援してくださった皆様に感謝の気持ちで一杯です。

おわりに

二七歳から七八歳までの半世紀中心に、オーラル・ヒストリー風に語らせていただきました。政治家になる前、なってからどのような道をたどってきたのか、問われるままにお応えしました。選挙の試練を別にして、いちども入社試験を受けたこともなく、お客様相手の仕事もせずに、政治という大きな海を、支援者の人々と励まし合って航海してきました。

政治とは心地よい生活をするために、国、自治体など世の中の不都合をなくすことにつきます。複雑に難しく考えることはないと思います。オセロゲームのようにいっぺんに切り替わることは出来なくとも、少しずつ暮らしを良くしていく努力があれば希望が持てます。

こんな想像をします。直径五メートルのらせん階段があります。一回りしてくると一〇センチずつ高くなるとしますと、真っすぐな階段を上るより時間はかかりますが、平地を歩いているように登りきることが出来ます。人生は目的に向かってまっすぐ行くか、なだらかならせん階段を使うかの選択をすることでしょう。

私はらせん階段を選びました。上りながら周りを見渡し、政治、剣道、俳句、大学講師、学芸員など興味のあるものを楽しみながら歩いてきました。

七二歳のときに学芸員資格を取得して、博物館、美術館に限られていた学芸員の仕事に企業を加えました。愛知県の国際的なカーネーション育成企業の鈴木善和さんの御理解で顧問にさせていただき学芸員の職域を経済にまで広げました。

江戸東京博物館の山岡鉄舟展、一七冊の著書と訳書、そしていま本格的に『光悦の謎』の著作や教育委員の公選運動、ビルマの民主化運動に取り組んでいます。公益社団法人北区シルバー人材法人に登録して働き、剣道団体の会長を務め、指導もしています。

友人は「ディレッタンデイズムな人間だ、趣味をつまみ食いする人間だ」と皮肉を込めて言います。彼に言い返します。

「自分の能力を簡単に見限れると思わないな。自分で自分がまだ分からないのに」

あとがき

第一部第一章『チャールズ・E・メリアムの教育』の翻訳の最終確認のために二〇一四年五月に、シカゴ大学ジョセフ・リーゲンシュタイン図書館を訪ねた。

二泊三日をかけて、メリアムの三〇〇を越す資料箱を点検、確認した。タクシーの領収書も保存されている。カメラにも収めてきた。それらからはメリアムの生真面目な生活態度がうかがわれる。

作業の途中で『シカゴ』で紹介されているノーベル平和賞受賞者のジェーン・アダムズの「ハル・ハウス」を訪ねた。この資料室で一枚の地図を見た。地域の住宅街の一軒、一軒、にはアメリカに渡ってくる前の国籍別に色塗りがされ、生活状況も把握しているのであった。私はこの細かい分析方法と、メリアムとゴスネルの共著である、人種別の投票行動にも触れている『棄権』との共通点を感じ、両者の親交を想像した。

ジェームズ・ブライスに「地方議員を一〇年間は経験すべきだ」といわれて素直に受けとめてシカゴ市議会議員となり、市長職にまで挑戦するメリアムの姿には長老派基督教徒の純朴さがある。

政治実学である選挙については、コロンビア大学を卒業した二三歳の頃、大学総長のセス・ローのタマニー・ホールの改革運動にマイクを持って応援演説をしている。政治の理論と、選挙をはじめとする政治さらに行政への興味、関心が当時からあったことが推察される。

さらに今後のメリアム研究に必要と思われる彼の深層心理について問題提起をしておきたい。メリアムと愛犬カルロについてである。原著のなかでも第一期（一八七四年―一九〇五年）に大幅に字数をとって出てくるカルロの件である。

スタンフォード大学名誉教授のガブリエル・A・アーモンドはエドワード・シルス編著 *Remembering THE UNIVERSITY OF CHICAGO Teachers, Scientists, and Scholars* (1991)（『シカゴ大学――教師、科学者、学者の追憶』）のなかでメリアムを評伝している。それによると、「私たちが卒業論文の講読をしている夜の上級セミナーにやってきて、飛び入りで彼の興味のあるプロジェクトの個所を読んだり、議論に参加した。メリアムは気まぐれで鬱状態になった時などは、まるでカルロが彼の考えや感情を代わって記述しているかのように振る舞った」と指摘している。メリアムの分類した第一期の多くをカルロの記述に費やしていることからしても、メリアムの性格分析にとって重要な個所となるであろう。

さきにシカゴ大学図書館の資料で、メリアムの行動にまつわる書類、記録が大量保存されていることを紹介した。この神経の細かさはカルロの死と関係していると想像する。政治学界におけるシカゴ学派という大潮流を創設し先導してきたメリアムに対し、一匹の犬がその深層心理に影響を与えていた、という私の仮説である。人間メリアムを探究するうえで、興味を沸きたたせる課題である。

なお、訳者がシカゴ大学ジョセフ・リーゲンシュタイン図書館で撮影した二葉の写真掲載の助言と本訳書に関心を寄せていただいた同図書館のキャサリーン・フィーニーさんにお礼を申し上げたい。

メリアムの、政治学者として隣接諸科学を連携させる研究態度は、今日では当然のことである。しかしいまから九〇年ほど前にそれを結実させた慧眼は政治学にとっては大きな遺産となった。さらに原著の第三期でも本人が触れている一三一三館の建設に発揮している政治力は特記されるべきである。すなわちロックフェラー財団の協力で得たシカゴ大学の敷地に、アメリカ国内の州、地方団体、協会など二〇以上の機関が集合した建物が一三一三館である。

この建物によって合衆国における自治体、諸団体の緊密な連携が可能となった。各専門分野の横断的な情報交換が、シカゴすなわちアメリカ中央部という立地からも旺盛になっていった。メリアムとロックフェラー財団の関係に負うところは大きい。

地方議員をしながら、大学で教鞭をとってきた筆者は、政治学と政治現場の融合に苦悶してきたメリアムを、大先輩として仰いできた。本書は『シカゴ』『社会変化と政治の役割』につづく、筆者が手がけた三冊目の、翻訳を含むメリアムの関係本である。

児童文学研究者の小駒清氏、小駒さち子氏のたびたびのご助言はありがたかった。今回は義姉の波出石千佳子、妻・紗千代、次女・河野紀子がシカゴ大学図書館まで同道して、頻繁な資料箱の点検に手数をかけてもらった。また遠くペルーのユニセフ事務所から応援してくれた長女・洋子にも感謝する。愛犬・雪見にも。

遅い筆を我慢して待ち続けて頂いたはる書房・佐久間章仁氏に敬意とお礼を申し上げたい。

本書出版の前年の二〇二二年には、適切な御助言を頂戴したり、主義主張は異なっても貴重な交流と御指摘をいただいた方々の訃報が入った。石原慎太郎元東京都知事は二月一日、古川貞二郎元厚生事務次官は九月五日、内田茂元都議会議員は一二月二一日に御他界された。本書をお見せできないのは残念である。合掌。

二〇二三年一月　北区西が丘にて　　和田宗春

巻末資料

チャールズ・E. メリアム　著作目録

（*The Future of Government in the United States*, 1942 より）

1．単行本

History of the Theory of Sovereignty since Rousseau. New York: Columbia Uneversity Press, 1900.

A History of American Political Theories. New York: Macmillan Co., 1903.

Report of an Investigation of the Municipal Revenues of Chicago. Chicago: City Club of Chicago, 1906.

Primary Elections: A Study of the History and Tendencies of Primary Election Legislation. Chicago: University of Chicago Press, 1908; rev. ed. (with Louise Overacker), 1928.

American Political Ideas: Studies in the Development of American Political Thought, 1865–1917. New York: Macmillan Co., 1920.

The American Party System: An Introduction to the Study of Political Parties in the United States. New York: Macmillan Co., 1922; rev. ed. (with Harold F. Gosnell), 1929; 3d ed. (with Harold F. Gosnell), 1940.

A History of Political Theories, Recent Times: Essays on Contemporary Developments in Political Theory (editor with Harry E. Barnes). New York: Macmillan Co., 1924.

Non-voting: Causes and Methods of Control (with Harold F. Gosnell). Chicago: University of Chicago Press, 1924.

New Aspects of Politics. Chicago: University of Chicago Press, 1925; 2d ed., 1931.

Four American Party Leaders. New York: Macmillan Co., 1926.

Chicago: A More Intimate View of Urban Politics. New York: Macmillan Co., 1929.

The Making of Citizens: A Comparative Study of Methods of Civic Training. Chicago: University of Chicago Press, 1931.

The Written Constitution and the Unwritten Attitude. New York: R. R. Smith, Inc., 1931.

The Government of the Metropolitan Region of Chicago (with Spencer D. Parratt and Albert Lepawsky). Chicago: University of Chicago Press, 1933.

Civic Education in the United States. New York: Charles Scribner's Sons, 1934.

Political Power: Its Composition and Incidence. New York: Whittlesey House, McGraw-Hill, 1934.

The Role of Politics in Social Change. New York: New York University Press, 1936.

The New Democracy and the New Despotism. New York: Whittlesey House, McGraw-Hill, 1939.

Prologue to Politics. Chicago: University of Chicago Press, 1939.

On the Agenda of Democracy. Cambridge: Harvard University Press, 1941.

What Is Democracy? Chicago: University of Chicago Press, 1941.

２．論文その他の業績

"Thomas Paine's Political Theories," *Political Science Quarterly*, XIV (1899), 389–403.

"State Government," *New York State Library Review of Legislation 1901* (March, 1902), pp. 15–18.

"Political Theory of Calhoun," *American Journal of Sociology*, VII (1902), 577–594.

"Political Theory of Jefferson," *Political Science Quarterly*, XVII (1902), 24–45.

"State Government," *New York State Library Review of Legislation 1902* (May, 1903), pp. 711–716.

"State Government," *New York State Library Review of Legislation 1903* (October, 1904), pp. c1–c9.

"Sovereignty," *New International Encyclopedia*, XIV (1904), 16–17.

"The State," *ibid.*, pp. 147–148.

"State Central Committees," *Political Science Quarterly*, XIX (1904), 224-233.

"State Government, Lawmaking, and Elections," *New York State Library Review of Legislation 1904* (October, 1905), pp. cl-c10.

"The Chicago Primary System," *Publications of the Michigan Political Science Association*, VI (1905), 118-124.

"State Government, Lawmaking, and Elections," *New York State Library Review of Legislation 1905* (October, 1906), 143-170.

"Hobbes' Doctrine of the State of Nature," *Proceedings of the American Political Science Association*, III (1906), 151-157.

"State Government, Lawmaking, and Elections," *New York State Library Review of Legislation 1906* (August, 1907), pp. 153-166.

"The Chicago Charter Convention," *American Political Science Review*, II (1907), 1-14.

"Substitutes for the Personal Property Tax in Cities," *National Conference on City Government* (1907), pp. 276-279.

"Revenues and Expenditures of American and European Cities," *University of Chicago Magazine*, II (1910), 141-147.

"Citizenship," *ibid.*, III (1911), 275-282.

"People's Primaries in Chicago," *Review of Reviews*, XLIII (1911), 466-468.

"Work and Accomplishments of Chicago Commission on City Expenditures," *City Club Bulletin*, IV (1911), 195-208.

"Chicago Commission on City Expenditures: Investigation as a Means of Securing Administrative Efficiency," *Annals of the American Academy of Political and Social Science*, XLI (1912), 281-303.

"Outlook for Social Politics in the United States," *American Journal of Sociology*, XVIII (1913), 676-688.

"The Political Philosophy of John C. Calhoun," in James W. Garner (ed.), *Studies in Southern History and Politics* (New York: Columbia University Press, 1914), chap. xiii, pp. 319-338.

"Primary," in A. C. McLaughlin and A. B. Hart (eds.), *Cyclopedia of American Government*, III (1914), 49-51.

"Primary, Direct," *ibid.*, pp. 51-55.

"The Case for Home Rule," *Annals of the American Academy of Political and Social Science*, LVII (1915), 170-174.

"Budget Making in Chicago," *ibid.*, LXII (1915), 270-276.

"Findings and Recommendations of the Chicago Council Committee on Crime," *Journal of Criminal Law and Criminology*, VI (1915), 345-362.

"American Publicity in Italy," *American Political Science Review*, XIII (1919), 541-555.

"Nomination of Presidential Candidates," *Journal Issued by the American Bar Association*, VII (1921), 79-85.

"Organize the World for Peace," *American Federationist*, XXVIII (1921), 924-925.

"The Present State of the Study of Poitics," *American Political Science Review*, XV (1921), 173-185.

"Recent Tendencies in Primary Election Systems," *National Municipal Review*, X (1921), 87-94.

"James Bryce," *Journal of the American Bar Association*, VIII (1922), 87-89.

"The Next Step in the Organization of Municipal Research," *National Municipal Review*, XI (1922), 274-281.

"Political Research," *American Political Science Review*, XVI (1922), 315-321.

"William Archibald Dunning," *American Political Science Review*, XVI (1922), 692-694.

"Human Nature and Science in City Government," *Journal of Social Forces*, I (1923), 459-464.

"Nominating Systems," *Annals of the American Academy of Political and Social Science*, CVI (1923), 1-10.

"The Present State of Politics in the United States," *American Review*, I (1923), 269-276.

"Progress Report of Committee on Political Research, *American Political Science Association*," *American Political Science Review*, XVII (1923), 274-312.

"The City as a Problem in Government," in Chester C. Maxey (ed.), *Readings in Municipal Government* (New York: Doubleday, Page & Co., 1924), chap. i, pp. 1–8.

"Current Public Opinion and the Public Service Commissions" (with Harold Lasswell), in M. L. Cooke (ed.), *Public Utility Regulation* (New York: Ronald Press, 1924), chap. xv, pp. 276–295.

Introduction to Harold F. Gosnell, *Boss Platt and His New York Machine* (Chicago: University of Chicago Press, 1924), pp. xiii–xxiv.

"Psychology and Political Science," *American Political Science Review*, XVIII (1924), 122–125.

"The Significance of Psychology for the Study of Politics," *ibid.*, pp. 469–488.

"Compulsory Voting in Czechoslovakia," *National Municipal Review*, XIV (1925), 65–68.

"The Political Situation," *American Review*, III (1925), 264–270.

"Annual Report of the Social Science Research Council," *American Political Science Review*, XX (1926), 185–189. Also in Journal of the American Statistical Association, XXI (1926), 68–72.

"Masters of Social Science: William Archibald Dunning," *Social Forces*, V (1926), 1–8.

"The Need for Business Executives in City Government," *City Manager Magazine*, VIII (1926), 112–117.

"Progress in Political Research," *American Political Science Review*, XX (1926), 1–13.

"The Direct Primary," *American Federationist*, XXXIV (1927), 155–164.

"Recent Developments in Political Science," in Edward C. Hayes (ed.), *Recent Developments in the Social Sciences* (Philadelphia: Lippincott Co., 1927), chap. vi, pp. 307–327.

"William Archibald Dunning," in Howard W. Odum (ed.), *American Masters of Social Science* (New York: Henry Holt & Co., 1927), chap. v, pp. 131–145.

"Metropolitan Regions," *University Record* (University of Chicago), XIV (new ser., 1928), 69–79.

"The Metropolitan Region of Chicago," in T. V. Smith and L. D. White (eds.), *Chicago: An Experiment in Social Research* (Chicago: University of Chicago Press, 1929), chap. vi, pp. 78–90.

"The Police, Crime, and Politics," *Annals of the American Academy of Political and Social Science*, CXLVI (1929), 115–120.

"Research Problems in the Field of Parties, Elections, and Leadership," *American Political Science Review*, XXIV, Suppl. (1930), 33–38.

"Administrative Reorganization in German City Government," *Public Management*, XIII (1931), 125–127.

"How Far Have We Come and Where Do We Go from Here?" *National Municipal Review*, XXI (1931), 7–12.

"Boycott of Government Costly," *Public Management*, XIV (1932), 115. Also in *American Federationist*, XXXIX (1932), 765.

"Reducing Government Costs," *Minnesota Municipalities*, XVII (1932), 231–236. Also in *Oklahoma Municipal Review*, VI (1932), 128–130.

"Government and Business," *Journal of Business of the University of Chicago*, VI (1933), 181–190.

"Government and Society," in President's Research Committee on Social Trends, *Recent Social Trends in the United States* (New York: McGraw-Hill, 1933), II, chap. xxix, pp. 1489–1549.

"Government and Society," *Survey Graphic*, XXII (1933), 33–36.

"The Federal Government Recognizes the Cities," *National Municipal Review*, XXIII (1934), 107–109.

"Poverty of Power," *International Journal of Ethics*, XLIV (1934), 185–210.

"Cities and Federal and State Planning," *Western City*, XI (January, 1935), 10 ff.

"Governmental Planning in the United States," *Proceedings of the National Education Association of the United States*, LXXII (1935), 501–510.

"Planning Agencies in America," *American Political Science Review*, XXIX (1935), 197–211.

"Professor Merriam Addresses Committee" in "The State Senate Investigates University," *Alumni Bulletin* (University of Chicago), I

(May, 1935), 9-11.
"National Planning in Practice," *Planning for the Future of Anerican Cities: Proceedings of the Joint Conference on City, Regional, State and National Planning, May 20, 21, and 22, 1935, Cincinnati, Ohio* (Chicago: American Society of Planning Officials), pp. 180-184.
"A Closer View of the Machinery of Control," *Plan Age*, II (January, 1936), 9-16.
"The Field of the League of Municipalities," *Proceedings of the American Municipal Association, 1931-1935* (1936), pp. 101-108.
"As the Cities Go, so Goes the Nation," *ibid.*, pp. 225-233.
"The Future of the League Movement," *ibid.*, pp. 451-455.
"Cities and Federal and State Planning," *ibid.*, pp. 610-614.
"Putting Politics in Its Place," *International Journal of Ethics*, XLVI (1936), 127-150.
"Spirit and Purpose of Planning," *Planning and Civil Comment*, III (January-March, 1937), 1-3.
"Some Social Implications of Inventions," *American Institute Monthly*, II (November, 1937), 4-8, 15.
"The Assumptions of Aristocracy," *American Journal of Sociology*, XLIII (1938), 857-877.
"The Assumptions of Democracy," *Political Science Quarterly*, LIII (1938), 328-349.
"A Key Point in the Democratic Process," *Chicago Union Teacher*, III (June, 1938), 5-8, 16.
"Leadership in American Life," *Proceedings of the University of Chicago Alumni School, Social Sciences, Thursday, June 2, 1938*, pp. 14-23. (Mimeographed.)
"The National Resources Committee of the United States," *American Teacher*, XXIII (February, 1939), 16-19.
Preface to Clifford J. Hynning, *State Conservation of Resources* (Washington, D.C.: National Resources Committee, 1939), pp. iii-iv.
"Planning in a Democracy," *Proceedings of the National Conference on*

Planning, 1940 (Chicago: American Society of Planning Officials, 1940), pp. 168–180.

"Politics and Religion," *Religion in the Making*, I (1940), 204–213.

"Public Administration and Political Theory," *Journal of Social Philosophy*, V (1940), 293–308. Reprinted under title "The Development of Theory for Administration," *Advanced Management*, V (1940), 130–138.

"Urbanism," in Louis Wirth (ed.), *Eleven Twenty-Six: A Decade of Social Science Research* (Chicago: University of Chicago Press, 1940), pp. 28–38. Also printed in *American Journal of Sociology*, XLV (1940), 720–730.

"William E. Dodd as Statesman," *University of Chicago Magazine*, XXXII (May, 1940), 8–9.

"Democracy," *ibid.* (June, 1940), pp. 14–15, 25–27.

"The Meaning of Democracy," *Journal of Negro Education*, X (1941), 309–317.

"The National Resources Planning Board," *Public Administration Review*, I (1941), 116–121.

"The National Resources Planning Board," in George B. Galloway and Associates, *Planning for America* (New York: Henry Holt & Co., 1941), chap. xxv, pp. 489–507.

『シカゴ』・『社会変化と政治の役割』の邦訳と C. E. メリアム研究の新視点
—日本メリアム学会（仮称）設立の提唱—

Abstract

Charles Edward Merriam (1874-1953) is known as the father of modern political science. His particular contributions to the study of modern politics are due to two of his major achievements: development of political power theory based upon his own unique analysis and the establishment of the Chicago School of thought. This essay is a critique on Japanese translation of his publications: 'Chicago: A More Intimate View of Urban Politics' and 'The Role of Politics in Social Change', and calls for the establishment of Japan Merriam Society.

Key Words: C. E. Merriam, The study of modern politics, The establishment of Japan Merriam Society

I　はじめに

1970年代の初頭から約30年間、地方政治の現場である議員をしながら、翻訳および文筆活動をしてきた。現在は文教学院大学非常勤講師であるが、『シカゴ』『社会変化と政治の役割』という、2冊のC. E. メリアム（以下メリアムとする）の原著を翻訳する過程では、地方議員であり市民であり全く学界から遠い存在であった。

そのような環境にありながら、どのような経緯で翻訳に取り組み、上梓する運びになったかについて以下に記し、さらに2訳書に関する政治学的な意義と、若干の政治学界批判について述べてみたい。

日常の政治現象を語るとき、目の前を通り過ぎる情報を後追いして理屈づけをしている場合が多い。今日のように情報化社会にあって商業情報化社会——視聴率＝スポンサー獲得——は純粋な情報をできるだけ面白おかしく素

（もと）を変えない程度の加工をして提供することが当然となっている。スポーツ紙で一般紙の代替をする傾向が増えていることなどもそのよい例である。大衆迎合の時代である。それだけに現実、現況が優先されて原理、原則は顧みられない風潮が続いている。その原理原則を説くべき政治学者も論文を発表したり、海外論文や著作を紹介したりして、政治学のレベルを上げるような努力をしない。新聞に筆をとったり、テレビに出演することで名を売るような安易な、評論活動をする学者が目立つのである。政治学者は本来諸説を立案したり、海外の諸説を翻訳して学徒や関心のある人々に、広く紹介することなどが主たる任務である。この作業をしっかり行うことから政治学、政治学者の地位が固まってくるのである。

Ⅱ　メリアムとの出会いと『シカゴ』(1929年)(1)
——1983年初訳・2006年改訳について

1960年代後半、論者は早稲田大学大学院政治学研究科において、故後藤一郎早大教授から政治学を学びつつ地方議員であった。メリアムの実績とりわけ『Political power』、『Non-voting』の解説を受け、現代権力論、世論調査を知ったのである。

当時、斎藤眞、有賀弘両教授の労作である『政治権力』はまだ翻訳されていなかった。

ところで、学者が政治を研究し、論ずることは学問として当然であるが、同時に、政治家が、選ばれて国や地方自治体の政治に携わることも当然なことである。しかしながら、わが国では理論すなわち学者、実践すなわち政治家というように、かい離することを当然視する風潮がある。言い換えれば、政治というものが学問としての政治か、あるいは実際に携わる客体としての政治か、二分化して捉えられているということである。

さらに、現実政治は現実を動かしているという説得力のもとで、政治理論を超克した存在であった。学生として政治学を学び、地方議員として政治と関わる任務を果たしつつ、現実を理解しようと努力した。理論を現実にまた現実を理論化するというように、相互に反映できないかという考えを持つようになっていった。その状況下で、メリアムに深い関心を持った主な理由は2点である。その1つはメリアムが学者である、と同時にシカゴ市議会議員

であったこと、さらにシカゴ学派の創設者としての功績は、政治学史上金字塔を築いたといわれているということである。現職の地方議員であり同時に政治学者でもあった立場から、理論を実践に生かしているというメリアムは、当時の日本では存在しない人物像であった。メリアムの実績を検討することで、政治学と政治を融合させようと格闘してきた彼の足跡と、その内容も窺い知ることができるかもしれない、と考えた。

その後、メリアムについて調査、研究していく過程で『シカゴ』を知り、原著を入手した。出版元のマクミラン社に照会し、版権が消滅していることを確認し、重ねて日本語での出版の了解を得た。1983年に『シカゴ』を翻訳した際に、国際基督教大学教授、東京大学名誉教授である辻清明氏からいただいた「序に添えて」の一部を少し長くなるが、ここに引用したい。

> 彼の学問は、理論的知識と並んで経験的知識を重視した点である。そのために彼は壮年期の六年間をシカゴ市議会議員として現実政治の中で過ごすことになる。市政に対する直接参加というこうした経験は、政治学者としてのメリアムに二つの新しい研究分野を招くことになった。
>
> 一つは政策決定がいかなる手続きや慣行の中で行われているかを分析する政治過程論であり、他方は市政という舞台に登場する政治家群像の行動心理への強い関心である。
>
> 政治学におけるこの二つの分野の研究に先鞭を付けたことこそメリアムをしてアメリカの政治学の始祖たらしめた理由である。
>
> ここに訳された『シカゴ――大都市政治の臨床的観察』はメリアム政治学の原型といってよい。

――政治過程・『シカゴ』――

辻教授の指摘している政治過程論と政治家群像の行動心理は、理論よりも現実の直視に荷重した結果である。

現代においても一般に民意を生かし、政策決定から法制化にいたる政治過程はA図のように考えられる。これを『シカゴ』で具体的に提示されている政治過程と対比してみる。

『シカゴ』にあってメリアムは現実の問題として汚職を目的とする「ビッグ フィックス」を第二章で詳解し、これをシカゴの暗い面として、一方「シ

カゴを建設した人々」を明るい面の例として第三章で取り上げている。シカゴを、楽観でも悲観でもなく、肯定でも否定でもなく、ありのままの現実として描いている。

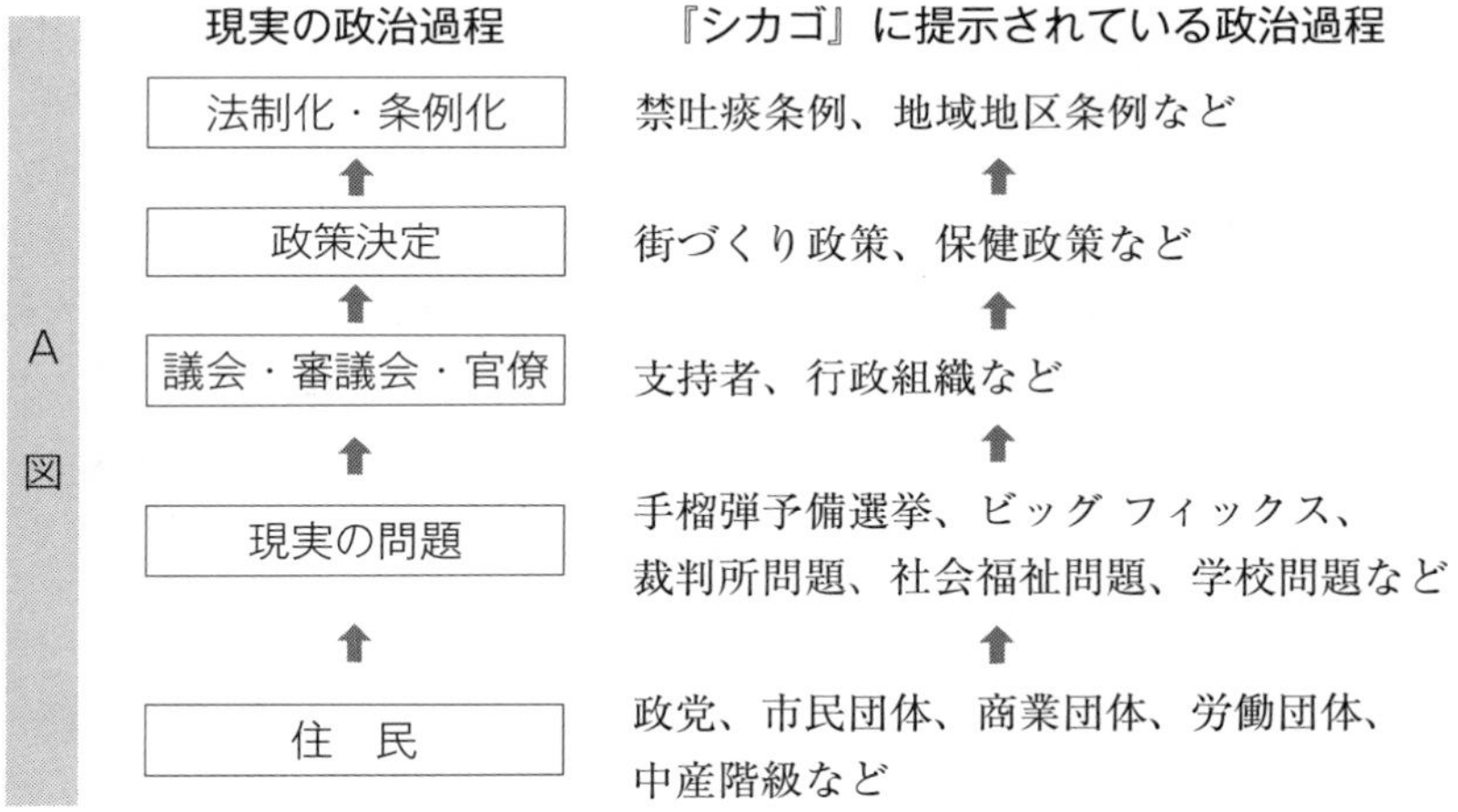

どこの地方自治体にもある公式と非公式の統括組織である──「見える政府と見えざる政府」の有様なども直截に記述している。また政党人脈の複雑な絡み合いを実名をあげているところは同種の本としては希有である。[2]

政策決定の受け手である官僚、審議会、議会の動きは第六章：シカゴの指導者に明示されている。

メリアムは当時のシカゴの現実を承知、理解する局面に出会って『シカゴ』を書いたことは事実である。ジェーン・アダムズの運営する世界的に有名な隣保施設であるハル・ハウスの実態や地方自治有権者連盟の民主化活動などの具体的活動の紹介は、市民活動に深く理解を示している証である。

政治現場の側からみて政治学を「政治学はあくまで学問にすぎず」と言い捨てるだけの軽い存在とするならば、現実のみを前面に押し立てた理論のない、知的作業を許容しない閉鎖世界となる。政治学者には政治の現実である権力闘争およびそれに関わる組織、資金、人脈などそれぞれを直視しながらも分析、解析し、現実を腑分けしつつ、地域社会、国家ひいては世界の平和、安寧に近づける努力こそが求められるのである。

このような人間の営みこそが、王権神授説の現実から法の精神の醸成までの理論を辿る、政治学の理論であったはずである。

政治学を実学として捉えて、機能させようとしてきた近代政治学の流れの先頭に、メリアムは存在した。

少なくとも、メリアムの前後六年間にわたるシカゴ市議会議員の経験は、『シカゴ』をはじめ研究著作に生かされているし、ローリング'20といわれたアメリカ大都市の混沌を観察するときにも役立っているのである。

また2006年の改訳は初訳から23年が過ぎ絶版となっていて、研究者からの再販要請もあったからである。その機を生かして改めて原書に戻り当時の時代背景を生かして訳者注を入れ、写真家石元泰博氏の写真をお借りして視覚に訴える工夫もした。

Ⅲ　『社会変化と政治の役割』(1936年)
——1999年訳について

わが国の地方議会にあっては長期計画、中期計画、3ヶ年計画など都市改造、町づくりを時間を区切って行うことが条例化されてきていた。地方行政が場当たり的に、また事後的に対応策を講ずることのないようにということである。例えば児童数の増加による公立保育園の増設計画、成人病予防についての保健計画など行政と計画は不即不離の関係となっていた。

国においても、かつて1960年の池田内閣の「所得倍増計画」などのように、国民を経済発展のために唱導する計画は国家運営の不可欠な条件となっていった。

そのようなときに、メリアムがドイツ滞在の6ヶ月間に資料もなく書き上げた『政治権力』を、さらに具体的に発展させた著作としての『社会変化と政治の役割』に着目したのである。

『社会変化と政治の役割』は、メリアム自らがその序文で「ここで概観したことは筆者の一般的な経験と政府——特にフーバー大統領の社会傾向委員会、同じく全国資源調査会、社会科学研究評議会の公務員検討委員会の各委員会——から受けた影響を基にしている」と記述しているように、本人の一般的な経験や政府との公的関わりから得た情報を消化しつつ書かれたことに注目した。

さらに重要視するのは、同じ序文において「私の著書『政治権力』で記した特定の側面や近い将来に本質的、建設的に研究されるべきいま勃興しつつある政治学や計画論を発展させたものといえよう。」といっていることである。

申すまでもなく著作の章立ては主張の根幹である。あえて『政治権力』と『社会変化と政治の役割』の目次を次に掲げる。

『政治権力』
序章：問題の所在
第一章：権力の誕生
第二章：権力の一族
第三章：無法者の法
第四章：権力の表
第五章：権力の裏
第六章：権力の窮乏
第七章：権力の技術
第八章：自己放棄による権力
第九章：権力の病と死
第十章：現代権力の諸問題

『社会変化と政治の役割』
第一章：政府の排斥
第二章：政治の配置
第三章：厭世主義哲学と暴力行使
第四章：政治における保守と変化
第五章：戦略的管理
第六章：国家計画の本質

それぞれの目次から『政治権力』、『社会変化と政治の役割』の主張、視点が明瞭である。

『政治権力』は権力の誕生から暴力を含めた裏の権力と、政府などの表の権力やその限界や課題など権力にまつわる諸相を、形而上、形而下の両面から解析し、メリアムの権力論を立体的に構築することに成功している。当時、権力の表裏を強力に駆使したナチスが絶頂を極めるドイツ・ベルリンでの短期間滞在中に書かれたものである。その2年後の1936年に『社会変化と政治の役割』が本人のいうところの発展形として登場した。メリアムは『政治権力』の続編、第二部と考えていたのである。

『社会変化と政治の役割』は、政府について必要悪あるいは賛美するといった極端を分析する。さらに世界とともに変化を重ねていく国家における計画性を無意味という意見を紹介しつつ計画の妥当性を説いている。

旧来から国家というと計画などのない自由放任か、国家がすべて抑圧、指

導する反動としての全体主義的な国民管理が主流であった。しかしメリアムは民意民主主義を取り入れながら、高圧的でない国家指導の計画を求めている。メリアム自身の第一次世界大戦の経験が大きく影響していることは間違いない。

――メリアム・諸計画・シカゴ学派――

メリアムは国家計画の第一番の仕事は憲法制定であると説く(3)が、その憲法制定権が王権神授が正当化されていた世界では、国民の権利たりえなかった。特に民間人を登用して審議会、協議会などを重要視することによって国家計画に民主的な影響を与えようとする。これも現場からの体験的な着想であった。すなわち、1929 年にフーバー大統領の「社会調査会委員会」の委員となった。さらに F. ローズヴェルト大統領の下で、1933 年に「全国計画局」の委員をつとめている。ローズヴェルト大統領は、1933 年 5 月第一次大戦中に立案されたまま放置されていたテネシー川流域の施設やダムを T.V.A.（テネシー川流域開発公社）として公的に管理してニューディール政策の目玉とした。その 2 年後の講演、3 年後の出版である。「全国計画局」委員と T.V.A. 計画との関係について、何らかの影響を受けたとみるのが順当であろう。

今日でも政府、地方政府などの内部に置かれる各種委員会や審議会は、当局の保有する信頼できる最高で最新の資料をもとに現状分析をし、将来の予測をし、対応策を進言、提言する。

また民間においても研究者、学者が集合して研究会などを組織し構成するいわゆるシンクタンクが普及している。今日からさかのぼること 80 年以上前、20 世紀前半に、すなわちメリアムが 40 代のころ、彼は 1923 年に社会科学評議会（Social Science Research Council）という政治学、経済学、社会学、心理学、人類学、歴史学の学際的な研究組織を創設している。

この民間組織、シンクタンクがそれまでの独立、孤立していた諸科学の壁を突き崩し横断的に研究協力することによって隣接領域が広がったのである。

これがシカゴ学派である。

Ⅳ　政治学界への若干の批判

C. E. メリアムといえば近代政治学の祖という形容がなされる政治学者である。その業績をみるとき、独自の政治権力論とシカゴ学派の確立に象徴されると解釈されている。C. E. メリアムといえば近代政治学の祖という形容がなされる政治学者である。その業績をみるとき、独自の政治権力論とシカゴ学派の確立に象徴されると解釈されている。(4)

とりわけ政治権力論においては、その著書『政治権力』にみられるような提起が、今日まで１つの立場を維持し、支持されてきている。

シカゴ学派については、シカゴ大学を基点として政治学、心理学、行政学、統計学などを協力させて今でいう隣接科学との協力の嚆矢となった学問交流の組織作りをしている。

この２つの業績だけでも一時代の学者としての力量は万人の認めるところである。

しかし、メリアムの思考したこと、また目標としたものは、現在評価されている２つの業績に止まるものではない。

現在、邦訳として入手できるメリアムの著作は６冊である。すなわち『アメリカ政治思想史Ⅰ・Ⅱ』（1920 年）中谷義和訳、『政治学の新局面』（1925 年）中谷義和訳、『シカゴ』（1929 年）和田宗春訳、『政治権力上・下』（1934 年）斎藤眞・有賀弘訳、『社会変化と政治の役割』(1936 年）和田宗春訳、『体系的政治学』（1945 年）木村剛輔訳・部分訳である。

――メリアム主要論文・分析――

メリアムの主要著作は次のとおりである。(5)

1900 年の『ルソー以来の主権理論の歴史』から 1945 年の『体系的政治学』まで 23 の主要論文である。

〈C. E. メリアムの主要著作目録〉

（１）*History of the Theory of Sovereignty since Rousseau.* New York: Columbia University Press, 1900.

（２）*A History of American Political Theories.* New York: Macmillan Co.,

1903.
(3) *Report of an Investigation of the Municipal Revenues of Chicago.* Chicago: City Club of Chicago, 1906.
(4) *Primary Elections: A Study of the History and Tendencies of Primary Election Legislation.* Chicago: University of Chicago Press, 1908; rev. ed. (with Louise Overacker), 1928.
(5) *American Political Ideas: Studies in the Development of American Political Thought, 1865-1917.* New York: Macmillan Co., 1920.
(6) *The American Party System: An Introduction to the Study of Political Parties in the United States.* New York: Macmillan Co., 1922; rev. ed. (with Harold F. Gosnell), 1929; 3d ed. (with Harold F. Gosnell), 1940; 4th ed. (with H. F. Gosnell), 1949.
(7) *A History of Political Theories, Recent Times: Essays on Contemporary Developments in Political Theory* (editor with Harry E. Barnes). NewYork: Macmillan Co., 1924.
(8) *Non-voting: Causes and Methods of Control* (with Harold F. Gosnell). Chicago: University of Chicago Press, 1924.
(9) *New Aspects of Politics.* Chicago: University of Chicago Press, 1925; 2d ed., 1931.
(10) *Four American Party Leaders.* New York: Macmillan Co., 1926.
(11) *Chicago: A More Intimate View of Urban Politics.* New York: Macmillan Co., 1929.
(12)) *The Making of Citizens: A Comparative Study of Methods of Civic Training.* Chicago: University of Chicago Press, 1931.
(13) *The Written Constitution and theUnwritten Attitude.* New York: R. R. Smith, Inc., 1931.
(14) *The Government of the Metropolitan Region of Chicago* (with Spencer D. Parratt and Albert Lepawsky). Chicago: University of Chicago Press, 1933.
(15) *Civic Education in the United States.* New York: Charles Scribner's Sons, 1934.
(16) *Political Power: Its Composition and Incidence.* New York: Whittlesey

House, McGraw-Hill, 1934.
(17) *The Role of Politics in Social Change.* New York: New York University Press, 1936.
(18) *The New Democracy and the New Despotism.* New York: Whittlesey House, McGraw-Hill, 1939.
(19) *Prologue to Politics.* Chicago: University of Chicago Press, 1939.
(20) *On the Agenda of Democracy.* Cambridge: Harvard University Press, 1941.
(21) *What Is Democracy?* Chicago: University of Chicago Press, 1941.
(22) *Public and Private Government.* New Haven: Yale University Press, 1945.
(23) *Systematic Politics.* Chicago: University of Chicago Press, 1945.
（木村剛輔訳、体系的政治学 I、鎌倉文庫、1949 年、はじめの部分の邦訳である）

論文を主たる課題別に分析すると、次のようになる（数字は上記目録に表示された数字と附合させている）。

都市論…………（3）（11）（14）
政党論…………（2）（6）（10）
政治思想論……（1）（5）（7）（18）（21）
政治権力論……（13）（16）（23）
政治過程論……（11）（17）（20）（22）
選挙論…………（4）（8）
政治隣接科学…（9）（12）（15）

この分析表からも論文の数、領域、傾向において『政治権力』の著者としてのメリアムに止まることはない。

後世の政治学者や関心を持つ者は、一面の断層だけでその学者を規定し、評価、測定、定量化してしまう傾向を厳に慎まなければならない。その学者の代表著作としてある一つが特定されたとしても、本人にとって研究対象となった課題はすべて「代表論文」としての意欲をもって著されたものと解すべきである。

例えば、1924年の著作（共著）である、『Non-Voting』（棄権）は、現実の政界において最大の政党になっている「支持政党なし層」の概念を研究している。

今日、分極化している政治学が計量政治学としてまず投票行動に着目するとき、本書の分け入った有権者の意識調査は、メリアムの極めて重要な実績としてあげなければならない。

また『政治学の新局面』で政治学の動向として政治教育、成人の知性と政治的知恵の組織化の必要性を説いている。(6) 今日の閉塞している民主主義再生の道として早急に着手すべき予言であった。

メリアムについていえば、上記主要著作23冊のうち6著作が邦訳されているにすぎない。研究者はそれぞれ原書から知識を得ているのであろう。しかし学生を含め広くメリアムの仕事を知ろうとする人々にとってまず邦訳を手にとるところからメリアムの理解が始まる。メリアムの正しい像を認識するためには、まずその資料たるべき著作を日本語で紹介するところから、もう一度メリアムを解剖していくべきである。

先にあげた主要著作が米国をはじめ海外で紹介され、メリアムを“現代政治学の祖”あるいはまた“政治学界の長老”と讃えていても、邦訳が6冊しかないわが国の政治学者が同調できるのだろうか。

アメリカを含めた海外のメリアムの評価を、そのまま直輸入する安易さはとるべきではない。今までメリアム著作の完全邦訳を求めてこなかった、政治学界の怠慢といわれてもいたしかたない。たまたま政治学者の丸山真男氏が没後10年を迎え、代表的な著作である『日本政治思想史研究』以外の多様な丸山真男像が研究されつつある。苅部直東大教授などが意欲的であるといわれている。1、2冊の著作に止まらず、全体としての政治学者丸山真男像に光を当てようとするものだ。同様に政治学者メリアムにおいても関心のある研究者は『政治権力』とシカゴ学派の創設に止まらず幅広い彼の思想、行動を研究公表していく責務がある。

V　まとめ

政治学を学ぼうとすれば政治学者を理解しなければならない。政治学者を理解しようとすればその論説を読まなければならない。

1973年に邦訳された『政治権力』がメリアムを語るときの代表的学説となっている。ミランダ、クレデンダというように、権力の象徴を分別したところが新鮮に映ったのかもしれない。たしかに、政治権力論としてみれば１つの形態を指示している。しかし、彼の他の著作もそれぞれ政治学の分野、領域の中では先駆的、啓蒙的な役目を負っている。またメリアム誕生から140年が過ぎ、彼の著作では予想しえなかった政治過程論や投票行動が現実となっている。

“政治学界の長老”といわれているメリアムの著作である『政治権力』だけをもって、メリアム政治学を特徴付けるわけにはいかない。そこでメリアムの学業に関心を持つ研究者が情報交換をし、それぞれの持つメリアム情報を共有し、公表する「日本メリアム学会」（仮称）の設立を提唱したい。

注

（１）（数字）は原書発行年

（２）『自治の形成と市民――ピッツバーグ市政研究』寄本勝美著　東京大学出版会　P369

（３）『社会変化と政治の役割』和田宗春訳　はる書房　P190

（４）『現代政治学の名著』佐々木毅編　中公新書　P74

（５）『政治権力』上　斎藤眞・有賀弘訳　東京大学出版会　巻末

（６）『政治学の新局面』中谷義和監訳・解説　三嶺書房　P161

（2006.12.14 受理）

ワ

人名索引

事項索引

【訳者・著者プロフィール】

和田宗春（わだ・むねはる）

1944（昭和19）年生まれ。早稲田大学大学院政治学研究科修了。元文京学院大学非常勤講師（政治教育論・政治権力論）、元北区議会議員、元東京都議会議員・第43代議長。剣道錬士七段、居合道五段、杖道四段。学芸員。

著書に『いろは歌留多の政治風土』『サクセス選挙術』『奪権』、訳書にC・Eメリアム著『シカゴ』『社会変化と政治の役割』、ピーター・アーノルド著『英国の地方議員はおもしろい！』、アントニー・ジェイ著『政治発言』、現代語訳に幸田露伴著『努力論』『一国の首都』、『本阿弥行状記（上・中・下）』。

論文に「幸田露伴の『一国の首都』研究――北原白秋『柳河首都建設論』と正岡子規『400年後の東京』とあわせて――」、「『シカゴ』・『社会変化と政治の役割』の邦訳とC．E．メリアム研究の新視点――日本メリアム学会（仮称）設立の提唱――」などがある。

藍綬褒章、旭日中綬章各受章。

連絡先：〒115-0056 東京都北区西が丘 2-23-6
電話・ファックス 03-5993-6186

『チャールズ・E・メリアムの教育』と私

2023年6月30日　初版第１刷発行

翻訳・著　**和田宗春**
発 行 所　株式会社　**はる書房**
東京都千代田区神田神保町 1 -44 駿河台ビル（〒101-0051）
電話・03-3293-8549　ファックス・03-3293-8558
http://www.harushobo.jp
郵便振替　00110-6-33327

写 真 提 供　THE JOSEPH REGENSTEIN LIBRARY
組　　版　有限会社シナプス
装　　幀　伊勢功治
印刷・製本　中央精版印刷

ISBN978-4-89984-206-4　Printed in Japan